가산고
伽山藁

| 동국대학교 불교기록문화유산아카이브사업단(ABC)
본서는 문화체육관광부 지원으로 동국대학교 불교학술원에서 간행하였습니다.

한글본 한국불교전서 조선 39
가산고

2018년 1월 20일 초판 1쇄 인쇄
2018년 1월 30일 초판 1쇄 발행

지은이 월하 계오
옮긴이 성재헌
펴낸이 한태식
펴낸곳 동국대학교출판부

주소 04620 서울시 중구 필동로 1길 30
전화 02-2260-3483~4
팩스 02-2268-7851
Homepage http://dgpress.dongguk.edu
E-mail book@dongguk.edu
출판등록 제2-163(1973. 6. 28)
편집디자인 꽃살무늬
인쇄처 보명C&I

© 2018, 동국대학교(불교학술원)

ISBN 978-89-7801-615-5 93220

값 24,000원

이 책의 무단 전재나 복제 행위는 저작권법 제98조에 따라 처벌받게 됩니다.

한글본 한국불교전서 조선 39

가산고
伽山藁

월하 계오 月荷戒悟
성재헌 옮김

동국대학교출판부

가산고伽山藁 해제

성 재 헌
한국불교전서 번역위원

1. 개요

『가산고伽山藁』는 조선 후기 밀양과 양산 등 영남 일대에서 활약했던 승려인 월하 계오月荷戒悟(1773~1849) 대사의 문집이다. 가산伽山은 가지산伽智山의 약칭으로서 월하 대사의 별호이기도 하다. 문집은 총 4권으로 구성되어 있으며, 시詩·소疏·축문祝文·상찬像讚·서書·기記·서序 등이 수록되어 있다.

　스님의 시와 문장은 쇠락했던 조선 후기 불교계의 시대상을 잘 드러내고 있다. 당시 승려들은 사회 주도층에서 소외되어 가난하고 외로운 삶을 살았고, 사회 주도층에 편입되기 위해 유교의 학문과 문화를 적극적으로 수용하였으며, 또 그 어간에서 사상적으로 갈등하고 번민하는 양상을 보였다. 월하 대사의 유집遺集은 이런 시대상을 고스란히 반영하고 있다. 그는 유생들과 폭넓게 교류하였고, 유교의 가르침을 수용하는 데도 매우 적극적이었다. 그의 시 역시 여행 중의 감상이나 유생들과 교류하며 지은 것이 대부분이고, 편지 역시 유생들과 주고받은 것이 주를 이룬다. 또한 그 주제와 내용에서도 해탈과 열반 등에 대한 종교적 담론보다는 경물에 대한 감상과 굴곡진 삶에 대한 감회가 주를 이룬다. 그래서 그의 시는 매우 인간적이고 솔직하다. 또한 고난과 아픔을 거부하지 않고 고스란히 수용해 특유의 해학으로 풀어내는 대목에서는 세속의 영욕을 초월한 지인달사의 풍모를 느낄 수 있다. 이런 그의 태도에 유생들도 그를 매우 호의적으로 대했던 것으로 보인다.

이기연李紀淵은 문집의 서문에서 월하 대사를 다음과 같이 평하였다.

> 인륜의 상도를 잃지 않은 분이시군요! 염주나 돌리고 면벽하면서 사람들과 교류를 단절하고 기강을 파괴하는 자들과 이분을 비교해서는 안 됩니다. 사람 노릇도 못 하면서 부처가 될 수 있는 자가 어찌 있겠습니까? 유자와 불자가 같건 다르건 간에 오로지 사람이 사람답고 도가 도다워야 옳습니다.

이 문집은 실질적으로 유교에 종속되었던 조선 후기 불교계의 시대상을 엿볼 수 있는 좋은 자료이다. 또한 이를 통해 유교의 다양한 경사經史는 물론 노장老莊까지 섭렵했던 월하 대사의 폭넓은 학문적 소양과 유불선의 경계를 뛰어넘어 진리를 추구했던 한 수행자의 행로를 확인할 수 있을 것이다.

2. 저자

『가산고』의 저자는 월하 계오 대사이다. 대사의 속성은 안동安東 권씨, 자는 붕거鵬擧, 월하月荷는 호이다. 이 외에도 가산伽山 또는 석면노인石眠老人이라 자칭하였다. 가산은 가지산伽智山의 약칭이고, 석면石眠 또한 가지산의 이칭이다. 대사의 행적을 추적할 수 있는 자료로는 문인 희겸喜謙이 1849년(헌종 15)에 작성한 「월하 대화상 행장月荷大和尙行狀」이 있으며, 행장은 본 문집에 수록되어 있다. 이 행장과 본 문집에 의거해 대사의 행적을 정리하면 다음과 같다.

월하 대사의 아버지 이름은 모현慕賢, 어머니는 밀양 박씨이며, 1773년(영조 49) 10월 7일에 경주慶州 천태산天台山 아래에서 태어났다. 어머니 박씨가 그를 회임했을 때 달이 품 안에 들어오는 꿈을 꾸었고, 태어나던 날에는 천태산이 세 차례나 진동하고 수리부엉이가 찾아와 지붕 위에서 울었다고 한다. 명문가 자제로 출생한 그는 어려서부터 매우 총명하여 7세 때 하루에 1,000여 자를 암기했으며, 시에도 능숙해 사람들을 놀라게 하였다. 11세에 어버이의 뜻에 따라 출가하여 팔공산에서 월암月庵의 제자가 되었으며, 그 뒤 침허枕虛에게서 구족계를 받고 지봉智峰의 법을 이었다. 식견과 이해가 출중하고 선지가 투철해 20세 남짓에 당堂을 열어 학인을 지도하였다. 그는 효심이 지극하여 출가한 후에도 절 근처에 따로 집을 마련해 어머니를 봉양했으며, 노모의 눈이 어두워지자 지극한 마음으로 기도하여 시력을 회복시키기도 하였다.

그가 이학규에게 보낸 답장에 의거할 때 10년의 참선 끝에 깨달은 것으로 추정되나 그의 문집에서 특별히 오도송이라 지적할 만한 시는 발견되지 않는다. 오도송에 가장 가깝게 여겨지는 것이 〈이치를 통달하다〉라는 오언고시이다.

이지러졌어도 때가 되면 가득 차고	已缺有時滿
궁색해지면 반드시 통할 날 있지	至窮必期通
보지 못했나, 패왕의 나라를	不見伯王國
또 이 아방궁을 한번 보게나	視此阿房宮
조롱이 호지에 웅거할 때	祖龍滈池據

유방이 풍패에서 일어날 줄 누가 알았으랴	誰知劉起豊
융중에서도 제갈량은 통했고	隆中諸葛利
위수에서는 여망도 궁색했지	渭上呂望窮
10년 동안이나 묻혀 있던 낭관 풍당	十載潛郞馮
약관의 나이에 긴 끈을 청했던 종군	弱冠請纓終
천만년 세월이 꿈속의 뒤척임이요	夢翻千萬古
아득한 허공에 찍힌 한 점의 구름	雲點太虛空
다들 취했는데 홀로 어찌 멀쩡하랴	衆醉獨何醒
남들이 다르다는데 내 어찌 같다 하리	人異我何同
역행과 순행이 가는 방향에 달렸음을	違順從所適
깨달았네, 사방 한 치 가운데서	得乎方寸中

　그는 불법을 수행하는 외에도 유교와 노장을 비롯한 제자백가의 서적을 두루 섭렵하였고, 유학자들과 널리 교유하며 영남 일대에서 문장과 글씨로 이름을 날렸다. 홍직필洪直弼·이학규李學逵·최남복崔南復·김유헌金裕憲·허형許珩 등이 그의 인품과 학문을 높이 평가해 오래 교류하였고, 특히 홍직필은 그에게 환속하여 출사할 것을 권유하기도 하였다. 필체가 빼어나 많은 비문과 편액 등을 남겼으며, 초서체로 쓴 '천자문 판각'이 현재 석남사에 보관되어 있다.
　60세 이후로는 시문이 수행 정진에 방해가 된다 하여 붓을 놓고 염불과 참선에만 전념하였다. 그러다 1849년(헌종 15) 2월 4일에 세수 77세, 법랍 66년으로 가지산 석남사 연등정사燃燈精舍에서 입적하였다. 특별히 임종게는 남기지 않았고, 문인 희겸에게 후사를 부탁하는 유언을 남겼다. 화장하던 날 저녁에는 무지개 같은 기운이 곧장 서쪽을 가리켰고, 산 아래 여러 군에서 이를 목격하였다고 한다. 그의 사후 문인 희겸이 유고를 편집하고 교정해 문집을 간행하였다. 「월하 대화상 행장」에 따르면 "유집

12권 가운데 10권은 간행하지 못하고 2권만 판각하였다."라고 하였는데, 현재『가산고』는 4권으로 구성되어 있다. 판각하는 과정에서 유집 2권을 4권으로 편집한 것으로 추측된다.

3. 서지 사항

『가산고伽山藁』는『월하집月荷集』또는『월하 대사 유고집月荷大師遺稿集』이라 칭하기도 한다. 본 번역의 저본은 철종哲宗 3년(1852)에 간행된 '남기항 발문본南基恒跋文本'이다.

4권 1책으로 구성되어 있고, 목판본이며, 사주단변四周單邊이고, 반곽半郭의 크기는 22.8×16.6cm이다. 각 페이지는 10줄 20자이고, 주註는 2줄로 되어 있다. 종이의 재질은 닥종이이다. 표제表題는 '월하집月荷集'이며, 첫머리에 당시 동경 부사東京府使로 재직하고 있던 권직權溭(1792년~?)이 쓴「월하 상인 유집 서月荷上人遺集序」와「화상찬畫像贊」, 그리고 경상도관찰사와 형조판서 등을 역임했던 이기연李紀淵이 쓴「월하 상인 문집 서月荷上人文集序」가 수록되어 있다.

제1권에는 오언절구 39편, 오언율시 25편, 칠언절구 42편이 수록되어 있다. 제2권에는 칠언율시 56편과 희겸이 첨부한 시 4편, 소疏와 축문祝文 7편이 수록되어 있다. 제3권에는 오언고시 11편, 칠언고시 1편, 찬讚 6편, 서書 8편이 수록되어 있다. 제4권에는 기기 8편, 서序 3편, 상량문上樑文 10편, 비명碑銘 1편, 제자 희겸에게 남긴 글, 문인 희겸이 쓴「월하 대화상 행장月荷大和尙行狀」이 수록되어 있다. 문집 끝머리에는 남기항南基恒이 쓴「월하 상인 유집 발月荷上人遺集跋」이 첨부되어 있다.

4. 내용과 성격

그의 시는 승려들과 주고받은 시보다는 여행 중의 감상이나 유생들과 교류하며 지은 시가 주를 이룬다. 따라서 그의 시에서는 해탈과 열반, 깨달음의 세계에 대한 구도의 열정보다는 굴곡진 삶 속에서 아파하고 고뇌하고 외로워하는 인간의 감정이 더 많이 느껴진다.

또한 그의 시는 매우 솔직하다. 〈호계虎溪〉라는 시에서는 이렇다 할 성과도 없이 늙어 버린 자신의 삶을 반성하였고, 〈이름난 스님을 조롱하다〉라는 시에서는 명성에 휘둘린 자신의 삶에 대한 자조自嘲 섞인 넋두리를 늘어놓고 있다. 또한 〈나그넷길에서 맞이한 가을〉이란 시에서는 젊은 날의 꿈과 어긋나 버린 자신의 삶에 대한 짙은 회한을 가감 없이 표현하고 있다.

가을밤 싸늘한 귀뚜라미 소리	秋夜寒蛩織
서리 내린 아침에 외기러기 날아가네	霜朝隻鴻飛
희끗희끗한 하늘에서 까막까치가 내려와	微明烏鵲下
눈물만 재촉하고 아득히 높은 곳으로	催漏昂霎稀
10년 전 그 사람이 오늘 이 나그네	十年今日客
만사가 지난날 뜻과 어긋나 버렸네	萬事異時違
올 한 해를 또 어떻게 보내야 할까	何以卒其歲
고향에서 보내 주는 옷도 없는데	故鄕無寄衣

또한 〈속내를 털어놓다〉라는 다음 시도 주목할 만하다.

왜 환속하지 않느냐고 다들 말하지만	人云胡不俗
나는 승려로 살다가 죽을 생각이네	自念卒爲僧

| 고향이 있다지만 소식 한 자 없으니 | 故鄕無一字 |
| 깊은 밤 외로운 등불이나 벗해야지 | 深夜伴孤燈 |

  양반의 자제로서 유교의 가르침에 해박했던 그는 홍직필 등 여러 유생들로부터 누차 환속을 권유받았었다. 이 시는 이에 대한 그의 변명이다. 이 시에서는 유생들의 눈에 비친 승려의 불우한 모습을 놀라울 정도로 담담하게 수용하고 있다. 하지만 '외로움'을 표현한 이 시에서 '슬픔'보다는 달관한 이의 헛헛한 웃음과 여유가 느껴진다.

  그는 불교는 물론 유교와 도교에도 해박하였던 것으로 짐작된다. 하지만 그는 타 종교에 관한 지식을 자신의 명망을 높이는 수단으로 사용하거나 타 종교를 비판하고 자신의 종교를 자랑하는 수단으로 사용하지 않았다. 그보다는 불교를 통한 자신의 종교 체험을 과연 보편적 진리로 인정할 수 있는지 여부를 확인하는 수단으로 삼았던 것으로 보인다. 이런 면에서, 그를 불교의 승려라는 영역에 국한시키기보다는 종교의 영역을 뛰어넘어 보편적 진리를 추구했던 진솔한 한 인간으로 바라보는 것이 더 정확할 것이다.

  각 종교의 차별성마저 초월한 지인달사의 풍모는 그의 시 곳곳에서 드러난다. 〈성품의 선함〉이라는 시에서도 그런 그의 진리관이 잘 드러나 있다.

하나의 성품은 하늘과 같지만	一性與天同
칠정이 나로 인해 달라지네	七情由我異
감정 일으킬 때는 반드시 절도에 맞게	發之須中節
끝내 이것 외에 다른 것은 없지	畢竟无他地

  그는 아집我執과 중도中道를 불교적 언어로 설명하지 않고, 유교의 『중

용장구「中庸章句」를 인용해 표현하고 있다. 또한 결코 불교에 호의적이지 않았던 당시 유생들에게도 자신이 선택한 불교의 우월함과 자부심을 드러내 대립하거나 갈등하지 않았다. 그는 유교와 불교의 차이점보다는 각자의 도가 공통으로 추구하고 있는 공동선共同善과 '사람다움'에 집중하였다. 〈삼가 석산 한 상사의 운을 따라〉라는 다음 시가 이를 잘 보여 준다.

그를 사랑하면 그도 나를 사랑하고	愛人人我愛
그를 미워하면 그도 나를 미워하지	憎人人我憎
사랑도 미움도 오직 내 탓인데	愛憎惟在我
왜 하필 이 산승에게 물으실까	何必問山僧

또한 유생과 승려의 차이보다 생로병사의 굴레에서 똑같이 허덕이는 인간의 면모에 집중하였다. 그는 항상 상대방과 공통의 지평에서 만나고자 애썼던 것이다. 그런 그의 태도는 칠곡漆谷 유생 이李 씨에게 화답한 다음 시에서도 잘 드러난다.

물가 늙은이와 산속 노인 즐거움은 둘 다 마찬가지	水叟山翁樂二齊
구름 속에서 한바탕 웃고 허공의 사다리를 부수네	雲中發笑打空梯
여산의 동림사 오래된 절 그 옛날 소식은	東林古寺前消息
우리나 스님이나 흰머리는 똑같다고 본 것	但見吾僧白首儕

종교와 관념의 장벽을 자유롭게 넘나들었던 그는 자신의 삶을 어떻게 평가했을까? 말년에 지었을 것으로 짐작되는 〈석문의 노인〉이란 시를 통해 그가 가진 사상의 근간을 짐작할 수 있다.

하얀 머리에 볼품없는 노인	白首龍鍾老

처마 앞에서 관솔을 쪼개고 있네	簷前柝火松
지팡이를 세우고 길을 물었더니	植杖問前路
손을 들어 구름 속을 콕!	擧手點雲中

　이 시에서는 평범하고 일상적인 생활을 떠나 따로 위대한 부처도 없고 특별한 진리도 없다는 화엄의 법계관法界觀을 엿볼 수 있다. 또한 그 근간에는 모든 현상계를 덧없이 모였다 흩어지는 구름처럼 파악한 공 사상空思想이 자리 잡고 있다. 〈이치를 통달하다〉라는 오언고시의 다음 구절은 심지心地를 깨달은 자유인의 여유로움을 잘 드러내고 있다.

천만년 세월이 꿈속의 뒤척임이요	夢飜千萬古
아득한 허공에 찍힌 한 점의 구름	雲點太虛空
다들 취했는데 홀로 어찌 멀쩡하랴	衆醉獨何醒
남들이 다르다는데 내 어찌 같다 하리	人異我何同
역행과 순행이 가는 방향에 달렸음을	違順從所適
깨달았네, 사방 한 치 가운데서	得乎方寸中

　해탈과 열반, 그리고 깨달음이라는 불교의 종교적 목표마저 그에게는 또 다른 집착의 대상이고 어리석음의 한 양태였을 것이다. 그런 그의 정신 세계를 〈비구니 스님의 오도시를 보고〉라는 시에서 엿볼 수 있다.

꽃과 새들의 냄새와 소리가 해마다 봄이요	花鳥臭聲歲歲春
봄날의 심정으로 맺은 약속은 무릉의 구름	春心記莂茂陵雲
물어보세, 그대 비구니들이여 뭘 알았기에	問君尼輩何知識
그해 찬란했던 봄날만 부질없이 붙잡는가	謾捉當年春十分

만사를 초탈한 지인달사의 풍모는 그의 시에서 가식과 과장이 아닌 진솔함과 해학으로 드러난다. 그 대표적인 예가 일곱 수로 구성된 〈언양현에 잠시 머물며〉라는 칠언고시이다. 그 가운데 제7수를 소개하면 다음과 같다.

유랑자여, 인간 세상 떠돌며 어떻게 늙어 왔나	浪子 羈旅人間何以老
어려서 도 배우지 못한 게 그저 한스러울 뿐	祇恨幼年無聞道
공경과 장상 어떤 사람이고 나는 어떤 사람인가	卿相何人我何人
부귀 영달할 재능 많건만 빈천과 궁색이 일찌감치	貴達多能貧窮早
저 연도에서 슬픈 노래 부르는 선비님 만나거든	如遇燕都悲歌士
평소 속으로 품었던 뜻을 왈칵 쏟아 내시게나	抒攄平日之所抱
아! 나에게 노래가 있어 일곱 번째 노래 사곡하네	嗟 我有歌兮歌七曲
하늘에 슬피 호소하다 결국 군소리가 되었구려	哀訴蒼穹終瀆告

언양현에서 하급 관리와 마주해 읊었을 것으로 짐작되는 이 시는 시골 장타령의 구성진 가락을 연상케 한다. 그는 이 시에서 초라하고 굴곡진 자신의 삶을 웃음기 어린 곡조로 털어놓고 있다. 이러한 그의 시는 고뇌와 번민으로 점철된 이웃들에게 분명 따뜻한 위로와 격려가 되었을 것이다. 자신을 희화한 특유의 해학은 〈게으름을 노래하다〉라는 시에서도 나타난다.

나는 심고 거두는 일에 게을러	我有稼穡慵
논밭에 농사를 짓지 않았네	田疇不作農
나는 뽕나무 가지치기에 게을러	我有條桑慵
의복을 기워 본 적이 없네	衣服不嘗縫
나는 악기 다루기에 게을러	我有絲竹慵

음악에는 장님에다 귀머거리	宮商盲聾同
나는 누룩과 엿기름 빚는 일 게을러	我有麴糵慵
술병과 술통이 밤낮으로 비어 있네	壺樽日夜空
바랑에 쌓아 둔 쌀 한 톨 없어도	囊中乏所儲
차라리 굶지 절구질한 적 없고	寧飢不早舂
드리운 발 앞에 이끼가 끼어도	簾前莓苔產
차라리 문대지 털고 메우질 않네	寧屧不擺封
문학은 하류를 면치 못하고	文學不免下
생김새는 근근이 보통은 되고	形貌堇爲中
게으름에 있어서야 옛사람과 비교해도	以慵比於古
최고 중에 최고 게으름뱅이라 하겠네	能爲上上慵

하지만 그의 모든 시가 초탈한 달사의 풍모만 풍기는 것은 아니다. 자신의 굴곡진 삶을 노래함에 있어서는 해학과 여유로움이 넘쳐 나지만, 타인의 고난과 아픔을 노래한 시에서는 진한 슬픔이 묻어 난다. 울주군에 은거했던 유학자 최남복崔南復은 월하 대사와 긴 시간 왕래하며 지냈던 절친한 벗이다. 그는 학덕이 빼어났지만 정계에 진출하지 못하고 백련서사에서 학동을 가르치다 운명하였다. 최남복이 죽고 5년 후, 백련서사의 정자에 들러 지은 시에는 벗을 잃은 슬픔과 함께 불우했던 그의 삶에 대한 안타까움이 짙게 배어 있다.

나그네 앉은 빈 정자에 학은 돌아오지 않고	客坐虛亭鶴不回
계곡 구름이 옛 바위의 누대를 감춰 버리네	溪雲閒鎖舊岩臺
도옹이여, 그날 살날이 한참이라 하지 않았소	陶翁前日餘齡在
혜원은 오늘 아침 한바탕 헛웃음만 터지는구려	惠遠今朝一笑開
가을비가 이제 막 개어 달빛도 저리 새로운데	秋雨初晴新月色

저녁 산에 이어진 노을은 옛사람의 마음일까요	暮山連紫故人懷
남기신 노래 홀로 읊자니 마음만 더욱 서글퍼	獨吟遺響心惆悵
눈물 감추고 석양빛에 내려갈 길 재촉합니다	掩淚斜陽下寺催

「국재 수륙대회 각단별소國齋水陸大會各壇別疏」 3편과 「신중단 축문神衆壇祝文」·「향사 축문享祀祝文」의 축문 2편은 순조純祖의 대상大祥을 맞아 1836년에 통도사에서 개최한 수륙대회에서 지은 것이다.

「표충 서원 신주 이운 축문表忠書院神主移運祝文」·「신주 봉안 축문(奉安祝文)」은 사명 대사의 생가지에 있던 표충사表忠祠를 영정사靈井寺, 즉 지금의 표충사表忠寺로 이건하면서 지은 것이다. 1839년이나 1840년에 지은 것으로 추측된다.

또한 그의 계사이자 석남사를 중건했던 침허 대사枕虛大師의 상찬像讚과 표충사를 중건했던 월파 대사月波大師의 상찬 등 총 6편의 찬讚이 수록되어 있다. 이들은 모두 그와 동시대에 활동했거나 또는 조금 앞선 세대였을 것으로 추측된다.

편지(書)는 총 8편이 수록되어 있다. 그중 두 통의 편지가 매우 주목할 만하다. 먼저 「금학헌 좌하의 편지에 재차 답장을 올립니다(復答上琴鶴軒座下書)」는 조선 후기의 명유 홍직필洪直弼(1776~1852)과 주고받은 편지이다. 당시 홍직필은 만 38세였고 월하 대사는 만 41세였다. 홍직필은 불교가 군신부자君臣父子의 도리도 모르는 종교라며 통렬히 비판하였다. 아울러 월하 대사의 빼어난 재능을 안타까워하면서 유교로 돌아와 요순堯舜과 공맹孔孟을 본받으라고 적극 권유하였다. 이에 대한 답장에서 월하 대사는 이미 생사심生死心을 타파하여 세상의 고락성쇠苦樂盛衰에 초연한 자신의 입장을 밝히고 있다. 또한 자신의 재능을 스스로 한껏 폄훼하고는 세상에 나가도 세상에 이로울 것이 하나도 없다면서 겸손하게 환속 제의를 거절하였다. 이 편지로 이미 사회 주도 세력에서 제외되었던 당시 승려 계층의 위상을 새삼 확인할 수 있다. 또한 다분히 위압적인 주장과 권유에도 겸손한 자세로 상대를 포용하고 존중했던 월하 대사의 빼어난 인격을 확인할 수 있다.

「이 남가락 어른의 편지에 삼가 답합니다(奉答南駕洛李丈書)」는 조선 후기 문인 이학규李學逵(1770~1835)와 주고받은 편지이다. 정조의 신임으로 정계에 진출했던 그는 순조 1년(1801)에 신유사옥으로 이승훈李承薰 등과 함께 구금되어 전라도 능주綾州로 유배되었다가 다시 김해로 유배지를 옮겼다. 이 무렵 불교에 깊은 관심을 가지게 된 이학규는 월하 대사에게 편지를 보내 돈오頓悟의 이치, 불교의 궁극인 깨달음의 세계, 성색聲色의 공함, 앎과 깨달음의 차이에 대해 질문하였다. 이에 대한 월하 대사의 답장은 그의 사상계를 더듬어 볼 수 있는 매우 중요한 자료이다. 월하 대사는 10년 동안 화두를 참구했던 자신의 경험을 들려주면서 간택하던 마음을 내려놓고서 부족하고 못난 지금 그대로를 수용하라 권한다. 화두를 타파해 최고의 깨달음을 얻으려 하고, 만사를 끊고 쉬어 적멸에 도달하려는 마음이 또 하나의 큰 장애가 됨을 지적한 것이다. 또한 '돈오'란 지적인 앎의 영역에 속하는 것이 아니라 마음의 바탕인 하나의 이치로 돌아가는 것임을 설명하고, 신비한 깨달음의 세계에 대해 짐작하는 것은 온갖 번뇌를 단박에 쉬는 데 하등 도움이 되지 않는다고 설득하였다. 또한 화두를 참구하는 법에 대해 설명하면서 아我와 법法의 틀을 훌쩍 벗어나 선종의 참맛을 보라고 권유하였다.

이 외에도 8편의 기記와 3편의 시序, 10편의 상량문과 비명 1편, 제자 희겸에게 남긴 유언 1편과 희겸이 쓴 행장이 문집에 수록되어 있다.

5. 가치

   양반의 자제로 태어났지만 불우한 가정사로 어쩔 수 없이 불문에 몸담 았던 월하 대사는 평생 경계선에서의 삶을 살았다. 그의 시와 문장에서 유가의 향기가 진하게 풍김에도 불구하고, 그는 또 평생 승려의 신분을 버리지 않았다. 그는 유교와 불교 가운데 어느 한쪽을 선택하거나 버리지 않았고, 그래서 유가에서도 불가에서도 크게 환대받지 못하였다.

   이런 그의 행적은 묵명유행墨名儒行 즉 이중적이라는 평가를 받을 소지 가 충분하다. 하지만 이런 그의 면모는 달리 평가될 수도 있다. 많은 종교 가 진리를 추구한다는 명목을 내세우지만 실제 행태에 있어서는 참된 진 리에 대한 관심보다 파당의 구분과 집단의 이익에 매몰되는 경우가 허다 하다. 당시 유교계와 불교계에서도 사정은 비슷했을 것이다. 그는 진영을 나누어 목소리를 높이기보다는 참된 진리와 인간성에 주목하면서 모두와 조화를 이루려고 애썼던 것이다.

   인간에게는 확신보다 회의가, 뿌듯함보다 미련이 가깝다. 경계선에서 의 삶은 어쩌면 인간이 가질 수 있는 가장 솔직한 면모일지도 모른다. 그 는 어디에도 속하지 않았기에 어디든지 넘나들 수 있었던 것이다. 그래서 그의 글에서는 웅변적 연설의 힘보다 진솔한 인간미가 강하게 느껴지고, 자연스러운 인간의 감정들이 해학과 어우러져 높은 문학적 완성도를 이 끌어 내고 있다.

   『가산고』는 쇠락했던 조선 후기 불교계의 시대상을 엿볼 수 있는 주요 한 자료이다. 또한 유교는 물론이고 노장까지 섭렵하면서 유불선의 경계 를 넘나들었던 한 승려의 일생을 파악할 수 있는 좋은 자료가 될 것이다.

차례

가산고伽山藁 해제 / 5
일러두기 / 29
월하 상인 유집 서月荷上人遺集序 / 31
월하 상인 문집 서月荷上人文集序 / 34
주 / 37

가산고 제1권 伽山藁 卷之一

오언절구 五言絶句 39편

동축사 즉사 東竺即事 41
그 두 번째 其二 42
그 세 번째 其三 43
그 네 번째 其四 44
그 다섯 번째 其五 45
그 여섯 번째 其六 46
그 일곱 번째 其七 47
봉도에서 찾아온 나그네에게 읊어 주다 口呼贈蓬島來客 48
필법을 배우는 강 수재에게 示姜秀才學筆 49
임 충렬공 사당에 참배하고 謁林忠烈公廟 50
속내를 털어놓다 叙懷 51
금릉에서 옛일을 회상하다 金陵懷古 52
매화 감상 賞梅 53
불국사를 지나다가 경암 장석의 서거를 탄식하며 過佛國寺嘆慶庵丈席逝 54
짙은 안개 烟嵐 55
병석에서 病中 56
바닷가 절에서 살며 寓海寺 57

하양에서 길을 가다가 河陽途中 58
연등암에서 밤새워 얘기하다 燈庵夜話 59
장난삼아 장 수재에게 주다 戲贈張秀才 60
귀뚜라미 促織 61
한밤중 午夜 62
구일 九日 63
삼가 최 어른의 운을 따라 謹次崔丈 64
가을 秋事 65
화장산 오두막에서 묵다 宿華藏廬 66
삼가 석산 한 상사의 운을 따라 謹次石山韓上舍 67
호계 虎溪 68
『산해경』에 제하다 題山海經 69
길에서 途中 70
이름난 스님을 조롱하다 嘲名僧 71
계곡 여울에서 溪湍 72
성품의 선함 性善 73
놓쳐 버린 마음을 찾아라 求放心 74
종 鐘 75
석문의 노인 石門老人 76
우연히 쓰다 偶題 77
『진사』를 읽고 讀晉史 78
산속의 봄 山春 79
삼가 국화를 노래한 시의 운을 따라 敬次咏菊韻 80
삼가 고운 선생께서 압운하신 천 자를 따라 敬次孤雲先生押天字韻 81
쌍계사를 지나다가 국사의 비를 읽고 過雙溪寺讀國師碑 82
길에서 途中 83
금강산으로 가는 화봉 대사께 드립니다 贈華峯大師之金剛山 84
운문령을 넘다가 踰雲門嶺 85

오언율시 五言律 25편

삼가 영화루 현판의 운을 따라 謹次映花樓板韻 86
삼가 운금헌 현판의 운을 따라 謹次雲錦軒板韵 87
깊은 암자의 그윽한 흥취 深庵幽興 88
나그넷길에서 맞이한 가을 客中逢秋 89
밤에 앉아서 夜坐 90
회산께서 읊으신 〈금강산〉의 운을 따라 次晦山吟金剛山韵 91
내가 석실에서 운문사로 옮겼을 때 이 사문께서~ 余自石室移雲門時。李斯文~ 92
체류하면서 滯留 93
장 사호 막료를 이별하며 別張司戶幕僚 94
태화루 太和樓 95
김씨의 강루에 제하다 題金氏江亭 96
관서에서 온 여행객의 운을 따라 次關西遊客 97
어떤 사람이 찾아와 이학규 사문께서~ 有人來。說李斯文【學逵】題西林寺詩~ 98
축암에서 竺庵 99
박 석사의 운을 따라 次朴碩士 100
남가락 이학규 노인께서 지으신 〈영구암〉에~ 奉和南駕洛老人李學逵題靈龜庵 101
임경대에 올라 登臨鏡臺 102
마하사 摩訶寺 103
쌍벽루 雙碧樓 104
봄비 春雨 105
눈 내린 뒤 雪後 106
먼 길 온 나그네를 조롱하다 嘲遠客 107
토굴 土窩 108
약야계 若耶溪 109
또 又 110
봄날의 감회 春懷 111

칠언절구 七言絶句 42편

백파 임호 어른께 화운하다 和白坡【林丈虎】 112

현종암懸鍾巖 114
감회를 노래하다 咏懷 115
그 두 번째 其二 116
꽃을 감상하다 賞花 117
봄날 春日 118
『수색집』을 열람하다가 〈영랑호〉라는~ 閱水色集。見永郎湖一絕。追唒嘲。 119
흥이 나서 遣興 120
즉사即事 121
흰 갈매기 白鷗 122
정원루에 올라 登靖遠樓 123
운와 노 어른께서 가산에서 준 시를~ 謹次漆谷李丈和雲窩盧丈贈伽山 124
다음날 대비사로 가서는 사람을 시켜~ 明日去大悲寺。使人傳寄三章~ 125
은헌隱軒 129
김생의 시를 뒤쫓아 차운하다 追次金生 130
스스로 풀다 自解 131
집청정에서 반구대를 보다 集淸亭見盤龜臺 132
기러기 소리를 듣고 聞新雁 133
봄날의 흥취 春興 134
청명淸明 135
검문의 옛 절 劒門古寺 136
학남루鶴南樓 137
또 又 138
안주에서 즉사 安州即事 139
계곡 바위에 도경을 서사하다 寫道經溪石 140
두 번째 二 141
봄밤 春宵 142
밤에 앉아 우연히 읊다 夜坐偶吟 143
걸식하는 승려 乞僧 144
선자 화상의 '유遊' 자 운을 염하다 拈舡子和尙遊字 145
시인께 드립니다 贈詩村 146

흥이 나서 遣興 ……… 147
어느 날 동자 대여섯 명과 검문의 폐허가 된~ 日與童子五六人。登劒門廢寨~ ……… 148
우연히 읊다 偶吟 ……… 149
범영루 현판의 운을 따라 次泛影樓板韵 ……… 150
가산을 읊은 여섯 수 伽山六咏 ……… 151
피향당에 제하다 題披香堂 ……… 153
낙화암의 아침 아지랑이에 제하다 題落花巖朝嵐 ……… 154
비구니 스님의 오도시를 보고 見尼僧悟道詩 ……… 155
동림사를 지나며 過東林 ……… 156
백로를 그린 수묵화 水墨鷺圖 ……… 157
동촌에서 『맹자』를 빌리다 借孟子東村 ……… 158
회포를 풀다 遣懷 ……… 159
『청천집』을 열람하고 閱青泉集 ……… 160
어느 스님의 시집에 제하다 題僧軸 ……… 161

주 / 162

가산고 제2권 伽山藁 卷之二

칠언율시 七言律 56편

일천 허형 공께서 시를 남겼는데~ 一川許公【珩】遺韵。獎悟以返本意~ ……… 177
표충사 시권의 말미에 삼가 차운하여 쓰다 伏次韵書表忠祠詩卷尾 ……… 179
청심루 淸心樓 ……… 180
동산으로 유람 오신 병마사께 올립니다 上兵馬使遊東山 ……… 181
삼가 〈진남루 중수〉의 운을 따라 謹次鎭南樓重修韵 ……… 182
또 삼가 목감 이의철 공의 운을 따라 又謹次牧監李公【懿喆】韵 ……… 183
무장사에서 이 사문을 만나 밤새 이야기 나누다 鍪藏寺逢李斯文夜話 ……… 184
만폭동 萬瀑洞 ……… 185
술병을 차고 동산을 유람하다 携酒遊東山 ……… 186

반구대盤龜臺 187
학성 김재철에게 화운하여 和鶴城金生【在哲】 188
도와 최 상사공과 나 계오는~ 陶窩崔上舍公。與悟有所取。不倖卒。後五年~ 189
서울에서 유람 온 나그네의 시를 차운하여 次京華遊客 190
농암 최기 어른의 〈관해〉를 차운하여 次聾庵崔丈【機】觀海 191
강선루降仙樓 192
이생의 시를 뒤좇아 차운하다 追次李生 193
영지사靈芝寺 194
계미년 봄에 마침 갈 일이 있어 운부암에~ 癸未春。適有行。到雲浮庵~ 195
그 옛날의 정의에 잠시라도 깃들려면~ 以此不可以寓奮誼。覓得一詩以尾之。~ 196
9일에 이생께 삼가 화운하다 九日奉和李生 197
금령역 앞에서 입으로 읊은 시 金嶺驛前口號 198
밤비 夜雨 199
암자 누각에서 우연히 지은 한 수 庵樓偶得一韵 200
삼가 초남 사문 박유행의 시를 차운하여 謹次楚南斯文朴【維行】 201
삼가 해려께서 보내온 〈남호〉의 운을 따라 謹次海廬所送南湖韵 202
월선정月先亭 204
관수루觀水樓 205
김 처사의 숲속 거처에 제하다 題金處士林居 206
이성 객관의 운을 따라 次利城客舘韵 207
삼가 백련서사 생원 최남복의 운을 따라 謹次白蓮書社生員崔【南復】韵 208
삼가 신야 사문 최림께 올립니다 謹呈莘野斯文崔【琳】 209
영남루嶺南樓 210
능파각凌波閣 211
조양각朝陽閣 212
『인악유고』를 열람하다가 오월당에게 보낸~ 閱仁岳遺稿。得與梧月堂書韵。 213
고운사 운수암孤雲寺雲水菴 214
보경사寶鏡寺 215
팔공산 운부암에 회은재가 있는데~ 八公山。雲浮庵。有晦隱齋。影波長老~ 216
촉석루矗石樓 217

청암 명진당靑巖明眞堂 218
홍제당弘濟堂 219
『징월유고』를 열람하다가 "주장자 끝엔~ 閱澄月遺稿。有云錫端有棄昇平日~ 220
백운산白雲山 221
양산군 저자에서 밤에 공부의 운을 잡고 梁山郡邸。夜拈工部韻。 222
작은 암자 小庵 223
삼락당三樂堂 234
옛 기록의 〈자과〉라는 시의 운을 잡아 拈古錄自過 225
연등사 작은 모임에서 도주의 여러 대아들께~ 和道州諸大雅燃燈社小集韻 226
또 又 227
또 又 228
늙은 모습 老象 229
계림에서 옛일을 회상하다 雞林懷古 230
무계산 나루에서 武溪山津 231
장수 승이 훈 장로에게 준 〈수도사에 노닐다〉를~ 追次長水丞與訓老遊修道 232
청도 옛 친구에게 보냅니다 寄淸道故人 233
차운하여 次韻 234
석면 노인 石眠老人 235
천성산 내원동을 나서며 出千聖山內院洞 236

첨부한 시 附詩 4편

월하의 문인 희겸이 선사의 유고를~ 月荷門人喜謙。袖其先師遺稿而來~ 238
삼가 동경 윤 노하옹께 올립니다 謹呈東京尹老荷翁 239
월하 상인 시집에 제하다 題月荷上人詩集 240

소疏 1편

국재 수륙대회 각단별소國齋水陸大會各壇別疏 241

축문祝文 4편

신중단 축문神衆壇祝文 245

향사 축문 享祀祝文 247
표충 서원 신주 이운 축문 表忠書院神主移運祝文 249
신주 봉안 축문 奉安祝文 250

주 / 251

가산고 제3권 伽山藁 卷之三

오언고시 五古 11편

비 온 후에 짓다 雨後作 265
비가 막 개고 新霽 266
한강을 건너며 渡漢江 267
성 서쪽의 작은 모임에서 城西小社 268
경주에서 있었던 일 東州記事 270
게으름을 노래하다 咏慵 272
옛날을 생각하다 感古 273
상가행 傷歌行 274
어머니 생각 念慈親 275
가을밤에 짓다 秋夜作 276
이치를 통달하다 達理 277

칠언고시 七古 1편

언양현에 잠시 머물며 寓居彦陽縣 278
그 두 번째 其二 279
그 세 번째 其三 280
그 네 번째 其四 281
그 다섯 번째 其五 282
그 여섯 번째 其六 283
그 일곱 번째 其七 284

잡저雜著·찬讚 6편

동명 대사 상찬東溟大師像讚 285

밀암 대사 상찬密庵大師像讚 286

구룡 대사 상찬九龍大師像讚 287

석담 대사 상찬石潭大師像讚 288

침허 대사 상찬枕虛大師像讚 289

월파 대사 상찬月波大師像讚 290

서書 8편

금학헌 좌하의 편지에 재차 답장을 올립니다 復答上琴鶴軒座下書 291

인산 대아께 올리는 편지 上仁山大衙書 300

양산 대아께 올리는 편지 上梁山大衙書 304

이 남가락 어른의 편지에 삼가 답합니다 奉答南駕洛李丈書 308

도와 최남복 상사께 삼가 안부를 여쭙는 편지 奉候陶窩崔上舍【南復】書 316

일천 최립 사문께 삼가 안부를 여쭙는 편지 奉候逸川崔斯文【琳】書 318

용담사 최옥 사문께 삼가 안부를 여쭙는 편지 奉候龍潭社崔斯文【浧】書 322

호운 대사에게 답하다 答灝雲大師 326

주 / 328

가산고 제4권伽山藁 卷之四

기記 8편

신흥사 대웅전 단확기新興寺大雄殿丹雘記 343

통도사 석종기通度寺石鍾記 347

석골사 위쪽 함화암 중창기 石骨寺上含花庵重刱記 349

성주 쌍계사 청암 명진당 중창기星州雙溪寺青巖明眞堂重刱記 351

하동부 칠불선원 중창기河東府七佛禪院重刱記 353

영정사 남계료 중창기靈井寺南溪寮重刱記 356

표충사 이건기表忠祠移建記 359
염화실기拈花室記 362

서序 3편
화곡집 후서花谷集後序 364
신선루 서神仙樓序 367
소은암 서小隱庵序 369

상량문上樑文 12편
보광전 상량문普光殿上樑文 371
통도사 사리각 중수 상량문通度寺舍利閣重修上樑文 376
불국사 극락전 상량문佛國寺極樂殿上樑文 380
문슬헌 상량문捫虱軒上樑文 384
연등암 영각 상량문燃燈庵影閣上樑文 388
표충 서원 이건사우 상량문表忠書院移建祠宇上梁文 391
명인루 상량문明禋樓上梁文 395
영산 대흥사 대웅전 상량문靈山大興寺大雄殿上梁文 399
경기도 광주 동쪽 칠성암 중창 상량문 京畿道廣州東七星庵重剙上梁文 403
통도사 전등전 초창 상량문通度寺傳燈殿草剙上梁文 407
석남사 견역 유공비명石南寺蠲役有功碑銘【幷序】 411
문인 희겸에게 示門人喜謙 414

월하 대화상 행장月荷大和尙行狀 415
월하 상인 유집 발月荷上人遺集跋 418

주 / 420

찾아보기 / 438

일러두기

1 '한글본 한국불전서'는 문화체육관광부의 지원을 받아 동국대학교 불교학술원에서 수행하고 있는 '불교기록문화유산아카이브(ABC)사업'의 결과물을 출간한 것이다.
2 이 책은 『한국불교전서』(동국대학교출판부 간행) 제10책의 『가산고伽山藁』를 저본으로 하여 번역하였다.
3 번역문에 이어 원문을 수록하고 고리점을 찍었다.
4 원문은 『한국불교전서』를 기본으로 하되, 그 저본이 되는 목판본을 대교하여 제시하였다. 역자의 교감 내용에서 '저본'이라 함은 『한국불교전서』의 저본(목판본)을 말한다.
5 원문의 교감 사항은 번역문의 각주와 별도로 원문 아래 부분에 제시하였다.
　㉠은 『한국불교전서』 편찬자가 교감한 내용이다.
　㉡은 번역자가 교감한 내용이다.
6 약물은 다음과 같다.
　『　』: 서명
　「　」: 편명, 산문 작품
　〈　〉: 시 작품, 노래(歌), 편 안의 소제목
　T : 대정신수대장경
　X : 만속장경

월하 상인 유집 서

    나는 대사를 뵌 적이 없어 대사가 어떤 분인지 모른다. 그의 시를 읽어 보고 그의 뜻을 살피고서야 비로소 그를 8할이나 9할 정도 알게 되었으니, 거의 마음은 유자儒者이면서 불자佛子의 자취를 보인 분이셨다. 내가 남몰래 이를 기이하게 여기고 있었는데, 마침 고족 제자인 희겸喜謙 선사가 그의 행장을 가지고 찾아왔다. 아울러 그의 시문에 덧붙일 서문을 부탁하였는데, 시가 무려 500여 수에 달하고 문장 역시 각각 문체를 갖추고 있었다. 그래서 솥단지 안의 음식을 모두 먹어 보았더니, 그 맛이 모조리 기가 막혔다.

    대사의 속성은 권씨權氏이고, 법명은 계오戒悟이며, 그를 임신했을 때 어머니가 달이 품 안으로 들어오는 꿈을 꾸었기에 월하月荷라는 호를 덧붙이게 되었다. 태어나던 날 저녁에는 천태산天台山이 세 차례나 울었으니, 그 산은 곧 동해의 거령巨靈[1]이었다. 바닷가 노인들 사이에 "이 산이 울면 우리 마을에 복된 일이 생긴다."라는 말이 있었는데, 그날 밤 과연 대사가 태어났던 것이다. 그래서 다들 "이것이 그 징조다."라고들 하였다.

    대사는 성품이 총명하고 재주가 민첩하였다. 일곱 살부터 글을 배웠는데 하루에 오륙십 줄씩 암송하였고, 여러 책을 읽으면서 재차 물어 선생님을 귀찮게 하는 법이 없었으며, 구류백가九流百家²에 섭렵하지 않은 것이 없었다. 그러다 열한 살에 머리를 깎고 출가해 침허枕虛 법사에게서 계를 받고 그의 의발을 이어받았다.

그의 문장은 간결하고 예스러워 작가의 법도가 있고, 시 역시 우아하여 나물과 죽순의 기미³가 없었다. 총령葱嶺에 깊이 깃들어 살면서 세속의 업을 구하지 않았지만, 그가 함께 노닐었던 자들은 모두 한 시대의 선량選良들이었고, 창려昌黎가 태전太顚 선사에게 그리하고⁴ 도령陶令이 혜원慧遠 법사에게 그리했던 것처럼⁵ 교류를 허락하지 않는 자가 없었다. 간혹 그에게서 한마디 말이나 글자 하나라도 얻으면 단산丹山⁶에 떨어진 봉황의 깃털처럼, 창해滄海에 남겨진 구슬⁷처럼 애지중지하였으며, 또한 썩도록 내버려 두지 않기에 충분한 것이었다.

나는 천성적으로 불교를 좋아하니, 그 청정하고 속되지 않음을 기뻐하기 때문이다. 그러나 대사 같은 분이야 어찌 속되지 않은 정도에 그칠 뿐이겠는가! 한번 그 얼굴을 뵙고 삼소三笑의 모임⁸을 쫓아다니지 못한 것이 한스러웠는데, 마침 동경東京⁹에 부임하여 그의 시와 문장을 보고 그의 유고에 서문까지 덧붙이게 되었으니 얼마나 다행스러운 일인가! 그래서 이렇게 글을 쓰게 되었다.

월하 법사 화상 찬

달은 하늘에 있고
연꽃은 물에 있지만
마음으로 마음을 관찰하면
빛깔과 모양이 하나의 이치
나는 이와 같이 들었네
깨달으면 곧 여래라고¹⁰

대사께선 가셨어도 도는 남았으니
강물이 흘러가고 꽃이 피어남이로다

기유년(1849) 2월에 동경 윤東京尹 노하옹老荷翁 화산花山 권직權溭[11] 쓰다.

月荷上人遺集序[1)]

余未見師。不知師爲何許人。讀其詩觀其志。始得其八九分。殆是心儒而跡佛者。余竊異之。高足謙禪。持其狀來謁。仍請弁其詩文。詩凡五百餘首。文亦具各體。盡得全鼎之味。儘奇矣。師俗姓權。法名戒悟。其娠也。母夢月入懷中。仍以月荷爲號。降胎之夕。天台山三鳴。山即東海上巨靈也。老於海者有言曰。此山鳴。鄕有吉事。是夜師果生焉。咸曰此其徵乎。師性悟才敏。七歲學書。日誦五六十行。讀數卷。更不煩師。九流百家。無不涉獵。十一歲祝髮。受戒於枕虛法師。以傳其衣鉢。其文也簡古。有作者法。詩亦典雅。無蔬筍氣。深棲葱嶺。不求塵業。而其與之遊者。皆一時之選。莫不以昌黎之太顚陶令之遠公許之。或得其片言隻字。愛之。若丹山之落羽。滄海之遺珠。亦足以不朽矣。余性喜浮屠。喜其淸淨不俗也。而如師者。奚止不俗而已。恨不一識其面。以追三笑之會。而適任東京。得見其詩與文。而弁其卷。亦幸矣。遂爲之書。

月荷法師畫像贊。

月在天。蓮在水。以心觀心。色相一理。我聞如是。悟即如來。師去道存。水流花開。

己酉仲春。東京尹。老荷翁。花山。權溭書。

---

1) ㉑ 저본은 임자년(1852, 철종 3년)에 발간한 남기항 발문본南基恒跋文本이다.(동국대학교 소장)

월하 상인 문집 서

나는 보령補嶺에 유배되어 깊은 연못을 마주하듯 살얼음판을 걷듯 전전 긍긍하며 살고 있는 처지이다. 게다가 안으로는 부질없는 육근六根에 갇히고, 밖으로는 기세계器世界에 국한된 신세이다. 돌아보건대, 어찌 사람과 법 두 가지가 모두 공하고, 마음과 경계가 쌍으로 적멸하겠는가! 그런데 석자 희겸喜謙이 덕암德庵 화상 인연으로 지팡이를 짚고 찾아와서는 합장하며 예를 표하고 두 번 절하면서 말하였다.

"월하月荷는 저의 스승이십니다. 드러내지 않으셨을 뿐 깨치신 분이기에 그 행적을 엮었고, 이것이 그 원고입니다. 선생님께서 한 말씀 해 주시길 간곡히 부탁드립니다."

내가 그의 행장을 살펴보았더니, 대사의 법명은 계오戒悟이고, 안동安東이 본관인 권씨權氏였다. 그의 어머니가 달을 품는 꿈을 꾸고서 임신하였고, 태어나서는 겨우 열한 살에 팔공산八公山에서 머리를 깎았으며, 가지산伽智山에서 세수 77세 법랍 66년으로 생을 마감하였다. 화장을 하자 세 차례나 큰 광명이 쏟아져 곧장 서방을 가리켰으며, 남녀의 승려와 속인들이 무더기로 이를 구경하고 감탄하였다 한다.

그의 유고를 열람하고는 대사가 스승답다는 것을 알 수 있었을 따름이다. 문장 하나하나 게송 하나하나가 심기心機에서 쏟아져 나온 것이었으며, 손님을 말미암아 주인을 깨닫고 속진俗塵을 말미암아 공空을 깨달으며, 무명의 미혹을 완전히 맑히고 법성의 본체를 완전히 드러낸 것이었다. 그래서 그의 수염과 눈썹, 그리고 담담한 미소를 마치 패엽貝葉[12]과 향등香燈 사이에서 마주할 수 있을 것만 같았다.

그렇긴 하지만 이 책을 저 글자 없는 진실한 경전과 비교한다면 어찌 대사를 많은 말씀을 남긴 분이라 하기에 충분하겠는가. 돌아보건대, 뜨거운 번뇌 속에서 내뱉는 나의 말들이 또 어찌 대사를 중요한 인물로 만들기에 충분하겠는가. 많은 진신搢紳[13] 선생들이 대사와 노닐었으니, 끌어다가 책의 첫머리에 올리고 싶은 분이 있겠지 싶었다. 그래서 문득 사양하며 말하였다.

"집안에 계신 부처님을 공양한 것[14]은 실로 사문의 공덕을 의지한 것입니다. 어찌 이른바 묵명유행墨名儒行[15]이겠습니까? 인륜의 상도를 잃지 않은 분이시군요! 염주나 돌리고 면벽하면서 사람들과 교류를 단절하고 기강을 파괴하는 자들과 이분을 비교해서는 안 됩니다. 사람 노릇도 못 하면서 부처가 될 수 있는 자가 어찌 있겠습니까? 유자와 불자가 같건 다르건 간에 오로지 사람이 사람답고 도가 도다워야 옳습니다."

나는 희겸의 부탁을 가상히 여겨 결국 글을 써서 돌려보냈다.

임자년(1852) 1월에 해곡 노인海谷老人 이기연李紀淵[16] 쓰다.

月荷上人文集序

余謫補嶺。臬愊若淵冰。而內爲浮根所錮。外爲器界所局。顧安得人法二空。心境雙寂哉。釋者喜謙。因緣德庵和尙。杖錫而登門。合爪禮而再拜曰。月荷吾師也。惟不章是惺。狀其行而斯其稿。願乞夫子之一言。余按其狀。則師之法名戒悟。本以安東之權。其母夢月而姙。生纔十一歲。落髮于八公山。示寂于伽智山。世壽七十七。法臘六十六。旣闍維。大放光明。直指西方者三。緇白男女。聚觀咨嗟云。閱其稿。則師之爲師可知也已。一章一偈。自出機抒。因客悟主。因塵悟空。無明之惑淨盡。法性之體全彰。其鬚眉淡笑。若將可接於貝葉香燈之間矣。雖然斯編也。較諸無字眞經。則何足以爲師多也。顧余熱惱之言。又何足以爲師重也。搢紳先生。多與師遊。有欲引而進之於門墻者。則輒謝曰。供養在家佛。實賴沙門功德。豈所謂墨名儒行。不墜彛倫者歟。此不可與數珠面壁。絶人壞紀者。比也。焉有不能爲人。而能爲佛者乎。儒釋之同不同。惟是人其人。道其道。可也。余嘉其喜謙之請。遂書而還之。

壬子首春。海谷老人。李紀淵書。

주

1 거령巨靈 : 전설 속 신神 이름. 먼 옛날에 황하黃河가 화산華山에 막혀 흐르지 못하자, 화산을 쪼개 그 사이로 강이 흐르게 했다고 한다.
2 구류백가九流百家 : 9종의 학파와 그 학파 속에서 견해의 차이를 보였던 여러 학자들의 다양한 가르침을 총칭하는 말이다. 『漢書』「藝文志」에 따르면 유가儒家의 유파에 52가家, 도가道家의 유파에 37가, 음양가陰陽家의 유파에 21가, 법가法家의 유파에 12가, 명가名家의 유파에 10가, 묵가墨家의 유파에 6가, 종횡가縱橫家의 유파에 12가, 잡가雜家의 유파에 20가, 농가農家의 유파에 9가가 있었다고 한다.
3 나물과 죽순의 기미(蔬筍氣) : 승려들의 시문에 나타나는 특유의 표현과 느낌을 말한다.
4 창려昌黎가 태전太顚 선사에게 그리하고 : 창려는 한유韓愈의 봉호이다. 당나라 때 대표적 배불론자排佛論者였던 한유는 원화 14년(819)에 「論佛骨表」를 상소하였다가 헌종憲宗의 미움을 사 조주 자사潮州刺史로 좌천되었다. 하지만 그곳에서 태전을 만나 깊이 교류하였다.
5 도령陶令이 혜원慧遠 법사에게 그리했던 것처럼 : 도령陶令은 팽택 영彭澤令을 지낸 진晉나라 도연명陶淵明의 별칭이다. 도연명이 낙향하였을 때, 여산廬山 동림사東林寺의 주지 혜원이 유유민劉遺民, 뇌차종雷次宗, 주속지周續之, 종병宗炳 등 18인의 명사와 백련사白蓮社라는 모임을 결성하고 함께 불법을 닦았다. 그 당시 도연명에게도 참여를 권했는데, 신념이 달랐던 도연명은 술을 즐긴다는 핑계로 거절하였다가 후에 혜원과 방외의 벗으로 교류하였다.
6 단산丹山 : 봉황이 산다는 전설 속의 산. 단혈丹穴이라고도 한다.
7 창해滄海에 남겨진 구슬 : 세상에 알려지지 않고 묻혀 버린 훌륭한 인재를 보물에 비유한 말이다.
8 삼소三笑의 모임 : 유자와 불자가 방외의 벗이 되어 함께 어우러진 모임을 여산의 백련사白蓮社에 빗대어 표현한 말이다. 동림사東林寺로 들어가는 길목에 호계虎溪를 건너는 다리가 하나 있었는데, 일찍이 혜원慧遠이 그 다리를 건너 산문을 나서지 않겠노라고 다짐한 적이 있었다. 그러나 도연명陶淵明과 육수정陸修靜이 동림사를 방문했다가 돌아가던 날, 이야기를 나누며 그들을 전송하다가 자기도 모르게 그 다리를 지나치고 말았다. 혜원이 이 사실을 실토하고, 세 사람이 손뼉을 치며 크게 웃었다고 한다.
9 동경東京 : 경주慶州.
10 깨달으면 곧 여래라고(悟即如來) : 중의적 표현이다. '오悟'는 '계오戒悟' 즉 월하 대사

를 지칭하기도 한다. 따라서 "계오가 곧 여래라고"로 해석할 수도 있다.
11 권직權溭(1792~?) : 조선 후기 문신으로 자는 경심景深. 1827년(순조 27)에 병과로 급제하였다. 1834년(순조 34)에 홍문록弘文錄에 올랐고, 1835년(헌종 1) 1월에는 도당회권都堂會圈 30인에 선발되었다. 1836년(헌종 2) 원릉元陵과 화령전華寧殿의 작헌례酌獻禮에 대축大祝으로 참여하여 가자加資되었다. 1844년(헌종 10) 3월에는 사간원대사간司諫院大司諫에 임명되었다. 문집 『團和齋集』 6권 5책이 전한다.
12 패엽貝葉 : 불경佛經을 뜻한다. 고대 인도에서 패다라貝多羅 나뭇잎을 종이 대신 사용했던 것에서 기인하였다.
13 진신搢紳 : 홀笏을 꽂고 큰 띠를 드리운 사람들이라는 뜻으로 높은 벼슬아치를 말한다.
14 집안에 계신 부처님을 공양한 것 : 월하 대사가 출가한 승려의 신분임에도 불구하고 노모를 모시고 살면서 효성을 지극히 했던 것을 두고 한 말이다.
15 묵명유행墨名儒行 : 묵가墨家를 자칭하지만 실재 행실은 유자儒者라는 뜻이다.
16 이기연李紀淵(1783~?) : 조선 후기의 문신. 본관은 전주全州, 자는 경국京國이다. 할아버지는 동지의금부사 명중明中이고, 우의정 지연止淵의 동생이다. 1805년(순조 5) 증광문과에 병과로 급제하여 홍문관정자가 되고, 1815년 홍문록에 등록되었다. 1822년 대사성에 이어 이조참의·대사간·한성부좌윤을 지냈으며, 1828년 강원도관찰사를 역임하였다. 1831년 가의대부嘉義大夫로 승진하였고, 1833년 우승지·공조판서를 거쳐 1835년(헌종 1) 우참찬이 되었다. 1836년 평안도관찰사, 1837년 대사헌에 등용되었으며 예조판서로 안핵사按覈使를 겸하였다. 1838년 이조판서가 되고, 1839년 호조판서가 되었으나 1840년에 탐학하다는 탄핵을 받아 향리로 추방되었고, 뒤에 죄가 가중되어 고금도에 유배되었다. 1849년(철종 1)에 풀려나와 다시 한성부판윤·황해도병마사·경상도관찰사·판의금부사·형조판서 등을 지냈다.

가산고 제1권
| 伽山藁 卷之一 |

오언절구
五[1]言絕句

동축사[1] 즉사[2]
東竺即事

쓸쓸한 동축사	蕭條東竺寺
구불구불한 마골산	逶迤麻骨山
창 너머 단풍나무 숲으로	隔窓紅樹裡
지는 햇살이 봉우리를 비춘다	落日照孱顔

---

1) ㉮ '五' 앞에 '詩'라는 글자가 있는데, 『韓國佛敎全書』 편찬자가 삭제하고 편찬하였다.

그 두 번째
其二

황폐한 뜰에는 구름이 들어와 잠자고	荒庭雲入宿
가파른 탑에는 새들이 찾아와 오르네	危塔鳥登來
가을의 흥취가 유난히 넘쳐나는 이곳	秋興偏多此
나그네 마음 문득 옛 누대에 오른 듯	客心忽古臺

그 세 번째
其三

광활한 바다 봉도[3]에 넘실대고 　　　　　海濶凌蓬島
낮아진 하늘 산자락을 짓누르네 　　　　　天低壓翠微
고래가 물을 뿜나 파도가 급해지더니 　　　鯨歕怒濤急
비바람을 몰고 와 부슬부슬 내린다 　　　　驅雨疾霏霏

그 네 번째
其四

한 잔의 물로 바다를 만들 순 있겠지만　　一勺能爲海
아홉 층을 쌓더라도 이 산만은 못하리　　九層匪本山
그만두자 그만둬, 소리도 냄새도 없으니　　已已無聲臭
우러러 하늘 보고 한바탕 웃고 돌아선다　　仰天大笑還

그 다섯 번째
其五

옅은 빛깔이 솔 꼭지에 어여쁘고　　　　淡色松巓嫩
먹의 향기가 돌 표면에 깊어라　　　　　墨香石面深
부용성[4] 호걸 빼어난 선비들이　　　　 蓉城豪秀士
간밤에 이곳을 다녀들 가셨나 봐　　　　前夜箇追尋

그 여섯 번째
其六

새가 우네, 뭔 말인지 알겠네　　　　　鳥啼言可解
꽃이 지네, 마음 절로 가엾어라　　　　花落心自憐
저들도 늘고 주는 이치가 있는데　　　　物亦消長理
내 어찌 여전히 배우는 소년이랴　　　　吾何學少年

그 일곱 번째
其七

읊조리길 멈춘 후 붓을 적시고   斷吟後染毫
좌선하려고 먼저 돌부터 터는데   欲坐前拂石
소나무 언덕으로 손님이 찾아와   有客來松壇
자리를 펴느라 허둥대는 노스님   老僧忙設席

봉도에서 찾아온 나그네에게 읊어 주다
口呼贈蓬島來客

그대가 봉래산에서 왔다니	子來蓬島上
안기생[5] 소식이나 물어보세	借問安期生
바둑을 두던 동자 예닐곱과	與碁童六七
약초를 캐고 어느 성으로 가셨나	採藥入何城

필법을 배우는 강 수재[6]에게
示姜秀才學筆

장군이 갑옷을 두르듯	將軍擐甲冑
병사가 성곽을 방어하듯	士卒固城池
고른 기운으로 칼날 세우고	齊氣銳兵刃
그런 다음에 왕희지를 배우라	然後學羲之

임 충렬공[7] 사당에 참배하고
謁林忠烈公廟

청산처럼 우뚝한 충렬	靑山乎烈立
녹수처럼 흐르는 명성	綠水也名流
장군의 사당에 두 번 절하니	再拜將軍廟
미간의 근심 삭주에 가득하네	眉愁滿朔州

속내를 털어놓다
叙懷

왜 환속하지 않느냐고 다들 말하지만　　　　人云胡不俗
나는 승려로 살다가 죽을 생각이네　　　　　自念卒爲僧
고향이 있다지만 소식 한 자 없으니　　　　　故鄕無一字
깊은 밤 외로운 등불이나 벗해야지　　　　　深夜伴孤燈

금릉[8]에서 옛일을 회상하다
金陵懷古

낙동강 흐르는 가락국	水流駕洛國
꽃이 지는 금릉의 시골	花落金陵村
이끼가 갉아먹은 천년 바위에	苔蝕千年石
여전히 남아 있는 소전[9]의 문장	猶餘小篆文

매화 감상
賞梅

봄을 묘사하는 맑고 촉촉한 붓	寫春淸潤筆
달을 머금어 시원함을 더한 잔	飮月冷添杯
아름다운 구절에 이렇게 좋은 밤	好句良宵得
산속 창가에는 어여쁜 매화가	山窓上嫩梅

불국사를 지나다가 경암 장석[10]의 서거를 탄식하며
過佛國寺嘆慶庵丈席逝

그 사람 푸른 산에서 살았건만	人在靑山中
사람만 시들고 산은 늙지 않았네	人衰山不老
나그네 찾아왔으나 옛 친구 없어	客來無故人
고개를 돌리고 봄풀에 눈물짓누나	回首淚春艸

짙은 안개
烟嵐

바람 잦아들어 깊은 골 고요하고	風恬幽壑靜
비췻빛 쌓여 저녁 하늘 서늘한데	翠積暮天寒
갑자기 지금 이 지경이니	突兀今如此
누가 가산을 기록하나 봐[11]	何人記假山

병석에서
病中

베갯머리에서 꾀꼬리 소리를 듣고	枕上聽鶯語
벌써 봄이냐고 아이에게 물었더니	問諸童子曰
집 앞에 서 있는 다섯 그루 버드나무[12]	家前五柳樹
녹음이 늘어져 해를 가릴 정도라나	綠陰能漲日

바닷가 절에서 살며
寓海寺

꾀꼬리 떼[13] 교목에서 하시는 말씀	繁鶯喬木語
맑은지 탁한지 알 수가 없네	淸濁不能知
그저 인간사에 얽어맬 심사로	但爲覊人事
가지를 오르내리며 꾀꼴꾀꼴[14]	觮蠻下上枝

하양에서 길을 가다가
河陽途中

기와 언덕 아침에 강물처럼 누웠더니	瓦岡朝水臥
푸른 들판 저녁에 복사꽃처럼 붉어라	滄墅夕桃紅
비바람 휘몰아쳤던 지난밤의 일	風雨前宵事
괜히 슬퍼하며 머리 여미는 노인	謾悲鑷髮翁

연등암에서 밤새워 얘기하다
燈庵夜話

대낮처럼 밝힌 등불의 꽃 속에서	燈華如畫裏
아름다운 시와 또 사람들 틈에서	詩語又人間
아이야 잔 씻어 오너라 재촉하고는	呼童頻洗勺
술잔을 잡고 푸른 산과 마주하네	把酒對靑山

장난삼아 장 수재에게 주다
戲贈張秀才

백발이 되도록 겪어 온 인간사	白髮人間事
외로운 등불 그림자에 의지했지	孤燈影裏依
철부지 마음 아직도 못 고쳤는데	童心猶未改
어찌 노승더러 쇠약했다 하는가	胡謂老僧衰

귀뚜라미
促織

귀뚜라미가 박 잎에 매달리고	促織懸瓠葉
반딧불 강물이 대숲을 꿰뚫는다	流螢穿竹林
가을벌레도 똑같이 천변만화하니	秋虫同萬化
하늘과 땅은 공평한 마음 가졌구나	天地有公心

한밤중
午夜

큰 쥐[15]가 높다란 대들보 위를 달려   碩鼠走浮樑
대들보 먼지가 흙 침상에 떨어졌네   樑塵下土牀
홀연히 깊은 꿈에서 깨고 보니   忽然幽夢罷
산 달이 서쪽 행랑채에 걸렸구나   山月在西廂

구일[16]
九日

백주[17]는 돈 많은 곳에나	白酒金多處
국화꽃 향기도 잠시 한때	黃花蘂一時
산에 등불 밝혔던 가을날의 꿈	山燈秋夢事
깨고 나니 더욱 알기 어려워라	已覺更難知

삼가 최 어른의 운을 따라
謹次崔丈

가엾어라, 부처를 숭상한다는 자	可憐崇佛者
부끄러워라, 유업을 닦는다는 사람	自愧業儒人
훌륭한 남자가 될 수나 있을까	安得好男子
매일 산속 개암나무[18]나 읊어 댄다	日哦山有榛

가을
秋事

골짜기 속은 차가운 안개	洞裏烟霞冷
창틈에는 쓰르라미 소리	窓間蟋蟀吟
상성[19]에는 만물도 감격하는데	商聲物猶感
하물며 백발이 된 나의 마음일까	況我白頭心

화장산 오두막에서 묵다
宿華藏廬

하룻밤 묵어가는 화장산	一宿華藏山
주인이 이웃 마을로 가 버렸네	主人隣里去
한밤중 울리는 저 음악 소리	夜半聞鼓吹
밝은 달님만 하늘 한가운데	明月天中處

삼가 석산 한 상사[20]의 운을 따라
謹次石山韓上舍

그를 사랑하면 그도 나를 사랑하고	愛人人我愛
그를 미워하면 그도 나를 미워하지	憎人人我憎
사랑도 미움도 오직 내 탓인데	愛憎惟在我
왜 하필 이 산승에게 물으실까	何必問山僧

호계
虎溪

호계 골짜기를 따라 오르면서	自從虎溪上
물을 바라보며 길게 탄식하다	觀水長嘆曰
아름다워라, 너는 구덩이를 채우고 넘치는데[21]	美哉爾盈科
나는 백발이 되도록 무슨 공덕 이루었나	我何功白髮

『산해경』에 제하다
題山海經

모든 강들의 왕인 큰 바다와	水臣王大海
모든 산들의 조상인 곤륜산까지	山祖崐崙
가슴속에 품고 거두었으니	包納心胷內
최고지, 이런 사람 있으면	至哉若有人

길에서
途中

사람들 큰 못 둑을 지나가고	人過大澤陂
해는 서쪽 정자 위로 기우네	日落西亭上
만고에 품은 가슴속 뜻 있으니	萬古有心懷
명검[22]의 울림을 어찌 감당할까	郱[1]堪鳴劍響

---

1) ㉠ '郱'는 '邢'인 듯하다.

이름난 스님을 조롱하다
嘲名僧

촌뜨기 중 돌길로 돌아오네	野僧歸石逕
구름보다 하얀 납의를 입고	白衲欺雲白
우습구나, 시로 품팔이하며	可笑爲詩役
홍진의 거리를 왔다 갔다	去來紅塵陌

계곡 여울에서
溪湍

거문고[23] 위로 시냇물 부서지고	澗碎玄琴上
자줏빛 옥 사이로 산들이 모였건만	山攣紫玉間
남아 대장부 달가워하는 마음이 없어	丈夫無屑意
곧장 말하네, 마음 씻었으면 돌아가세	便道洗心還

성품의 선함
性善

하나의 성품은 하늘과 같지만	一性與天同
칠정[24]이 나로 인해 달라지네	七情由我異
감정 일으킬 때는 반드시 절도에 맞게[25]	發之須中節
끝내 이것 외에 다른 것은 없지	畢竟无他地

놓쳐 버린 마음을 찾아라[26]
求放心

물욕으로 인해 마음을 놓쳐 버리게 되니	放心由物慾
성실한 마음 보존하는 것이 하늘의 이치	存誠即天理
보존하고 또 보존해 놓쳐 버리지 말라	存存而勿放
정신과 기운이 성대하게 일어나리라	神氣藹然起

종
鐘

너의 울음 너무나 맑아	爾鳴大瀏瀏
밤낮으로 매를 맞는구나	日夜也受棒
나 역시도 이와 같아서	吾人亦如此
명예가 오히려 두렵구나	名譽猶惶悚

석문의 노인
石門老人

하얀 머리에 볼품없는[27] 노인	白首龍鍾老
처마 앞에서 관솔을 쪼개고 있네	簷前枊[1]火松
지팡이를 세우고 길을 물었더니	植杖問前路
손을 들어 구름 속을 콕!	擧手點雲中

---

1) ㉥ '枊'은 '析'인 듯하다.

우연히 쓰다
偶題

바다와 산을 본래 집으로 삼고	海山爲本宅
바람과 달을 새 이웃으로 더해	風月忝新隣
넝쿨 침상 위에 높이 누웠더니	高臥蘿牀上
작은 새들이 새봄이라 알리네	小禽報元春

『진사』를 읽고
讀晉史

과거 옛일 오히려 멀지 않나니	去古猶未遠
유자들이 어찌 많지 않았으랴	儒人胡不多
그저 노장을 따르는 무리들이	只爲老莊輩
예를 망쳤다고만 할 수 있을까	蕩敗禮云麽

산속의 봄
山春

푸르른 산이 사방을 에워싸고	靑山圍四壁
맑은 물이 깊은 골에 누웠는데	白水臥深溪
고목나무의 꽃망울은 더디고	古樹花心漸
간밤의 비바람은 처량하기만	夜來風雨凄

삼가 국화를 노래한 시의 운을 따라
敬次咏菊韻

사해의 서리가 땅에 내리고	四海霜來地
구주의 국화가 꽃을 맺었는데	九州菊有花
지팡이는 향기를 맡지 않으려나 봐	杖不聞香去
세 번만 더 기울라며 해를 꾸짖지 않네	無敎日三斜

원운을 첨부한다 附原韻

올해는 가을이 늦어	今年秋色晚
구일에도 국화가 피질 않네	九日未黃花
지팡이에 기대 동쪽 울타리 아래에서	倚杖東籬下
하늘에서 부는 바람에 백발만 나부낀다	天風白髮斜
【매산28】	【梅山】

국화 향기는 늦가을이 제격이니	菊香宜晚節
게으르게 피는 꽃이 되려 어여뻐라	還愛懶開花
두둥실 달 밝고 된서리 내리는 밤에	月明霜重夜
주렴 가득히 기우는 꽃을 바라보리라	看取滿簾斜
【천곡】	【川谷】

삼가 고운 선생께서 압운하신 천 자를 따라
敬次孤雲先生押天字韻

화개동에 별세계가 있으니	花開洞別界
낙랑주[29]의 호리병 속 천지[30]	樂浪洲壺天
고운 선생은 죽지 않았으니	孤雲能不死
그 풍도 2천 년을 이어 온다네	風度二千年

선생의 원운[31]을 첨부한다 附先生原韻

동쪽 나라 화개동은	東國花開洞
항아리 속 별천지라	壺中別有天
신선이 되어 옥침을 베니	神仙推玉枕
천년의 세월도 잠깐인 신세	身世歘千年

쌍계사를 지나다가 국사[32]의 비를 읽고
過雙溪寺讀國師碑

쌍계사의 나그네가 되어	作客雙溪寺
국사의 비를 찾아보았네	爲尋國師碑
고운이라는 천하제일 선비	孤雲天下士
만당 시절에 꽤나 분주하셨군	奔走晩唐時

길에서
途中

막걸리 석 잔의 힘으로	白酒三盃力
푸른 산 10리 길을 가다가	靑山十里行
어디가 절일까 멀리 내다보니	遙望何處寺
바위 아래에서 저녁연기 모락모락	巖下暮烟生

금강산으로 가는 화봉 대사께 드립니다
贈華峯大師之金剛山

여러 해 금강산 구경을 소원하다가	積歲金剛願
오늘 아침 물병에 지팡이 들고 나서네	今朝瓶錫行
존자여, 꽃과 새들의 손님 되지 마시고	尊非花鳥客
곧장 담무갈의 중향성[33]에 오르소서	直上衆香城

운문령[34]을 넘다가
踰雲門嶺

물소리가 앞 다퉈 귀를 찌르고	水聲爭到耳
꽃의 미소가 자꾸 시를 재촉해	花笑甚催詩
가야 할 길 멀다는 것 계산도 않고	不計前程遠
바위 앞에 퍼질러 한나절 허비했네	巖頭費一時

오언율시
五言律

삼가 영화루[35] 현판의 운을 따라
謹次映花樓板韻

언양읍은 자그마하여	彦之邑如斗
권과의 정사도 바쁠 것 없지	勸課政無催
하얀 달밤엔 금척[36]이나 희롱하고	月素弄琴尺
푸르른 봄날엔 술잔을 손에 든다	春靑携酒盃
온 산에 집으로 돌아오는 새떼들	皆山歸鳥入
한 줄기 강에는 떠내려오는 꽃잎	一水泛花來
아무리 실눈을 떠도 갈대가 우거져	極目多雚葦
고향이 그리운 맘에 돌 누대에 올라 본다	鄕心借石臺

삼가 운금헌 현판의 운을 따라 【울산목관의 동헌】
謹次雲錦軒板韵【蔚山牧官東軒】

협채[37]에 가을 서리 닥쳤는데	夾寨霜秋逼
남관의 관아는 쾌청하여라	籃關廨宇晴
말 치는 사람 마른 풀을 나눠 줘도	圉人分草藁
기르는 말들은 산성을 뜯어 먹네	牧馬食山城
바다를 떠돌며 나루터를 묻는 관리	浮海問津吏
봉래산에 들어가 약초와 사는 사람	入蓬俱藥生
집을 빌려 하룻밤 묵어가자니	借家留一宿
시와 술과 꿈, 세 가지가 맑아라	詩酒夢三淸

깊은 암자의 그윽한 흥취
深庵幽興

뜰에 핀 꽃들 푸른 채소밭에 이어지고	庭花連翠葆
처마 끝의 안개는 어스름처럼 담박해라	簷霧淡微明
못이 험악해 늙은 용이 의지하고	潭險老龍據
숲이 아득해 암사슴이 뛰논다네	林賒牝鹿行
구름 빗장도 때 되면 다시 걷히고	雲關時復捲
꾀꼬리 노래도 저녁이면 절로 맑아져	鶯語夕當淸
풀과 나무가 부르는 그윽한 오솔길로	草樹吹幽逕
시원한 바람에 나서면 발걸음도 가벼워	凉飄取次輕

나그넷길에서 맞이한 가을
客中逢秋

가을밤 싸늘한 귀뚜라미 소리[38]	秋夜寒蛩織
서리 내린 아침에 외기러기 날아가네	霜朝隻鴻飛
희끗희끗한 하늘에서 까막까치가 내려와	微明烏鵲下
눈물만 재촉하고 아득히 높은 곳으로	催漏昴叅稀
10년 전 그 사람이 오늘 이 나그네	十年今日客
만사가 지난날 뜻과 어긋나 버렸네	萬事異時違
올 한 해를 또 어떻게 보내야 할까	何以卒其歲
고향에서 보내 주는 옷도 없는데	故鄕無寄衣

밤에 앉아서
夜坐

작은 누각에 외로운 등불이 새롭고	小閣新孤燭
옴폭한 연못에는 흰 구름이 어렸네	洿池有白雲
삼재[39]가 혼돈을 열어젖히고	三才開混沌
일기[40]가 음침한 기분을 녹여 버린다	一氣鑠淫氛
물고기의 즐거움도 더위 추위에 다르고	魚樂暄涼異
꽃의 마음도 낮과 밤으로 나누어지니	花心晝夜分
청량한 밤에 향 사르고 고하면	淸宵燒香告
상제께서도 훤히 들으시겠지	上帝昭然聞

회산[41]께서 읊으신 〈금강산〉의 운을 따라
次晦山吟金剛山韵

만폭동을 굽어보고	俯臨萬瀑洞
멀리 중향성 바라보자니	遙見衆香城
동해의 물은 사양함이 없고	東海水無讓
금강산은 크게 성취하였구나	金剛山大成
누구나 성인의 땅에 노닐 수 있고	人能遊聖域
배우면 평생 그르치지 않나니	學不誤平生
그대, 지식이 많은 분이여	之子多知識
어찌 꽃과 새소리 좇으랴	肯馳花鳥聲

내가 석실에서 운문사로 옮겼을 때, 이 사문[42]께서 기존의 누명에서 풀려난 후 시를 보내왔다. 너무나 기뻐 이에 차운하여 경사스러운 일에 축하의 뜻을 표하였다
余自石室移雲門時。李斯文蒙原解累後遣詩。喜極仍次賀慶。

남쪽 땅에 백 리의 나라 있어	南中百里國
낙동강 아래는 천년의 봄날	洛下千年春
해와 달이 찬란히 빛나던 땅도	日月光華地
서생께서 오가시니 더욱 새로워라	書生往復新
이름을 숨길 수 없는 사람이 있어	有人名不匿
면목 없는 자루 같은 놈 가까이하네	無面岱相親
기운의 합함은 옛날부터 있던 일이니	氣合惟前古
욕되지만 처사님의 이웃이고자 합니다	忝乎處士隣

이학규[43]의 원운을 첨부한다 附原李學逵

석실에서 남은 섣달을 보내고	石室辭殘臘
운문에서 새봄을 맞으시니	雲門值早春
뽕나무 그늘에서 사흘 잠을 깨고[44]	桑陰三宿罷
매화 꽃송이가 한바탕 새롭겠지요	梅藥一番新
아, 선가의 희열을 왜 이리 늦게 만났을까	禪悅嗟何晚
노래하며 그리워하지만 다가갈 길이 없군요	吟懷念莫親
백련사의 나그네들에겐 한참 부끄럽지만	遠慚蓮社客
늘그막에 만공[45]의 이웃 되기로 정했답니다	老卜滿公隣

체류하면서
滯留

저 유의[46]를 어찌 비웃으랴	何笑彼劉毅
차곡차곡 쌓아 둔 것 단번에 써 버렸네	甔儲一掃如
용산에서 취해 모자를 떨어트리더니[47]	龍山醉落帽
궁벽한 집 밥상에는 생선도 없구나[48]	薛舍食無魚
구름 가의 새들 다 날아가 버리고	雲際鳥飛去
누각 속 사람 소리도 텅 비었는데	閣中人語虛
삼경이라 시원해 잠도 잘 오니	三更寒睡熟
노담의 책[49] 읽기도 귀찮아진다	懶讀老聃書

장 사호[50] 막료를 이별하며
別張司戶幕僚

널찍한 곳에다 칼날을 놀리시면[51]	恢恢游刃去
별가[52]의 임무가 분명 수월하리니	別駕任當優
충무는 소열을 허락하고[53]	忠武許昭烈
주랑은 중모를 보좌했지요[54]	周郎佐仲謀
월수[55] 가까이에는 동해가 있고	越嶲隣左海
담이[56]는 영주[57]와 접하고 있어	儋耳接瀛洲
만 리에 안개와 파도가 잦아드니	萬里烟波息
쌀쌀맞은 이 밤도 가을이군요	姍姍此夜秋

태화루[58]
太和樓

태화강 위의 성에 오르니	太和江上城
적막한 들판에 구름만 이네	寂莫野雲生
배의 닻줄은 석양빛을 거두고	舟纜夕陽歛
대나무 가지에서 봄새가 우노라	竹枝春鳥鳴
백 년의 세월도 한순간이라	百年如一昫
책도 그저 마음에서 멀어질 뿐	方册但迂情
억지로라도 미친 듯 노래하고 싶지만	强欲狂歌作
갑자기 분통이 터져 나오는 소리	忽然慷慨聲

김씨의 강루에 제하다
題金氏江亭

[1]

심기마저 잊으면 천지의 근본이라	忘機天地本
종일 낚시터 바위에나 앉았더니	終日坐漁磯
산 그림자는 외로운 돛단배 되어 떠나고	山影孤帆去
백로의 하얀빛이 저녁 포구로 돌아온다	鷺光晚浦歸
홀로 거문고를 타는 노인이여	一身琴上老
만사가 술잔 속에 희미해라	萬事酒中微
쏜살같이 흘러간 도롱이의 꿈	滾滾烟簑夢
봄 강 10리에 보슬비가 내린다	春江十里霏

[2]

맑은 강가에서 어떤 새가 꿈을 꾸나	晴江何鳥夢
오두막 썰렁해도 나는 근심 않는다네	寒屋匪吾愁
하나의 술통으로 손님 벗과 어우러지면	一榼賓朋合
반쪽 작은 창으로 해와 달이 흘러간다오	半窓日月流
고니건 까마귀건 하늘의 성품 타고나고	鵠烏天性以
경수도 위수도 본마음에서 비롯된 것	涇渭本心由
마주하여 안개 낀 모래밭에 앉았으니	相對烟沙坐
저 흰 갈매기처럼 편안하고 한가해라	安閑彼白鷗

관서에서 온 여행객의 운을 따라
次關西遊客

문자의 주머니를 여민 지[59] 오래인데	文字括囊久
단풍나무 국화 사이로 나그네가 오셨네	客來楓菊間
정말 어려운 게 돈 귀신 기도인데	也難錢神禱
노승 얼굴이 활짝 펴질 만도 하지	足解老僧顔
안개와 달빛 맴돌면서 맑은 꿈을 꾸고	淸夢繞烟月
산과 바다 신선들과 많은 인연 맺다가	仙緣多海山
누더기를 걸친 자[60]를 가엾이 여겨	可憐百結子
엽전 떨어뜨리며 시 짓고 돌아가네	落葉題詩還

어떤 사람이 찾아와 이학규 사문께서 지으신 〈서림사〉라는 시를 말해 주었다. 이에 삼가 화운하다
有人來。說李斯文【學逵】題西林寺詩。仍奉和。

9월의 서림사[61]여	九月西林寺
단풍 빛이 그림처럼 펼쳐졌네	楓光畫裏開
객진 번뇌가 한순간에 사라지고	客塵俄尒歇
산비가 갑자기 찾아든다	山雨忽然來
법계에 종소리 진동하고	法界晨鍾響
신령한 단에는 향로의 재	神壇寶獸灰
친구가 분발할 일 전하니	故人傳奮事
나도 모르게 상쾌해지는 마음	不覺洒靈臺

원운을 첨부한다 附原

쓸쓸한 바람이 부는 서림의 길이여	蕭颯西林路
선방의 사립문은 온종일 열렸구나	禪扉盡日開
푸른 계곡을 사람의 그림자 건너자	碧溪人影渡
누런 나뭇잎에 빗소리가 찾아드네	黃葉雨聲來
곡기를 끊고서 금자 경전 살펴보고	絕粒看金字
향을 사르며 타 버린 글을 줍노라니	燒香拾墨灰
노사께서 남기신 반 토막의 게송	老師遺半偈
밝은 거울은 본래 대가 아니라나[62]	明鏡本非臺

축암에서
竺庵

객과 함께 쉬엄쉬엄 오른 누각	同客倦登樓
부질없이 송옥의 시름[63]이 어리네	空懷宋玉愁
고개를 숙여 자부[64]를 응시하고	低眉凝紫府
손뼉을 치며 영주에 걸터앉는다	拍手矣瀛洲
푸른 물이 흐르는 두 갈래 길	綠水流雙道
흰 구름도 담박한 9월의 가을	白雲淡九秋
꿈속에서 꿈 이야기 늘어놓자니	夢中說夢事
유유한 이내 맘을 그 누가 알까	誰覺此心悠

박 석사의 운을 따라
次朴碩士

솔 차가 넉넉해 죽에도 뿌리고	松茶饒點粥
눈발 스며들어 찌든 가슴 씻자니	雪沁滌塵襟
뜰에 가득한 달님은 새하얀 얼굴	滿庭月素面
봉우리 나서는 구름은 무심도 하지	出岫雲無心
호리병 속에 산과 강이 나타나	壺中山水見
빼어난 벗님들 구경하러 오니	分外友明尋
내일 연등정사 모임에 참석해	來日燃燈社
그대도 꼭 옥 소리를 이으시게	須君嗣玉音

남가락 이학규 노인께서 지으신 〈영구암〉[65]에 삼가 화운하다
奉和南駕洛老人李學逵題靈龜庵

하늘 허리춤에 암자가 있어	庵在天之半
구름과 새들이 함께 노니는 난간	雲禽共戱欄
북두성 뒤섞인 곳에서 기이한 문장을 찾고	奇文尋斗錯
거북이 반석에서 물상을 감상한다	物象玩龜盤
짧은 대롱으로 보면 하늘과 땅도 작고	短管乾坤小
하나의 호리병 속에도 세계가 넓어라	一壺世界寬
나머지 일들이야 내 어찌 상관하랴	餘事我何取
이분도 나중에 구경하러 오시겠지	是人然後看

원운을 첨부한다 附原

푸른 하늘도 깜짝 놀랄 높다란 곳	靑冥驚矹屼
치솟은 바위에 설치한 가파른 난간	石角[1]置危欄
나무 끝에서 스님들의 말씀이 들리고	木抄[2]聞僧語
계단 앞에는 송골매 둥지가 보인다	階前見鶻盤
우저[66]에서부터 서늘해진 가을	秋從牛渚冷
마주[67]를 향해 탁 트인 하늘	天向馬州寬
이 산의 풍경이 아스라이 떠올라	緬憶玆山色
성에서도 매일매일 바라보노라	城中日日看

---

1) 옝 '石角'은 '絶壁'이다. 『洛下生集』 책12.
2) 옝 '抄'는 '杪'이다. 『洛下生集』 책12.

임경대[68]에 올라
登臨鏡臺

낙동강은 명주처럼 새하얗고	洛水白如練
강가의 대숲이 안개에 섞여 푸르네	江篁青雜烟
서리 내린 아침은 임경대 속에서	霜朝臨鏡裏
바람 부는 저녁은 지는 노을 가에서	風夕落霞邊
삼차[69] 가운데 칠점산[70]이 있고	三叉中七點
외로운 절은 또 천년의 세월	孤寺又千年
오늘 너무나 좋은 구경 했습니다	今日勝幽賞
최 노인[71]께서도 무탈하시오	崔翁無恙焉

마하사[72]
摩訶寺

[1]

돌 언덕에 세운 야산의 절이라	石岡開野寺
소나무 노송나무 도끼질을 당하네	松栝斧斤侵
허나 불법에는 특별한 구역 없기에	像法無殊域
일심이나 싣고 가라며 베풀어 주지	施人載一心
창 앞에 당도한 달빛	窓前當月色
베갯머리를 지나는 종소리	枕上過鍾音
이미 드러난 초연한 경계가	已發悄然境
깊고도 넓은 청야음[73]이로다	潭潭淸夜吟

[2]

야산의 절이라 가을 모습 냉랭하고	野寺秋容冷
쓸쓸한 햇살이 황혼으로 물들기 전	騷騷日未曛
휑한 산의 새들은 한 나무로 모이고	空山鳥一樹
어둑한 계곡에서 구름 한 쌍이 인다	暝壑溪雙雲
풀과 나무도 바람과 서리에 저리 굳세니	艸木風霜勁
늙은 사람도 뜻과 기개가 분명해야 하리	老人志氣分
이 도리를 일씨감치 알았더라면	蚤知此道理
획득한 바가 그 무리를 벗어났을 텐데	所獲出其羣

쌍벽루[74]
雙碧樓

황하의 능수버들이 숙소에 간드러지고	河檉吹宿隨
장강의 대나무가 봄 그늘에 어여뻐라	江竹嫩春陰
강물의 푸른빛은 청산의 그림자요	水碧靑山影
안개의 허허로움은 백로의 마음이로다	烟虛白鷺心
나그네 적삼으로는 옛 난간이 추워	客衫寒古檻
저녁 햇살에 먼 숲을 내려오나니	夕日下遙林
내 어찌 부질없이 과장하는 자이랴	我豈浮誇子
내 생각엔 초나라 광인의 노래라네	自揣楚狂吟

봄비
春雨

[1]

봄비가 동시에 내리네	春雨同時下
만물의 마음을 짐작하겠네	擅知萬物心
곤충 물고기 자라가 부화를 하고	昆虫魚鼈化
산천의 초목들이 모두 공경하겠지	山川艸木欽
고질병이 오늘따라 더하던 차에	癈癃于日感
천지가 베푸신 이 은혜 깊기도 해라	天地是恩深
남쪽 문에 쳤던 발 훌쩍 걷고 바라보니	南牖掀簾看
그윽한 골짜기에 오색구름이 잠겼구나	幽壑景雲沉

[2]

비가 동산을 지나간 후	雨過東山後
은근히 조화가 이루어지네	殷勤造化成
짙은 분홍빛이 복숭아와 살구 나무 사이에	暗紅桃杏間
연한 초록빛이 오동나무와 버들에 비친다	軟綠梧柳呈
촌 동네 술이지만 향기롭고 게다가 거른 술	村酒香而漉
봄날의 가야금도 흐드러지다 문득 맑아졌는데	春琴蕩忽淸
개울 언덕에서 끙끙대며 한참을 앉았어도	磵厓吟久坐
정을 줄 만한 아름다운 풍경이 적구나	物色少留情

눈 내린 뒤
雪後

쌓였던 눈 위로 새 눈이 쌓여	舊雪仍新雪
앞산도 뒷산도 그게 그 모습	前山如後山
음과 양도 동일한 하나의 몸인데	陰陽同一體
만물과 나의 얼굴을 누가 구분하랴	物我孰分顔
처마가 넉넉해 날아가던 새들 의탁하고	簷裕飛禽托
미리 해 둔 땔감 덕에 먹고 자기 편안해라	樵先宿食安
발우 담은 주머니가 비록 두둑하진 않지만	鉢囊雖不厚
간난을 면하기엔 이만하면 충분하지	足且免艱難

먼 길 온 나그네를 조롱하다
嘲遠客

짧은 지팡이 짚고 삼남⁷⁵ 밖으로	短策三南外
표주박 하나로 양북⁷⁶ 사이에서	單瓢兩北間
구름 같은 마음으로 촉도⁷⁷를 넘고	雲心踰蜀道
새처럼 꿈꾸면서 오산을 넘으셨군	鳥夢過吳山
한잔 걸치고 나면 헛소리가 많고	酒後多言弊
시를 지으려 해도 글자마다 어려워	詩中一字難
내가 요즘은 아예 시집을 보지 않고	吾今不對夵¹⁾
육식마저 흐릿해 한가하게 지낸다네	六識混餘閒

---

1) ㉮ '夵'은 '卷'인 듯하다.

토굴
土窩

스스로 금불굴이라 하고	自爲金佛窟
혹 옥선관이라고도 하지	或曰玉仙關
꽃과 새도 어딘지 모르는 곳	花鳥不何處
꿈속의 혼만이 오직 이곳에	夢魂惟此間
달빛 곱고 소나무도 늙었으니	月韶松亦老
저 구름에서 학이 돌아오리라	雲面鶴將還
온 고을에 이젠 호적조차 없으니	百郡今無籍
이름도 산이요 자도 산이로다	名山又字山

약야계[78]
若邪[1)]溪

봄날의 운문사	春日雲門寺
약야계 위의 다리	若邪[2)]溪上橋
찰랑이는 물결에는 또렷한 잉어 눈알	漣漪明鯉目
꽃술에 매달린 벌들은 허리를 흔들흔들	花蘂動蜂腰
번잡하게 퇴고하다가 노랫가락 잃어버리고	煩敲妨咏嘯
잡생각 떨치려다가 정처 없이 헤매기만	散慮落逍遙
안개 속 금상[79]인가 하고 웃으며 봤더니	笑看烟禽向
산골 아이 저녁이라 땔감을 줍고 있네	山童夕採樵

---

1) ㉱ '邪'는 '耶'인 듯하다.
2) ㉱ '邪'는 '耶'인 듯하다.

또
又

꽃과 나무가 들쭉날쭉한 땅	花木叅差地
절집 단청이 원근에 늘어선 비탈	丹靑遠近坡
누운 솔가지는 춤추듯 소맷자락 뒤집고	臥條翻舞袖
졸졸거리는 시내는 꼭 생황의 노래인 듯	鳴澗逼笙歌
순하고 어여쁜 꾀꼬리들 모이고	蠻婉鶯兒集
문장을 익히신 부류들도 많아라	文章習類多
우주라 할 수 있는 아름다운 강산이니	江山能宇宙
호우[80]들 다른 건 탐내지도 않겠네	豪右不眈他

봄날의 감회
春懷

봄비가 동산에 내리네	春雨東山下
보리 수확이 끝난 걸 알겠네	麥登已可知
평지의 숲 나무들이 고루 눈을 틔우고	平林均甲坼
넓은 들판도 늘 그랬듯 푸르고 기름지겠지	曠野慣靑肥
새로 판 못에서는 개구리가 와글와글	新沼蝦蟆吠
누운 버들엔 새하얀 솜털이 여전해	臥楊白絮依
곧장 사미를 불러 명하였네	即命沙彌子
얘야, 채소밭 갈아야지	爲圖菜圃治

칠언절구
七言絶句

백파 임호 어른께 화운하다
和白坡【林丈虎】

당호를 바꾼 일을 타파하다 打更號事
【어떤 이가 '하荷' 자를 '아鴉' 자로 바꿨다 여겨 '월아月鴉'라고 가서 말하였다. 따라서 임씨 어른이 수편首篇에서 뜻을 밝혔다. 이는 말을 전한 자의 잘못이다.(或以爲改荷作鴉。以月鴉行之云。故林丈首篇標旨。此是傳言者妄也。)】

옥호[81] 같은 밝은 달님 자그마하게 대에 오르면　　玉毫明月小乘臺
도랑에 연꽃 선명한 계절이 금방 또 돌아오지요　　渠荷的歷歲頻回
뭣 하러 다 늙은 나이에 선승의 이름 바꾸리오　　如何晩暮更禪號
지는 햇살에 갈까마귀가 야기한 일이겠지요　　落日寒鴉惹事來

면벽 面壁

봐야 할 마음 자취가 없어 허공을 그리는 듯　　見心無迹似描空
끌로 쇳덩어리 산을 한 치 한 치 깎아 본다　　用鑿金山寸寸功
만 길 아찔한 절벽의 위험한 조도[82]여　　萬仞懸崖危鳥道
붙잡을 것 찾지 못하면 구렁텅이로 떨어지지　　攀緣不得落坑中

자비 慈悲

차라리 천금을 허비하지 시를 낭비해선 안 되지요　　寧費千金冝費詩
그래야 뜻을 말할 수 있지[83] 감히 표현의 사치를　　洒能言志敢侈辭
신독[84]의 가없는 세계를 가만히 관찰해 보니　　窃觀身毒无邊刹
조화의 권여[85]가 한 차례의 자비더군요　　造化權輿一度悲

임호의 원고를 첨부한다 附原藁

당호를 '월아'로 바꿨다는 소식을 듣고 聞改號月鴉
연꽃은 선가의 풍경이요 연대와도 어울리는데　　荷惟禪色合蓮臺
다리 셋 달린 금 까마귀가 문패 주위를 빙빙　　三足金烏繞榜回
변하기 어려운 것이 천태산에 뜨는 달이건만　　難變天台山上月
신비한 요술로 대낮에나 오는 놈을 만드셨네　　神機幻得日中來

면벽 面壁
마음을 관해 점점 진허공으로 들어가면　　觀心漸入盡虛空
성품을 보니, 누가 알랴 돈오의 공덕을　　見性誰知頓悟功
이로부터 이 참됨과 묘함을 서로 전하며　　自是相傳眞箇妙
말없는 부처와 조사 소림사에 머무셨네　　無言佛祖少林中

자비 慈悲
돌아가는 송군에게 맡겨 시를 바치오니　　宋君歸處賴呈詩
못난 저는 감히 억지 표현은 못 하겠군요　　未敢支離强說辭
복전의 인과응보는 일찍부터 알고 있고　　早識福田因果報
불가의 마음 쓰는 법은 대자대비하지요　　佛家心法大慈悲

현종암
懸鍾巖

월지가 도끼로 깎아 만들었다는 석종[86] 月氏斧斲石鐘成
갑자기 조수에 맞아 부질없이 소리를 낸다 忽被潮枰謾作聲
신비한 자취 아득하여 진겁[87] 밖의 일인데 秘跡邈然塵刼外
못난이들 쓸데없는 말로 창생을 현혹하네 愚人贅說誤蒼生

감회를 노래하다
咏懷

시절이건 인간이건 온다는 걸 사양함이 있으니 　　時節人間有謝來
꽃 피우란 상천의 조칙에도 하계는 우선 매화만 　　上天花詔下先梅
노승이 바위틈 집에서 향을 사르고 앉았으니 　　老僧石屋焚香坐
서쪽 창으로 들어온 달님 오래오래 배회하네 　　月入西窓久徘個

그 두 번째
其二

한평생 먹고 마시며 절집에 누만 끼치다가   一生飮啄累山家
꺼져 가는 촛불에 쓸쓸히 법화경을 독송한다   殘燭寥寥誦法華
물상을 연구하는 일도 얼마 후엔 끝나겠지   物象推尋多少盡
작은 계단에 그래도 갖가지 화초 심어 본다   小階猶植各名花

꽃을 감상하다
賞花

지팡이 짚고 일어서자 가벼운 걸음에 먼지가 풀풀　　扶藜一起步輕塵
붉은 꽃 늦도록 감상하며 저무는 봄을 노래한다　　　晚賞紅花詠莫春
저 인간세계에 엉켜 꼼짝도 못 하는 자들은　　　　　繫彼人間凝滯者
만물이 움츠렸다 활짝 편 걸 모르시나 봐　　　　　　不知萬物屈而伸

봄날
春日

도씨 노인[88]의 가난을 백세에 누가 걱정했나	百世何憂陶老貧
거문고에다 막걸리를 매일 가까이하며 살았지	玄琴白酒日相親
지금 나의 논의가 영 엉터리 같지 않거든	吾今論議非疎濶
그저 시름을 녹일 국미춘[89]이나 한잔 주소	但願消愁麴米春

『수색집』⁹⁰을 열람하다가 〈영랑호〉⁹¹라는 절구 한
수를 보고 운을 쫓아서 조롱하다
閱水色集。見永郎湖一絕。追哂嘲。

영랑호⁹²에서 영랑을 쫓지만	永郎湖上永郎從
고금의 호사들 만나질 못했다 하네	豪士古今云不逢
쓸쓸히 웃으며 떠난 영정⁹³과 유랑⁹⁴이여	嬴政劉郎寒笑去
헛된 자취 훔치려던 심보 단번에 씻었구려	見君一雪盜虛蹤

흥이 나서
遣興

봄날의 술을 사랑하자 미간의 주름 펴지고   愛於春酒皺眉開
저 난초에 마음을 주자 약초가 알을 뱄네   感彼蘭畦藥草胎
기나긴 한낮 혼자서 자려니 너무나 적막한데   永晝孤眠尤寂莫
이웃 스님 속내 더듬고 경을 물으러 오셨네   隣僧探意問經來

즉사
即事

[1]
따고 주운 조리 꽃이 양 소매에 가득해	採掇籬花雙袖盈
굽은 허리 곧게 펴고 휘휘 둘러보았더니	曲腰伸直眼遊橫
붉디붉은 단풍나무는 천 길 벼랑 위에	渥丹楓樹千崖上
흰머리는 먼지바람 속에서 또 한세상	白首風塵又一生

[2]
집에 막걸리도 없고 또 책도 없어	家無白酒又無書
긴 하루 소나무 창에 우두커니 앉았다가	永日松窓生兀如
일어나 청려장⁹⁵ 잡고 또 짚신을 신고	起把靑藜兼躡屩
동쪽 반석으로 갔다 북쪽 도랑으로 갔다	東行磐石北行渠

흰 갈매기
白鷗

자그마한 빈 정자가 푸른 들에서 멀어　　　短小虛亭靑野遠
흰 갈매기 때때로 흰머리와 지내네　　　　白鷗時與白頭居
너는 나에게 서운한 감정일랑 없겠지　　　爾於我也無餘憾
훨훨 날기만 하고 고기는 해치지 말거라　但可飛飛不害魚

정원루[96]에 올라
登靖遠樓

먼 길 가는 나그네 잠시 오른 정원루	遠客借登靖遠樓
봉황은 홀연히 떠나고 자지[97]만 남았네	鳳凰忽去紫芝留
푸른 산과 지는 해를 이어 주는 창해요	靑山落日連滄海
넓고 아득한 그 사이를 떠도는 흰 갈매기	浩渺中間浮白鷗

운와 노 어른께서 가산[98]에게 준 시를 화운한 이
칠곡 어른의 시를 삼가 차운하여
謹次漆谷李丈和雲窩盧丈贈伽山

[1]
가련하구나, 우주를 떠도는 이놈의 생애여 　　可憐宇宙此生涯
도잠 이웃에게 밥 얻어먹고 습씨 집[99]으로 향하네 　寄食陶隣向習家
만물과 내가 동포이니 기운의 차이를 고르게 하라고 物我同胞齊異氣
필부였던 한신이 소하에게 말했지요 　　匹夫韓信語蕭何

[2]
사람살이에도 한결같은 정신이란 없는데 　　人事夐無一等神
하물며 바다 위에 무슨 신선이 있으리오 　　況乎海上有何仙
도라는 게 미묘하다지만 또 쉽게 볼 수 있는 것 道雖微矣尋常見
낮에는 고기 잡고 나무하고 밤에는 편히 잠자는 것 日事漁樵夜穩眠

다음날 대비사로 가서는 사람을 시켜 세 편
의 시를 보내왔기에 화운하여 숙소로 보냈다
明日去大悲寺。使人傳寄三章。仍和投寓中。

[1]
동토로 운행한 세 전통[100]이 한 번 변해 같아지니　　東運三傳一變齊
학문을 숭상하는 기괄[101]에 있어선 같은 사다리[102]　右文機栝底同梯
낡은 경전[103]은 저 서쪽 천축의 땅에서 나와　　　　殘經出自西天域
중국에 모습을 드러내어 대성[104]과 함께했지요　　　容見中州大聖儕

[2]
선생께서 추옹[105]께 배우러 제나라로 갔더니　　　　夫子學鄒先入齊
그 가운데 저절로 공부할 사다리가 있었네　　　　　箇中自有用工梯
죽기 살기로 화살을 쏘듯 서적에 전력하여　　　　　死生筋力專書籍
70명[106] 틈에서 이미 함께할 자 드물군요　　　　　七十人間已寡儕

[3]
물가 늙은이와 산속 노인 즐거움은 둘 다 마찬가지　水叟山翁樂二齊
구름 속에서 한바탕 웃고 허공의 사다리를 부수네　雲中發笑打空梯
여산의 동림사 오래된 절 그 옛날 소식은　　　　　東林古寺前消息
우리나 스님이나 흰머리는 똑같다고 본 것　　　　但見吾僧白首儕

공께서 앞서 절구 두 수를 보내시더니, 또 절구 세 수로 담비 꼬리를 이으셨네요.[107] 뒤에 보낸 절구 세 수 중 맨 앞의 한 수는 못난 중을 조롱한 것이고, 가운데 한 수는 자기를 풍자한 것이고, 뒤의 한 수는 동고동락하는 이들을 희롱한 것이더군요. 저도 차례차례 그 발자국을 따라서 제儕

자 운으로 세 수를 지어 보았습니다. 맨 앞의 한 수에서는 선가禪家의 패자牌子[108]를 간파하였고, 가운데 한 수에서는 문장에 돈독한 공을 찬탄하였고, 마지막 한 수에서는 여러 어른들께서 노닐며 감상하는 일을 대략 논해 보았습니다. 모르겠습니다, 공께서 훗날 또 어떤 기량을 보이실지. 하, 하.

公先以二絶投之。次以三絶續貂。次三絶中。初一嘲弊禿。中一諷自己。后一戱同苦。余節次追步拚齊字三頁。前一覷破禪家牌子。中一嘆公篤于文。后一大論諸丈遊賞底段。未知公異日有如何伎倆。呵呵。

원제原題

[1]

우연히 푸른 산 푸른 물가로 들어와	偶入靑山碧水涯
서암의 집[109]에서 참된 마음을 잠시 토론하였네	眞心蹔討瑞巖家
밝은 구슬을 한 움큼이나 비 갠 아침에 완미하고	明珠一掬晴朝玩
목과를 멀리서 던지자니 어찌나 부끄러운지	木果遙投奈愧何

[2]

연꽃처럼 맑고 달처럼 깨끗한 그런 정신	荷淸月白是精神
전생에 가낭선[110]이었다고 사람들 말하지	人說前身賈浪仙
누런 경전 밤마다 큰 소리로 독송하시니	黃經夜夜高聲讀
숲속의 학들 무단히 잠을 이루지 못하네	林鶴無端不得眠

【이상 2수는 노로盧 형이 스님께 드린 시입니다. 이 세상을 살면서 여만如滿이나 태전太顚을 보게 된다는 것은 행운입니다. 한유와 백거이[111]의 수단도 없이 그 칼날을 대적하는 저는 저희 무리의 수치라 하겠습니다. 봄과 가을 두 계절에 삼가 도모하시는 호계의 삼

소¹¹²를 기다렸다가 내원에서 결사하는 날에 내보여도 무방하겠는지요.(此二首盧兄贈師韻。
生此世也。得見如滿太顚。倖矣。無韓白手叚。¹⁾ 以敵其鋒。吾輩恥也。待秋春二時亟圖虎溪三笑。
此㰗投示於內院結社之日。或无妨也。)】

[3]
상인께서는 정진하시느라 어울림을 줄이고　　　　　　上人精進少肩齊
훌쩍 사문이 되어 도의 사다리로 들어가셨네　　　　　拚得沙門入道梯
괴이하구나, 형산의 크고 단단한 기상이여　　　　　　怪底衡山磅礴氣
헛되이 태어난 놈이 함께하여 영광입니다　　　　　　徒然生出惠然儕

[4]
기성¹¹³의 유풍이 노나라¹¹⁴와 한가지인데　　　　　箕聖儒風等魯齊
중국을 통하면서 어지러워진 배와 사다리¹¹⁵　　　　通於中國錯航梯
가장 한스러운 것은 제가 너무 늦게 태어나　　　　　寂恨吾生生也晚
엄숙한 단의 돗자리에 은사도 없이 함께한 것　　　　莊壇席上失賜儕

[5]
산속 노인 산만큼이나 장수하고 싶어　　　　　　　　山翁壽欲與山齊
약을 캐고 아침마다 돌계단을 쓰네　　　　　　　　　採藥朝朝拚石梯
대낮에 과연 날개가 돋아나니¹¹⁶　　　　　　　　　白日果然生羽翰
향봉의 결사를 함께 못 하면 어쩌지　　　　　　　　　恐失香峯結社儕

【제齊자 운으로 처음에 열 수를 지어 봤는데 좌우의 꾸지람을 듣고 그만뒀습니다.
길을 걷다가 또 세 수를 읊게 되어 그 꼬리를 이었는데, 하나는 상인을 말한 것이고, 하나

---

1) ㉮ '叚'는 '段'인 듯하다.

는 저 자신을 말한 것이고, 하나는 저희 벗을 말한 것입니다. 문장이 보시기에 부족하겠지만 마음만큼은 이로써 서로 비출 수 있을 것입니다.(齊字初擬十首。被左右喝。止之。途上又吟得三首。屬其尾。一道上人。一道自己。一道吾友。文不足觀。而心可以相照也。)】

은헌
隱軒

도를 들으러 남양¹¹⁷의 옛 초가집 찾았더니   聞道南陽舊艸廬
윤건¹¹⁸을 쓰고 앉아 복희의 책¹¹⁹ 읽으시네   綸巾坐讀虙羲書
은헌이여, 요즘 농사일은 어떻습니까   隱軒今日農家業
기쁘게도 토지세가 거의 반이나 감면됐다오   也喜田租太半除

김생의 시를 뒤쫓아 차운하다
追次金生

운사 첫 모임에 윗자리 손님으로 초대했다며 　　雲社初筵接上賓
병들어 쥐가 난 무릎을 억지로 펴라 하시네 　　病中攣膝强求伸
그래서 말했지요, 사해에 집 없는 나그네도 　　乃云四海無家客
삼생에 빚진 사람 있다는 걸 정말 알겠구려 　　也識三生有債人

스스로 풀다
自解

늙은 이빨 거의 60년을 쓰도록　　　　　　　　老齒幾於六十賞
홍진 틈에서 계교를 일으킨 적 없었는데　　　　塵間計較不曾生
오늘 아침 걱정스러운 꿈 마치 날 죽일 듯　　　今朝愁夢如能殺
이제부턴 이 외로운 산도 더욱 정이 가겠구나　　此後孤山夐有情

집청정[120]에서 반구대를 보다
集淸亭見盤龜臺

푸른 바위가 보호한 대명의 연호[121]	蒼巖保護大明年
푸른 산 이끼더미 가에 재배하노라	再拜靑山苔局邊
읊조리면서 한낮 시냇가에 오래 앉아 있었더니	白日溪川吟久坐
외딴 마을에서 하늘하늘 차가운 연기 일어난다	孤邨裊裊起寒烟

기러기 소리를 듣고
聞新雁

어떤 놈이 상계 허공에서 끼룩끼룩거리나   何物嘲嘲上界虛
그 소리 들려오니 어느새 창자가 끊어질 듯   聞來不覺斷腸如
내일 아침이면 분명 소상강 언덕에 닿겠지   明朝應到瀟湘岸
서창 꿈속에서 쓴 편지를 부디 전해 주게나   願致西窓夢裡書

봄날의 흥취
春興

꿈속에서 봉래산의 옛 초가를 찾았더니	夢入蓬山舊艸家
꼭 늙은 장자가 봄 나방으로 변한 듯[122]	宛如莊叟化春蛾
돌아오니 베갯머리에 아무런 소식 없고	回來枕上無消息
주렴 앞엔 미처 떨어지지 않은 꽃잎만	惟有簾前未落花

청명
清明

투호 놀이에 술 마시며 남은 봄을 보내니 　　投壺飮酒送殘春
반은 미친 사람이요 반은 취한 사람 　　半是狂人半醉人
날아오르는 새를 보고 푸른 사슴 뒤쫓나니 　　仰視飛禽蒼鹿逐
젊은이의 호쾌한 기상이 참 아름다운 날 　　少年豪氣正佳辰

검문의 옛 절
劒門古寺

검각 동쪽으로 옥 같은 세계 이어지고	劍閣東頭玉利連
옛 비석엔 새 발자국, 반은 동그란 이끼	古碑鳥迹半苔錢
훈훈한 봄바람이 날아드는 천문동	春風飛入天門洞
흐르는 물 높은 산에서 또 백 년의 세월	流水高山又百年

학남루[123]
鶴南樓

푸른 하늘이 바다에 맞닿아 고개 숙이듯 멀어지고	靑天接海遠如低
장무[124]가 꿈틀대는 해자는 헤매려던 마음 끊어 놓네	瘴霧連壕斷欲迷
아무리 노후[125]를 찾아봐도 어디에도 계시지 않아	徧訪盧侯生不在
이오[126]에서 요즘은 연제[127]를 업신여긴다지	伊吾今日蔑燕齊

또
又

강이 굽이치고 산이 도네, 꿈틀거리는 규룡처럼	水曲山回狀蜿虬
끝없이 안고 품다가 또 휘돌아 흐르는구나	無窮擁抱又盤流
멀리 동구[128] 월나라에 가파른 난간 서 있어	危欄遠立東甌越
엄릉[129]의 7리 모래섬을 방불케 하는구나	彷彿嚴陵七里洲

안주에서 즉사
安州即事

[1]
나그네 마음 처량해 봄잠 자기 알맞고 客心悽愴足春眠
노인의 머리 희끗희끗 지는 해에 뽀얗네 華髮蕭蕭白日邊
보드라운 풀과 높이 핀 꽃이 다함 없는 곳 細艸高花無盡處
석양빛의 누각을 차가운 안개가 닫는구나 夕陽樓閣鎖寒烟

[2]
산과 강의 그림자 속에 누각의 발 드리우자 樓箔山河影裏垂
푸르스름한 어스름에 무수한 들꽃이 날린다 靑冥無數野花飛
아스라한 개울 근원으로 새들 울며 떠나는데 川原縣邈鳥啼去
10리 관산에서 피리를 부는 자는 누굴까 十里關山吹笛誰

계곡 바위에 도경을 서사하다
寫道經溪石

무더운 날씨에 파리와 귀찮은 풀들이 수북수북해	氣暑蠅薨猷艸棲
아이를 불러 벼루 들고 구름 계곡으로 들어갔네	呼童携硯入雲溪
도의 비결인 진경[130]의 글자 정성을 다해 쓰자	精書道訣眞經字
무수한 거위 떼가 회계로 모이는구나[131]	無數鵝羣集會稽

두 번째
二

새소리 어지럽고 또 물소리도 맑아　　　　鳥聲亂又水聲淸
백발노인 무심히 앉아 갓끈을 씻네　　　　白髮無心坐濯纓
곁에 있던 아이만 나를 환대하고　　　　　傍有兒童歡待我
구름 깊어 환아정¹³²은 보이질 않네　　　　雲深不見換鵝亭

봄밤
春宵

낮에 동자를 불러 누각의 먼지 쓸라 했더니　　日呼童子掃樓塵
늙은이 마음도 몰라주고 동자가 화를 내네　　童子不知老意嗔
바닷가 친한 벗님들이 약속한 적 있으시니　　海上親朋曾有約
오늘밤엔 나와 함께 봄나들이하실 게야　　今宵與我恐尋春

밤에 앉아 우연히 읊다
夜坐偶吟

산속 누각 7월에 서늘한 바람 끌어와	山樓七月挽涼風
초저녁에 넘실대는 달그림자 속에서	初夜潭潭月影中
바로 앉아 한가하게 금자 비결 풀어 보니	正坐閒繙金字訣
책의 향기 실낱 같고 짧은 처마 휑하구나	書香如縷短簷空

걸식하는 승려
乞僧

머뭇머뭇 누더기 입고 가시울타리에 바가지 걸자	踽踽鶉衣繫棘匏
동쪽 마을 북쪽 성곽에서 늙은 삽살개가 짖네	東邨北郭老狵嘷
석양에 지팡이 세우고 어디로 갈까 주저하다가	斜陽植杖踟躇路
멀리 밥 짓는 연기 바라보느라 눈이 피곤해라	遙望炊烟眼力勞

선자 화상의 '유遊' 자 운[133]을 염하다
拈舡[1)]子和尙遊字

동쪽 창해를 떠돌며 오늘부터 노닐리라	東浮滄海始今遊
급히 사공 데리고 나가 낚싯대를 던졌더니	急收舡[2)]子往投鉤
물은 깊고 줄이 짧아 고기가 코앞에서 멈칫	水深綸短魚前却
고기잡이 자연히 길이 쉬지 못하겠구나	漁事自然長不休

---

1) 옙 '舡'은 '船'의 속자이다.
2) 옙 '舡'은 '船'의 속자이다.

시인께 드립니다
贈詩村

내 본래 인간 세상을 마음에 두지 않았고	我自人間不適心
집이 가난해 술도 없는데 좋은 분이 오셨네	家貧無酒好人臨
구름 속에서 그대가 유인의 뜻을 알고	雲中君識幽人意
깊은 산 푸른 물로 거문고를 타는구려	爲奏深山綠水琴

흥이 나서
遣興

봄날이 길어지자 남다른 흥취도 늘어지네　　　逸興長於春晝長
거문고 글씨 졸렬해도 뜻만큼은 아득해라　　　琴書雖拙意蒼茫
배불리 먹고 편안히 잠자면 그저 달 가운데　　但甘飽食閒眠穩
게다가 숨은 꽃들이 방에 가득 향기까지　　　　況復幽花滿室香

어느 날 동자 대여섯 명과 검문의 폐허가 된 성
채에 올랐는데, 때는 도광 3년(1823) 계미 3월 초순이었다.
잔도에 구름만 자욱하고 바위 성가퀴에는 꽃도 이미 졌으
며, 서쪽 조령까지 이어진 300리 낙동강이 동쪽 계림의 천
년 고국으로 아스라이 사라지고 있었으니, 한 장소를 구경
하러 왔다가 만고의 시름으로 가슴만 아팠다. 산에 석양이
깃들고 새들이 숲을 내려가기에 초연히 바위에 앉아 절구
한 수와 율시 한 수를 읊고 돌아왔다

日與童子五六人。登劒門廢寨。時道光三年癸未暮春之初。棧
道雲深。岩堞花落。西極達嶺三百里洛江。東盡雞林一千年故
國。遊目一處。傷心萬古已。而夕陽在山。禽鳥下林。悄然而坐
巖頭。詠一絶一律以歸。

율관을 불자[134] 유연[135]의 허연 풀이 파래졌다니	吹律幽燕白艸靑
그 기술 전수받아 저 신의 군사들[136] 씻어 버렸으면	願傳其術滌神兵
나 역시 인간이요 만물을 구경하는 자	我亦人間觀物子
꽃이 지는 시절에 옛 성터에 올랐어라	落花時節上高城

우연히 읊다
偶吟

생선도 없고 수레도 없고 또 집도 없어　　　無魚無輿又無家
긴 칼 차고 마음만 외로운 이런 날이 많지　　長鋏孤心此日多
나라는 사람 백발로 심상하게 하는 일　　　吾人白髮尋常事
서쪽 창가 안개 속 꽃에 눈 비비는 일　　　眼拭西窓霧裏花

범영루[137] 현판의 운을 따라
次泛影樓板韵

들쑥날쑥한 옛 전각들 그 아래의 영지　　　古殿參差下映池
마름 뜬 봄 강물에 비단 물결 일렁이네　　　綠萍春水錦波漪
벽의 시가 일부러 나그네를 붙잡았나 봐　　壁詩有意留歸客
단비 내리는 청산에 해는 또 느릿느릿　　　好雨靑山日又遲

가산[138]을 읊은 여섯 수
伽山六咏

사자암 獅子巖

그 옛날 저 서쪽 끝 동물의 왕이	前在西極獸王家
억울하게 누명 쓰고 가지산으로 유배되었네	枉服眚灾移謫伽
정신은 가 버리고 허깨비 껍질만 남았으니	己去精神遺幻殼
몸집이 뚱뚱해서 사막을 건널 수 없었다나	體肥不可渡流沙

구름 고개 雲峙

담담한 성품이라 푸른 산 사이로 떠다닐 수 있고	淡性能浮蒼翠際
허허로운 마음이라 홀연히 무無 속으로 흩어지네	虛心忽散極無中
높은 봉우리가 서쪽 북쪽 하늘을 막고 있지만	峻峯限隔天西北
인연이 있었던지 한 가닥 길이 통하는구나	似有因緣一路通

석탑 石塔

고금이 한순간이지만 천년이라 말하고	古今一眴云千祀
천지가 한집안이지만 각자 고향이 있지	天地同家有異鄉
부서진 탑 으슥한 뜰에 남아 있는 옛 자취들	破塔幽庭餘舊跡
가을 달 영롱한 밤이면 더욱 황량하여라	玲瓏秋月夜荒涼

석장 石丈

저닉공[139] 어르신께 어디 한번 물어봅시다	試問丈人沮溺公
태평성대인데 왜 높은 산에 숨어 사십니까?	如何盛代隱於嵩
초연히 말이 없고 창공만 바라보니	悄然無語蒼松見
아마도 천지 이전의 태극옹이신가 봐	疑是先天太極翁

호구의 푸른 솔 壺口靑松

특별한 총애를 잊은 몸으로 한결같이 바치는 충정	身忘寵異一偏情
추위와 메마름 참는 기상으로 온갖 고행 실천하네	氣耐寒枯百苦行
곁에 있던 맑은 시내마저 쏜살같이 가 버렸지만	傍此淸溪湍射了
지금도 눈을 밟고 섰으니 대부라 부르리라	于今足雪大夫名

화분에 심은 국화 盆菊

도씨 노인[140]과 함께 국화 감상 좋더니	菊花甞與陶翁好
노인은 가고 사람 없어 꽃만 혼자 웃네	翁去無人花自笑
권력 잡아 가는 길에 모란이 핀다 해도	用事當塗有牧丹
숲에서 늙어 가는 오랑캐 스님만 못하지	不如林下胡僧老

피향당에 제하다
題披香堂

석단의 바람 앞 촛불은 오경이라 거물거물   石壇風燭五更殘
달님 잠든 뜰의 꽃에 이슬 기운 차가워라   月宿庭花露氣寒
게다가 숨어 사는 사람 밤새 뒤척거리는데   況復幽人長不寐
물새가 휙 부르고 자그만 난간 지나가네   渚禽呼過小欄干

낙화암의 아침 아지랑이에 제하다
題落花巖朝嵐

낙화암 아래로 떨어지는 꽃들의 슬픔	落花巖下落花愁
목메어 우는 샘물이 바위를 때리누나	咽咽鳴泉打石頭
고국 사라진 맨얼굴이 도리어 부끄러워	眞面還羞無古國
동천[141]에 떠돌던 아침 안개를 끌어오셨나	牽來朝霧洞天浮

비구니 스님의 오도시를 보고
見尼僧悟道詩

꽃과 새들의 냄새와 소리가 해마다 봄이요　　　花鳥臭聲歲歲春
봄날의 심정으로 맺은 약속은 무릉의 구름　　　春心記約茂陵雲
물어보세, 그대 비구니들이여 뭘 알았기에　　　問君尼輩何知識
그해 찬란했던 봄날만 부질없이 붙잡는가　　　謾捉當年春十分

동림사를 지나며
過東林

병을 꾸짖는 지팡이로 녹음을 밟으니 病責枝節踏綠陰
위로는 온통 푸른 허공 아래는 온통 숲 上周虛碧下周林
그 속의 그윽한 흥치 하늘에 부끄럼 없어 箇中幽致天無愧
여윈 스님들에게 분부해 차례로 읊조린다 分付枯僧次第吟

백로를 그린 수묵화
水墨鷺圖

하얀 날개에 하얀 털 거기에 발까지 하얀데　　　白羽白毛兼白趾
잔잔한 물결 같은 성품에 무시로 목욕하네　　　平波底性浴無時
용면[142]도 알아차리지 못할 천진한 본체여　　　龍眠不識天眞體
허깨비 같은 너의 모습만 수묵의 연못에　　　幻爾身形水墨池

동촌에서 『맹자』를 빌리다
借孟子東村

독서하는 산실에 책이 하나도 없어　　　　　讀書山室不收書
가난한 선비 기다렸다 낚시질 나섰네　　　　以待窮儒後獵漁
그 덕에 『맹자』 전편을 이제 빌려 가나니　　孟子全編今借去
덕 보는 풍습은 예나 지금이나 같구려　　　　凭看風度古今如

회포를 풀다
遣懷

오른쪽엔 산이 첩첩 왼쪽엔 계곡이 휘감은 집	屋右山重左水圍
산세 수세 아득하여 문 밖에 찾는 이 드물어라	勢幽門外客來稀
가까운 벗님도 거의 노인네 새로운 얼굴 없지만	親朋擧老無新面
고상한 시인들 어여삐 여겨 뱃속에 담고 돌아가네	詩雅可憐藏腹歸

『청천집』¹⁴³을 열람하고
閱靑泉集

그렇지요, 바다 어딘가 봉래산이 있겠지요　　然乎海上有蓬萊
다만 그곳에 간다 해도 장생은 불가능하지요　但以長生不可胈
유술¹⁴⁴ 때문에 세상이 오히려 겉만 화려해져　間尙浮華緣儒術
공으로 하여금 샘 바닥을 오래 배회하게 했군요　使公泉底久裵徊

어느 스님의 시집에 제하다
題僧軸

바위틈 샘의 흥미가 세상에 전해지지 않아	巖泉興味世無傳
아침 마지로 시간 보내고 낮잠이 늘어졌네	朝饘延時就午眠
나그네가 와도 싸늘한 창에다 산은 대낮에도 고요해	客到寒窓山晝靜
따뜻한 숲에서 꽃과 새들이 바람의 편지를 읽어 주네	暖林花鳥語風便

주

1 동축사東竺寺 : 울산광역시 동구 동부동 마골산摩骨山에 소재하는 사찰.
2 즉사卽事 : 그 자리에서 당장에 보고 들은 것을 읊은 시.
3 봉도蓬島 : 삼신산三神山의 하나인 동해의 봉래산蓬萊山.
4 부용성(蓉城) : 전설 속 선경仙境.
5 안기생安期生 : 신선의 이름. 하상 장인河上丈人에게서 황제黃帝와 노자老子의 가르침을 배우고 동해 바닷가에서 약을 팔았는데, 진시황秦始皇이 동쪽을 순시하다가 그를 만나 3일 밤낮을 이야기한 적이 있다. 그 뒤 진시황이 사신을 파견해 그를 찾아보게 하였으나 만나지 못하였다고 한다. 『史記』 권12 「孝武本紀」.
6 수재秀才 : 당송 때 과거 응시자나 생원生員을 일컫는 말이었지만, 우리나라에서는 총각의 미칭으로 주로 쓰였다.
7 임 충렬공林忠烈公 : 사명 유정四溟惟政(1544~1610) 대사를 지칭한다. 속성이 풍천豊川 임씨任氏.
8 금릉金陵 : 현재 경상북도 김천金泉의 옛 지명이다.
9 소전小篆 : 진시황이 천하를 통일한 후 이사李斯가 문자를 통일시키기 위하여 만든 글자.
10 장석丈席 : 함장函丈과 같은 뜻으로 스승 또는 강론하는 자리를 말한다. 옛날 스승을 모시고 강론할 때에 거리를 한 길(丈)쯤 둔 데서 생겼다.
11 누가 가산을 기록하나 봐(何人記假山) : 가산假山은 정원에 나무나 돌을 쌓아 만든 인공人工의 산이다. 미수眉叟 허목許穆의 「石假山記」에 "돌들이 첩첩이 쌓여 서로를 의지한 가운데 사이사이 아름다운 나무와 특이한 꽃들이 심어져 있었다. 그곳은 항상 음기陰氣가 짙게 쌓여서 자욱한 안개가 낀 듯한 것이 은연중에 깊은 산중의 신비로운 기운이 변화하여 만물을 생육시키는 것과도 같았으므로 나는 대단히 신기한 생각이 들었다.(磈礧相支。間植佳木異卉。其間常有積氣濃陰。若霞霧駁鬱。隱然若深山之中。神氣變化以發生育。穆甚奇之。)"라는 표현이 있다.
12 다섯 그루 버드나무(五柳樹) : 진晉나라 도잠陶潛이 집 앞에 버드나무 다섯 그루를 심어 놓고 자칭 '오류 선생'이라 하면서 「五柳先生傳」을 지었다.
13 꾀꼬리 떼(繁鶯) : 권력자 주변에서 아첨하는 권문세가를 빗대어 표현한 말이다. 권필權韠이 광해군 당시의 조정을 풍자한 시에 "대궐 버들 푸르고 푸르러 꾀꼬리들 요란히 날고, 도성 가득 벼슬아치들 봄볕에 아양을 떠네.(宮柳靑靑鶯亂飛。滿城冠蓋媚春暉。)"라는 구절이 있다. 『燃藜室記述』 권19 「廢主光海君故事本末」.
14 꾀꼴꾀꼴(緜蠻) : '면만緜蠻'은 황조黃鳥 즉 꾀꼬리 울음소리이다.

15 큰 쥐(碩鼠) : 탐학과 폭정을 일삼는 위정자를 비유하는 말이다. 『詩經』「魏風」에 폭정에 시달리는 백성의 고달픔을 읊은 시 〈碩鼠〉가 있다.
16 구일九日 : 9월 9일 즉 중구일重九日, 중양절重陽節을 뜻한다. 중양절에는 백주白酒에 국화꽃을 띄워 마시는 풍속이 있었다.
17 백주白酒 : 중양절에 마시는 술을 말한다. 도연명陶淵明이 중양절에 술이 없어 속절없이 울타리 밑에서 술에 띄울 꽃잎만 따고 있는데, 백의白衣를 입은 사람이 술을 싣고 왔다고 한다. 『南史』 권75 「陶潛列傳」.
18 산속 개암나무(山有榛) : 임금을 그리워하는 시를 뜻한다. '산유진山有榛'은 임금을 그리워하는 시인 『詩經』「邶風」〈簡兮〉에 나오는 구절이다. "산에는 개암나무, 진펄에는 감초. 누구를 그리 생각하시나, 서방의 고우신 님. 저 고우신 님이여, 서방에 계신 님이여.(山有榛。隰有苓。云誰之思。西方美人。彼美人兮。西方之人兮。)"라는 구절이 있다.
19 상성商聲 : 오음五音의 하나로 강하고 맑게 들리는 소리를 말한다. 상성은 사시四時에서는 가을, 오행五行에서는 금金, 방위로는 서西에 해당한다. 비장悲壯한 성조聲調를 뜻한다.
20 상사上舍 : 생원·진사시를 통과한 사람을 일컫는 말이다.
21 구덩이를 채우고 넘치는데(盈科) : 맹자의 제자 서자徐子가 공자가 자주 물을 칭탄한 까닭을 묻자, 맹자가 "근원 있는 샘물은 밤낮을 쉬지 않고 콸콸 솟아나 구덩이를 그득히 채우고는 앞으로 나아가 바야흐로 사해에 이른다. 근본이 있는 사람도 이와 같은 것이니, 이것을 취하신 것이다.(原泉混混。不舍晝夜。盈科而後進。放乎四海。有本者如是。是之取爾。)"라고 하였다. 『孟子』「離婁 下」.
22 명검鳴劒 : 전욱顓頊이 썼다는 보검이다. 적진 쪽으로 겨누기만 해도 승리를 거두고, 칼집에 넣어 두면 용호龍虎의 울음소리를 냈다고 한다. 『拾遺記』「顓頊」.
23 거문고(玄琴) : '현금玄琴'은 거문고의 별칭으로 현학금玄鶴琴이라고도 한다. 진晉나라에서 고구려로 칠현금七絃琴을 보냈는데, 고구려 사람들이 그것을 타는 법을 몰라 나라 안에서 연주할 수 있는 자를 구하였다. 그때 왕산악王山岳이 일곱 줄을 여섯 줄로 고치고 100여 곡을 연주하자 검은 학이 날아와 춤을 추었다고 한다. 그래서 현학금이라 이름을 붙였다. 『東史綱目』 경문왕景文王 6년.
24 칠정七情 : 사람이 가지고 있는 일곱 가지의 감정. 곧 기쁨(喜)·분노(怒)·슬픔(哀)·즐거움(樂)·사랑(愛)·미움(惡)·욕망(欲)을 말한다.
25 감정 일으킬~절도에 맞게 : 『中庸章句』 1장에 "희로애락의 감정이 발동하기 이전 상태를 중이라고 하고, 발동했지만 모두 절도에 맞는 것을 화라 한다. 중은 천하의 큰 근본이요, 화는 천하에 모두 통하는 길이다.(喜怒哀樂之未發。謂之中。發而皆中節。謂之和。中也者。天下之大本也。和也者。天下之達道也。)"라고 하였다.
26 놓쳐 버린 마음을 찾아라(求放心) : 『孟子』「告子 上」에 "학문의 길은 다른 것이 없다.

놓쳐 버린 그 마음을 다시 찾는 것일 뿐이다.(學文之道。無他。求其放心而已矣。)"라고 하였다.
27 볼품없는(龍鍾) : '용종龍鍾'은 대나무 이름이라고 하기도 하고, 사람이 늙어서 대나무 가지와 잎이 스스로 주체하지 못하고 흔들리는 것과 같은 모습을 형용한 말이라고도 한다.
28 매산梅山 : 조선 후기 유학자 홍직필洪直弼(1776~1852)의 호. 어려서부터 성리학에 탁월한 재능을 보여 여러 차례 직위가 제수되었으나 평생 관직에 나아가지 않았다.
29 낙랑주樂浪洲 : 낙랑은 여러 지역의 이름으로 쓰였다.『국역 신증동국여지승람』제21권「경상도 경주부」에는 낙랑이 경주에 속한 군 이름으로 나온다. 또한『국역 성호사설』제2권「천지문 낙랑예맥」에 "낙랑 땅을 지금 사람들은 혹 경주라 하고, 혹 평양이라 하며, 혹 요동이라고도 한다. 한나라가 신라와 고구려를 모두 봉하여 낙랑으로 삼았으니, 경주와 평양을 낙랑이라고 칭한 것은 여기에서 시작되었을 것이다."라고 하였다. 또 우리나라를 칭하는 말로도 쓰인다.
30 호리병 속 천지(壺天) : 신선 세계를 뜻한다. 후한後漢 때 선인仙人 호공壺公이 시장에서 약을 팔다가 장이 파하면 문득 병 속으로 들어가곤 하였다. 이를 지켜본 비장방費長房이 그를 따라 병 속으로 들어가 보았더니, 거기에 엄연한 별천지別天地가 있었다는 고사가 있다.『後漢書』권82.
31 선생의 원운 : 선생은 최치원을 지칭한다.『熱河日記』「避暑錄」에서 "선조宣祖 신묘년(1591)에 성주星州 쌍계사雙溪寺 스님이 바위틈에서 종이 한 장을 발견했는데 절구絶句 열 마디가 쓰여 있었다."라고 하고 이 시를 소개하였다. 그리고 "그 글씨의 획이 깨끗하였으며 세속에서 전하는 고운의 필적과 크게 다름이 없었다."라고 하였다.
32 국사國師 : 한국 범패梵唄의 시조로 추앙받는 진감 선사眞鑑禪師를 지칭한다. 804년(애장왕 5) 세공사歲貢使로 당나라에 갔다가 830년(흥덕왕 5)에 귀국하여 옥천사玉泉寺, 즉 지금의 쌍계사에서 많은 제자들을 양성하였다. 지리산 쌍계사에 최치원이 지은 진감선사대공탑비眞鑑禪師大空塔碑가 있다.
33 중향성衆香城 : 금강산을 지칭한다.『華嚴經』・『大般若波羅蜜經』등에서 "중향성衆香城에 담무갈보살曇無竭菩薩이 상주하며 마하반야바라밀을 항상 연설한다."라고 하였는데, 우리나라에서는 오래전부터 그 중향성이 곧 금강산이라는 믿음이 전해진다.
34 운문령雲門嶺 : 운문재라고도 한다. 대구와 밀양에서 청도를 거쳐 울산으로 가는 고갯길이다.
35 영화루映花樓 : 울주 언양읍성 남문 위에 있는 누각.
36 금척琴尺 : 가야금을 타는 악사, 또는 연주하는 막대.
37 협채夾寨 : 기각지세掎角之勢를 이루고 있는 협성夾城이라는 뜻이다. 난공불락의 요새로서 후량後梁의 수도였다.『新五代史』「死節傳」'王彦章'.

38 귀뚜라미 소리(蛩織) : 귀뚜라미를 촉직促織이라 칭하기도 한다. 날씨가 추워지니 빨리 베를 짜라고 재촉하는 소리 같다 해서 붙여진 이름이다.

39 삼재三才 : 천天·지地·인人을 말한다.

40 일기一氣 : 천지 만물을 생성하는 원기元氣.

41 회산晦山 : 회산 보혜晦山普慧를 지칭한다. 회산은 유년 시절 범어사로 들어가 머리를 깎고 계를 받아 스님이 되었으며, 이후로 전국의 유명한 강론 자리를 찾아다니며 불교 경전은 물론 유가·도가의 전적들까지 두루 배우고 익혔다. 성품이 호걸스러웠고 모습은 풍후豐厚하였으며, 재주는 문장과 글씨 두 가지를 겸했고 덕德은 삼남三南에 으뜸이었다고 한다.『東師列傳』제4권「晦山講伯傳」.

42 이 사문李斯文 : 이학규李學逵를 지칭한다. 사문斯文은 유가儒家의 학문과 도의, 또는 유학자를 지칭하는 말이다.『論語』「子罕」에서 공자가 "문왕文王이 이미 별세하였다고 해서 문文이 여기에 없는가? 하늘이 이 문(斯文)을 없애려 하였다면 내가 이 문에 참여할 수 없었을 것이다.(文王旣沒. 文不在玆乎. 天之將喪斯文也. 後死者. 不得與於斯文也.)"라고 하였다.

43 이학규李學逵(1770~1835) : 조선 후기의 문인. 본관은 평창平昌. 자는 성수醒叟 또는 성수惺叟, 호는 낙하생洛下生 또는 낙하洛下이다. 실학의 가문에서 성장하여 약관의 나이에 문학文學으로 명성을 얻어 정조의 인정을 받았다. 벼슬이 없는 선비로서『奎章全韻』의 편찬 사업에 참여하였고, 다시 왕명에 의하여 원자궁元子宮에 내릴 책을 교감하고 수정 보완하였다. 순조 1년(1801) 신유사옥으로 이승훈李承薰 등과 함께 구금되어 전라도 능주綾州로 유배되었다가 다시 김해에 유배지를 옮겼다. 순조 24년(1824) 4월에 방면되었다. 이 시는 이 무렵에 쓴 것으로 추정된다. 이학규는 유배에서 풀려난 뒤에도 김해 지방을 내왕하며 이곳의 문사들과 계속 교류하였고, 말년에 충주 지방으로 이주해 여생을 마쳤다. 저서로『洛下生藁』등 20여 책이 있다.

44 뽕나무 그늘에서~잠을 깨고 : 한곳에 정착하지 않는 승려의 삶을 뜻한다.『後漢書』권30「襄楷列傳」에 "불법佛法을 닦는 승려가 뽕나무 아래에서 사흘 밤을 계속 묵지 않는 것은, 시간이 흐름에 따라 애착이 생길까 두려워하기 때문이니, 이는 그야말로 정진精進의 극치라고 할 것이다.(浮屠不三宿桑下. 不欲久生恩愛. 精之全.)"라는 말이 나온다.

45 만공滿公 : 월하 스님을 당나라 승려 여만如滿에 빗대어 표현한 말이다. 여만은 당나라 헌종憲宗의 정승이었던 배도裵度·백거이白居易와 함께 향산사香山社를 결성하였다. 백거이는 향산 거사香山居士라 자호하였다.

46 유의劉毅(216~285) : 자는 중웅仲雄. 진晉나라 때 공신으로, 재산을 영위하지 않았고, 기개가 매우 높았다. 유의가 유유劉裕 등과 수백만 전錢의 판돈을 걸고 저포樗蒲라는 도박을 한 적이 있는데, 두보杜甫가 이를 두고〈今夕行〉에서 "그대여 유의를 비

옷지 마소. 예전부터 평민으로 사는 게 소원이라 집에 쌀 한 섬 남기지 않고 백만 전을 써 버렸다네.(君莫笑劉毅。從來布衣願。家無儋石輸百萬。)"라고 하였다. 『晋書』권45 「列傳」15 '劉毅傳'.

47 용산에서 취해 모자를 떨어트리더니(龍山醉落帽) : 이것저것 따지지 않고 한껏 풍류를 즐겼다는 뜻이다. 진晉나라 맹가孟嘉가 중양절重陽節에 환온桓溫이 베푼 용산龍山의 연회에서 자기 모자가 바람에 날려가 떨어진 것도 모르고 풍류를 즐겼다고 한다. 『晋書』권98 「列傳」68 '孟嘉傳'.

48 밥상에는 생선도 없구나(食無魚) : 보잘것없는 음식을 말한다. 전국시대 때 제齊나라 풍환馮驩이 맹상군孟嘗君의 식객으로 있었는데, 하등下等 막객幕客의 대우를 받으며 밥상에 고기 반찬이 올라오지 않았다. 그러자 장검의 칼자루를 두드리며 "장검아 돌아가자, 밥상에 고기가 없구나(長鋏歸來乎。食無魚。)" 하고 노래했다고 한다. 『史記』권75 「孟嘗君列傳」.

49 노담의 책(老聃書) : 노자老子의 『道德經』을 말한다. 담聃은 노자의 자字이다.

50 사호司戶 : 호적을 담당하는 관리.

51 널찍한 곳에다 칼날을 놀리시면(恢恢游刃去) : 정사를 처리함에 있어 억지로 처리하려 들지 말고 먼저 가능하고 쉬운 방법을 찾아내 업무를 수행하라는 뜻이다. 회회恢恢는 매우 넓은 모양이다. 포정庖丁이 문혜군文惠君을 위해 소를 잡는데, 소 잡는 솜씨가 매우 뛰어나 문혜군이 감탄하였다. 문혜군이 그 솜씨가 유난히 빼어난 까닭을 묻자 포정이 "두께가 없는 칼을 두께가 있는 틈새에 넣으니, 널찍하여 칼날을 움직임에 있어 반드시 여유가 있습니다.(以無厚入有間。恢恢乎。其於遊刃。必有餘地矣。)" 하였다. 『莊子』「養生主」.

52 별가別駕 : 지방 장관의 보좌관.

53 충무는 소열을 허락하고(忠武許昭烈) : '충무忠武'는 제갈량諸葛亮의 시호이고, '소열昭烈'은 촉한蜀漢 유비劉備의 시호이다. 제갈공명諸葛孔明은 은거하던 자신의 초가집으로 유비가 세 차례나 방문하는 정성을 보이자 군사軍師가 되는 것을 허락하였다.

54 주랑은 중모를 보좌했지요(周郞佐仲謀) : '주랑周郞'은 오吳나라 손권孫權의 장수 주유周瑜를 가리키고, '중모仲謀'는 손권의 자字이다.

55 월수越嶲 : 중국 사천성 四川省에 있던 군 이름이다.

56 담이儋耳 : 중국 해남성海南省에 있던 군 이름이다.

57 영주瀛洲 : 동해 바다에 있다는 삼신산三神山의 하나.

58 태화루太和樓 : 태화 강변에 위치한 신라 시대 사찰 태화사의 부속 건물이었다. 진주 촉석루, 밀양 영남루와 더불어 영남의 3대 누각으로 유명하였으나 임진왜란 때 불타고 누각의 골격만 남았다. 그 후 일제 강점기(1940년) 때 완전히 철거하였던 것을 최근 복원하였다.

59 주머니를 여민 지(括囊) : 괄낭括囊은 주머니를 여민다는 뜻으로, 속에 감추어 두고 밖으로 드러내지 않는 것을 말한다. 『周易』「坤卦」 육사六四에 "주머니를 졸라매듯 하면 허물도 없고 칭찬도 없을 것이다.(括囊无咎无譽)"라고 하였다.

60 누더기를 걸친 자(百結子) : 백결百結은 100군데나 기웠다는 뜻으로, 여기저기 더덕더덕 기운 누더기를 말한다.

61 서림사西林寺 : 경상남도 김해시 신어산神魚山에 소재한 사찰로 현재 사명은 은하사銀河寺이다. 가락국 허황후의 오빠인 장유 화상이 동림사와 함께 창건했다고 전해진다.

62 밝은 거울은~대가 아니라네(明鏡本非臺) : 육조 혜능 대사의 게송에 "보리수는 본래 나무가 아니고, 밝은 거울 역시 대가 아니네. 본래 한 물건도 없는데, 어디에 먼지와 때가 끼리오.(菩提本無樹. 明鏡亦非臺. 本來無一物. 何處惹塵埃.)"라고 하였다. 『六祖壇經』.

63 송옥의 시름(宋玉愁) : 송옥은 초楚나라 문인으로 굴원屈原의 제자이다. 굴원의 추방을 슬퍼하며 「九辯」이라는 뛰어난 부賦를 남겼다.

64 자부紫府 : 도가道家에서 말하는 신선이 사는 세계이다.

65 영구암靈龜庵 : 자라 형상인 신어산의 머리 위치에 있는 암자이다.

66 우저牛渚 : 창녕의 우포 늪을 말한다.

67 마주馬州 : 대마도對馬島. 맑은 날 아침이면 영구산에서 대마도가 보인다고 한다.

68 임경대臨鏡臺 : 경상남도 양산시 원동면 화제리에 소재한다. 통일신라 시대 때 고운 최치원이 황산강黃山江(낙동강의 옛 이름)의 유장한 풍광을 즐겨 감상하던 곳이라 한다. 최공대崔公臺라고도 한다.

69 삼차三叉 : 세 개의 물줄기가 하나로 합해지는 지점을 일컫는다.

70 칠점산(七點) : 경상남도 양산군梁山郡에 있는 산이다. 작은 산이 흡사 일곱 개의 점을 찍어 놓은 것 같다고 하여 붙여진 이름이다. 가락국 때 참시 선인昆始仙人이 놀던 곳이라 한다. 이 산에서 10리쯤 되는 지점에 초선대招仙臺가 있는데, 가락국의 왕이 이곳에 와서 칠점산에 있는 참시 선인을 부르면 곧바로 배를 타고 가야금을 안고 와서 함께 즐겼다고 한다. 『국역 신증동국여지승람』 제22권 「경상도 양산군」.

71 최 노인(崔翁) : 최치원 선생을 지칭한다.

72 마하사摩訶寺 : 부산시 연제구 연산동 금련산金蓮山에 소재하는 사찰.

73 청야음淸夜吟 : 밤중에 들려오는 맑은 종소리를 말한다. 송나라의 철인 소옹邵雍이 지은 오언절구 〈淸夜吟〉은 도의 경지를 밝힌 것으로 유명하다. 시는 다음과 같다. "달이 하늘 한복판에 이르고, 바람이 물 위로 불어올 때. 이와 같은 청량한 경지를, 아는 사람 아마도 적겠지.(月到天心處. 風來水面時. 一般淸意味. 料得少人知.)"

74 쌍벽루雙碧樓 : 경상남도 양산시 북부동에 소재하는 누각. 누각 아래로 흐르는 시내

와 주위의 대밭이 모두 푸르다 하여 쌍벽루라 하였다.
75 삼남三南 : 호서·호남·영남을 삼남이라 한다.
76 양북兩北 : 강원도와 함경도 지방을 합하여 부르는 이름이다.
77 촉도蜀道 : 험난한 길을 의미한다. 촉蜀나라로 통하는 잔도栈道는 험난하기로 유명하다.
78 약야계若耶溪 : 약야계는 본래 중국 절강성浙江省 회계현會稽縣 동남쪽에 있는 시내로 춘추시대 월나라의 미녀 서시西施가 빨래한 곳으로 유명하다. 두보의 〈奉先劉少府新畫山水障歌〉에 "약야계여, 운문사여. 나만 홀로 어이해 속세에 묻혀 있으랴, 푸른 짚신과 베 버선 차림이 이제부터 시작일세(若耶溪。雲門寺。吾獨胡爲在泥滓。靑鞋布襪從此始。)"라고 한 구절이 있다. 본문의 시는 우리나라 청도 운문사 앞의 개울을 두고 읊은 시이다.
79 안개 속 금상(烟禽向) : 산천을 유람하는 은자를 뜻한다. 금상禽向은 전한前漢 말기 왕망王莽 시절에 벼슬을 버리고 은거한 유생儒生 금경禽慶과 같은 시기의 은사隱士 상장向長을 합칭한 말이다. 상장은 아들딸을 시집장가 보낸 후에 그의 친구 금경과 함께 오악五嶽의 명산名山을 두루 유람하였는데, 끝내 그들이 죽은 곳을 알 수 없었다고 한다. 『後漢書』 권83 「逸民列傳」.
80 호우豪右 : 고장에서 세력이 넓고 강한 사람.
81 옥호玉毫 : 여래如來의 미간眉間에 난 백옥처럼 흰 털을 말한다.
82 조도鳥道 : 새나 겨우 지나다닐 수 있을 정도로 험준한 산길을 말한다.
83 뜻을 말할 수 있지(能言志) : 시를 지을 수 있다는 뜻이다. 『書經』 「舜典」에 "시는 뜻을 언어로 표현한 것이다.(詩言志)"라고 하였다.
84 신독身毒 : Sindhu의 음역으로 인도를 지칭한다. 여기서는 부처님의 세계를 뜻하는 말로 쓰였다.
85 권여權輿 : 사물의 시작이나 시초, 바탕을 뜻하는 말이다. 『爾雅』에 "권여는 시始이다."라고 하였다. 저울을 만들 때는 먼저 저울대(權)부터 만들고, 수레를 만들 때는 먼저 판자(輿)부터 만드는 것에서 유래하였다.
86 월지가 도끼로~만들었다는 석종(月氏斧斲石鐘成) : '월지月氏'는 월지月支라고도 하며, 서역에 있던 왕국 이름이다. 「楡岾寺誌」에 석종과 53불 설화가 나온다. 석가모니 부처님이 열반하신 후 사람들이 부처님을 그리워하자 문수사리가 사람들에게 각기 불상을 조성하게 하였다. 문수사리는 그 가운데 53구의 불상을 골라 종 안에 넣고 바다에 띄우면서 인연 있는 나라에 도착하기를 축원하였다. 53불을 태운 그 배는 월지국月支國에 도착하였고, 월지국왕은 53불을 극진히 공양하였다. 그러던 어느 날 갑작스런 화재로 법당이 소실되었다. 왕이 다시 법당을 지으려 하자 그날 밤 꿈에 53불이 나타나 "여기 머무르지 않겠으니 붙잡지 말라."라고 하였다. 잠에서 깬 왕은 다시 53

불을 종에 넣고 바다에 띄우면서, 인연 있는 나라에 도착하기를 축원하였다. 그 종이 큰 바다를 표류하다가 인도를 떠난 지 500년 만인 신라 제2대 남해왕 원년에 금강산 동쪽 해안 고성군 안창현安昌縣 포구에 도착하였다고 한다.

87 진겁塵刼 : 아득히 긴 세월을 뜻한다. 미진겁微塵劫·진사겁塵沙劫이라고도 한다.
88 도씨 노인(陶老) : 팽택령彭澤令을 지내다 귀향하여 가난하게 살아간 도잠陶潛을 가리킨다.
89 국미춘麴米春 : 중국 운안雲安의 명주名酒. 흔히 술의 별칭으로 쓰인다.
90 『수색집水色集』 : 조선 중기 문신인 허적許樀(1563~1640)의 시문집. 8권 4책으로 1658년(효종 9)에 간행되었다.
91 〈영랑호永郎湖〉 : 『水色集』 권5에 수록되어 있다. 원운은 "曾遊楓岳未相從。今到玆潭擬一逢。落日滿山秋水闊。廻邊何處訪靈蹤。"이다.
92 영랑호 : 간성杆城 남쪽에 있는 호수이다. 영랑은 원래 신라 효소왕孝昭王 때의 화랑花郎으로, 술랑述郎·남랑南郎·안상安詳 등과 함께 이른바 사선四仙으로 꼽힌다. 전설에 의하면 이들이 금강산에서 수련하고 무술 대회에 나가기 위해 삼일포三日浦에서 3일 동안 쉬다가 금성金城으로 가는 길에 이 호수에 도착하였는데, 영랑이 호수의 풍경에 도취된 나머지 대회 참석도 잊고 노닐었다고 한다.
93 영정嬴政 : 진시황의 성명姓名. 영생을 꿈꾸며 불로초를 구하기 위해 백방으로 노력하였다. 하지만 결국 순행巡行 길에서 51세의 나이로 병사하였다.
94 유랑劉郎 : 한 무제漢武帝를 지칭한다. 무제는 도교에 심취하여 신선을 찾으려고 평생 애를 썼다. 그러다 만년에 분수 남쪽(汾陰)에서 후토신后土神에게 제사를 드린 뒤에 배를 타고 신하들과 술을 마시면서 〈秋風辭〉를 지었다. 그 노래에 "퉁소와 북이 울리니, 돛대 노래 일어난다. 젊음이 몇 대이냐, 늙음을 어이하리."라는 구절이 있다. 인생의 무상함을 탄식하는 애조哀調를 띠고 있다.
95 청려장(青藜) : 명아주 줄기로 만든 지팡이. 명아주 줄기는 단단하고 가벼워 노인들의 지팡이로 알맞다. 흔히 은자隱者의 지팡이를 일컫는 말로 쓰인다.
96 정원루靖遠樓 : 동래 읍성에 있던 누각.
97 자지紫芝 : 선약仙藥인 일종의 영지靈芝. 진秦나라 말기에 은사隱士인 동원공東園公, 기리계綺里季, 하황공夏黃公, 녹리 선생甪里先生 등 네 노인(四皓)이 상산商山에 은거하면서 자지紫芝를 캐 먹고 자지가紫芝歌를 불렀다고 한다.
98 가산伽山 : 월하 계오月荷戒悟 자신을 지칭한다.
99 습씨 집(習家) : 죽림칠현 중 하나인 산간山簡이 자주 찾아가 노닐었던 곳이다. 『晉書』 「山簡傳」에 "습씨들은 형양荊襄 지방의 호족豪族으로 아름다운 동산과 못을 가지고 있었는데, 산간이 양양襄陽을 다스릴 때 늘 그곳에 나가 노닐며 술을 마셔 취하곤 했다." 하였다.

100 동토로 운행한 세 전통(東運三傳) : 유儒·불佛·선仙을 말한다.
101 기괄機栝 : 쇠뇌의 시위를 거는 곳인 노아弩牙와 화살의 시위를 거는 곳인 전괄箭栝을 기괄이라 한다. 가장 중요한 핵심 장치를 뜻한다.
102 사다리 : 이상 세계로 오르기 위한 수단, 즉 제시하는 방편을 뜻한다.
103 낡은 경전(殘經) : 불경佛經을 말한다.
104 대성大聖 : 공자를 지칭한다.
105 추옹鄒翁 : 전국시대 제齊나라의 추연鄒衍을 가리킨다. 천체우주天體宇宙에 관하여 글을 저술하였는데, 그 변론辯論이 워낙 굉원박대宏遠博大하여 세상 사람들이 담천연談天衍이라 칭송하였다.
106 70명(七十人) : 함께한 동료들을 공자의 제자에 빗대어 표현한 것이다. 공자의 제자가 모두 3천여 명이나 되지만 몸소 육예六藝를 통한 자는 72인에 불과했다는 데서 나온 말이다.
107 담비 꼬리를 이으셨네요(續貂) : 좋은 문장을 이었다는 뜻이다. 흔히 좋지 못한 시문詩文으로 좋은 시문을 이어 짓는 것을 구미속초狗尾續貂라 한다. 고대에 임금을 가까이서 보필하는 고급 관리들은 관의 장식으로 담비 꼬리를 썼는데, 진晉나라 때 조왕趙王 사마륜司馬倫이 조정의 정사를 전단하면서 봉작封爵이 너무 많은 나머지 담비 꼬리가 부족해 개 꼬리로 보충하였던 데서 유래하였다. 『晉書』 권59 「趙王倫列傳」.
108 패자牌子 : 신주神主 또는 지위가 높은 사람이 낮은 사람에게 공식으로 보내는 편지.
109 서암의 집(瑞巖家) : 월하 대사의 거처를 당말의 승려 서암 사언瑞巖師彦의 처소에 비유하였다. 주자 문하에서도 마음을 어둡지 않게 항상 일깨우는 방법으로 서암의 가르침을 채택하였다. 『心經』권1 「易坤之六二條」 주注에서 "서암瑞巖이란 승려가 매일같이 자신에게 묻기를 '주인옹主人翁은 깨어 있는가?' 하고는, 스스로 '깨어 있노라' 하고 답하면서 마음을 다스렸다."라고 하였다.
110 가낭선賈浪仙 : 당나라 시인 가도賈島. 낭선浪仙은 그의 자이다. 승려로서 이름을 무본無本이라 했다가 뒤에 환속하여 장강 주부長江主簿가 되었다.
111 한유와 백거이(韓白) : '한韓'은 한유韓愈, '백白'은 백거이白居易를 지칭한다. 한유는 태전 선사와 백거이는 여만 선사와 깊이 교류하였다.
112 호계의 삼소(虎溪三笑) : 방외의 벗들이 어우러지는 모임을 뜻한다. 여산廬山 동림사東林寺로 들어가는 길목에 다리가 있었는데, 혜원慧遠은 일찍이 그 다리를 건너지 않겠다고 다짐한 적이 있었다. 그러나 도연명陶淵明과 육수정陸修靜이 방문했다가 돌아가는 날, 이야기를 나누며 이들을 전송하다 자기도 모르게 호계의 다리를 지나쳤다고 한다. 혜원이 이 일을 두 벗에게 말하였고, 세 사람은 호계 가에서 손뼉을 치며 크게 웃었다고 한다.
113 기성箕聖 : 은殷나라 주왕紂王의 숙부였던 기자箕子를 지칭한다. 주왕의 무도無道함

을 간했으나 듣지 않자, 거짓 광인狂人 행세를 하며 노예가 되었다. 주 무왕周武王이 은나라를 멸망시키고 천자가 된 다음 기자에게 찾아가 천하를 다스리는 방법을 묻자 홍범구주洪範九疇를 가르쳐 주었는데, 이것이 바로 『書經』 「洪範篇」이다. 그 후 무왕은 기자를 조선朝鮮에 봉하여 평양平壤에 도읍을 정했다고 한다. 공자 역시 『論語』 「微子」에서 "기자는 은나라 세 분의 인자仁者 가운데 한 사람이다."라고 하였다.

114 노나라(魯) : 노나라 출신인 공자의 유풍을 뜻한다.

115 배와 사다리(航梯) : 험한 산을 사다리를 놓아 오르고, 큰 바다나 강을 배로 건너듯 궁극에 도달하는 방편으로서의 가르침을 뜻한다.

116 대낮에 과연 날개가 돋아나니(白日果然生羽翰) : 신선이 되어 하늘로 올라간다는 뜻이다. 주자朱子의 「齋居感興」에 "금 솥에 용과 범이 서려 있더니, 3년 만에 신선의 단약을 고았어라. 한 숟갈 입에 떠서 넣으니, 대낮에 날개가 돋아나네.(金鼎蟠龍虎。三年養神丹。刀圭一入口。白日生羽翰。)"라고 하였다.

117 남양南陽 : 상대인 은헌을 촉한蜀漢의 승상丞相 제갈량諸葛亮에 빗대어 표현하였다. 제갈량은 유비를 만나기 전에 일찍이 고향인 남양의 초려에 은거하였다.

118 윤건綸巾 : 일종의 두건頭巾으로 은자의 상징이다. 촉한의 승상 제갈량이 군중에서 썼기 때문에 제갈건諸葛巾이라고도 한다. 제갈량이 사마의司馬懿와 위수渭水 가에서 싸울 적에 흰 수레에 올라 갈건葛巾을 쓰고 백우선白羽扇으로 삼군三軍을 지휘하였다고 한다.

119 복희의 책 : 『周易』을 말한다. 고대 중국의 군주인 복희씨가 황하黃河에서 나온 용마龍馬의 등에 새겨진 무늬인 하도河圖를 바탕으로 팔괘八卦를 그렸다고 한다.

120 집청정集淸亭 : 울산시 울주군 언양읍 대곡리 반구대 인근에 있는 정자. 경주 최씨 정무공貞武公 최진립崔震立의 증손 운암雲岩 최신기崔信基가 숙종 39년(1713)에 건립하였다.

121 대명의 연호(大明年) : 흔히 명나라의 연호를 지칭하지만, 시의 내용은 굳건히 유지되는 조선 왕조에 경의를 표하는 의미로 해석된다.

122 꼭 늙은~변한 듯 : 『莊子』 「齊物論」에 장자가 꿈속에서 나비가 되어 훨훨 날아다녔는데, 깨어나 보니 여전히 인간 장주莊周였다는 호접몽胡蝶夢 이야기가 나온다.

123 학남루鶴南樓 : 울산시 동구 남목南牧에 소재하는 누각.

124 장무瘴霧 : 풍토병을 일으키는 습하고 더운 안개.

125 노후盧侯 : 진시황 때의 술사로 본래 연燕나라 사람이다. 진시황이 그를 불러 박사博士로 삼고 신선神仙을 찾아오게 하였으나, 한번 떠나서는 돌아오지 않았다. 노산盧山에 은거하다가 선인仙人 약사若士를 만나서 뒤에 신선이 되었다고 한다. 『淮南子』 「道應訓」.

126 이오伊吾 : 중국 신강성新疆省 합밀哈密 근처의 옛 지명이다. 먼 서쪽 변경 지역을 가

리키는 말로 쓰인다.
127 연제燕齊 : 연燕과 제齊 모두 동해를 접하고 있는 나라들이다. 예로부터 동해에 신선들이 사는 곳인 삼신산이 있다고 믿었다. 전하여 동쪽 해안 지역을 뜻한다.
128 동구東甌 : 중국 동남부의 지명이다.
129 엄릉嚴陵 : 중국 절강성浙江省 동려현桐廬縣의 동강桐江에 있는 지명으로 엄뢰嚴瀨라고도 한다. 후한後漢의 은사隱士인 엄광嚴光이 은둔하며 낚시질할 곳이라 하여 그의 자인 자릉子陵을 따서 붙인 이름이다. 엄광은 어려서 광무제光武帝와 친한 사이였다. 광무제가 즉위한 뒤 높은 벼슬을 내리며 부르자 곧 이름을 바꾸고 부춘산富春山에 은거하며 낚시질로 세월을 보냈다고 한다.『後漢書』권83「逸民列傳」'嚴光'.
130 진경眞經 :『道德經』을 말한다.
131 무수한 거위~회계로 모이는구나 : 왕희지王羲之의 고사에 빗대어 표현한 것이다. 진晉나라 때의 명필名筆 왕희지가 본래 거위를 매우 좋아했는데, 회계 내사會內史를 지낼 때 산음현山陰縣의 한 도사道士가 거위를 많이 기르고 있었다. 왕희지가 그것을 구경하고는 매우 좋아하자 그의 글씨를 좋아하던 도사가 "『道德經』을 써 주면 거위를 많이 주겠다."라고 약속하였다. 그러자 왕희지가 흔연히 써 주고 그 거위를 가지고 돌아왔다는 고사가 있다. 일설一說에는 왕희지가 써 준 것이『黃庭經』이라고도 한다.
132 환아정換鵝亭 : 경남 산청의 산청초등학교 자리에 있었던 정자이다. 1395년경 산음 현감 심린沈潾이 산음현 객사의 후원으로 정자를 창건하고, 권반權攀이 왕희지가 자신의 글씨를 산음 도인의 거위와 바꾸었던 고사에 근거해 정자명을 '환아정換鵝亭'이라고 지었다. 여러 차례 중수되다가 1950년 화재로 전소하였다.
133 선자 화상의 '유遊' 자 운 : 선자 화상船子和尙은 당나라 승려 덕성德誠을 지칭한다. 약산 유엄藥山惟嚴(751~834)의 제자로 소주蘇州 화정華亭에 은둔하였다. 오강吳江에서 뱃사공 노릇을 했기 때문에 선자船子 화상이라 칭한다. 말년에 협산 선회夾山善會를 지도한 것으로 유명하다.『五燈會元』에 그가 지은 게송이 몇 수 기록되어 있는데, 유遊자 운은 다음과 같다. "30년이나 바다를 노닐었지만, 물이 맑아 고기 뻔히 보이는데 바늘을 물지 않네. 낚싯대 작살내어 다시 대로 심었더니, 이것저것 궁리하지 않고도 금방 편안해지네.(三十年來海上遊. 水清魚現不吞鉤. 釣竿斫盡重栽竹. 不計功程得便休.)"『五燈會元』권5(X80, 115a).
134 율관을 불자(吹律) : 추연鄒衍이 연燕나라의 곡구谷口에 있을 때, 땅이 비옥한데도 기후가 썰렁하여 농사가 안 되는 것을 보고, 양률陽律을 불어 날씨를 따뜻하게 해서 곡식이 잘 자라게 했다는 전설이 있다.
135 유연幽燕 : 중국의 요동遼東 및 하북河北 지방을 말한다. 전국시대에는 연燕나라, 당唐나라 이전에는 유주幽州로 불렸기에 유연이라 칭한다.
136 신의 군사들(神兵) : 비(雨師)·구름(雲師)·바람(風師)을 뜻한다.

137 범영루泛影樓 : 경주 불국사에 있는 누각.
138 가산伽山 : 가지산이다. 계오는 이 산에 오랫동안 주석하였다.
139 저닉공沮溺公 : 저닉沮溺은 춘추시대 초楚나라의 두 은자隱者였던 장저長沮와 걸닉桀溺을 합칭한 말이다. 공자가 일찍이 초나라에서 채蔡나라로 가던 도중에 장저와 걸닉이 함께 밭을 갈고 있는 것을 보고는 자로子路를 시켜 장저에게 나루를 묻게 했더니, 장저가 "저 수레 고삐를 잡고 있는 분은 누구냐?" 하고 되물었다. 자로가 공구孔丘라고 말하자, 장저가 "그분이면 나루를 알겠지." 하고는 가르쳐 주지 않았다. 다시 걸닉에게 묻자 그 역시 가르쳐 주지 않고 쉴 새 없이 밭일만 했다고 한다. 『論語』「微子」.
140 도씨 노인(陶翁) : 국화를 좋아했던 도연명을 말한다.
141 동천洞天 : 신선의 세계.
142 용면龍眠 : 송宋나라의 저명한 화가畵家 이공린李公麟의 별호. 이공린이 벼슬을 그만두고 용면산龍眠山에 들어가 지내며 용면거사龍眠居士라 자호하였다.
143 『청천집靑泉集』 : 조선 후기의 문신 신유한申維翰(1681~1752)의 문집. 총 6권 3책이다. 〈題盧石樓〉·〈山有花曲〉 등이 유명하다.
144 유술儒術 : 유가儒家의 학술.

가산고 제2권
| 伽山藁 卷之二 |

칠언율시
七[1]言律

일천 허형[1] 공께서 시를 남겼는데, 근본으로 돌아가야 함을 깨닫도록 도우려는 뜻이었다. 그저 인정이 넘쳐 이러는 것이겠지 했지만, 그 논의의 거슬림을 떨쳐 버릴 수 없었다. 이때 양산지사 추산 김유헌[2] 공께서 즉석에서 거듭 화운하시기에, 이 모두를 원고에 덧붙여 기록한다

一川許公【珩】遺韵。奬悟以返本意。只爲欷欷。而不可離他論牴牾。時秋山金公【裕憲】知梁山。即上仍和來。並玆陪錄藁中。

적막한 봄날의 등불이 밤 구름을 잘라	春燈寂莫剪宵雲
꿈속에서 심상하게 허군을 뵙습니다	夢裏尋常見許君
그저 이루려고만 하니 언제 그만두려 하실까	只麼欲成焉欲罷
이 마음 불이 붙고 또 활활 타오르는구려	此心如烣又如焚
향산사[3]에 여만공이 없다는 건 알고 있었지만	已知香社無公滿
여릉의 하혜[4]가 부지런 떨 줄 어찌 알았으랴	豈意廬陵下惠勤
도를 논하자면 유교 불교를 상관할 것 없건만	論道不關儒與釋
경론으로 오늘 저녁 크게 어긋난 말씀 하시네	經綸今夕大乖云

일천 공의 원운을 첨부한다 付原一川公

산 너머 산이 있고 구름 너머에 또 구름	山外有山雲外雲

---

1) ㉮ '七' 자 앞에 '詩'라는 한 글자가 있는데, 『韓國佛教全書』 편찬자가 삭제하고 편찬하였다.

꿈속 어느 곳에서 그대 찾는 일 멈출까	夢中何處却尋君
뽕밭에서 자며[5] 천 리 길로 다정한 원숭이 달아나니	宿桑千里情猨走
순식간에 삼생의 겁화가 타오르는구려	彈指三生刼火焚
몸을 기탁할 사람이 없어 적막함을 사랑하고	無地寄身憐寂莫
어머니 모시고 출가해 갖은 신고로 애를 쓰네	出家將毋[1]感辛勤
총명한 분 애석하게도 헛된 곳에 빠져 질주하니	聰明可惜淪虛驁
저녁에 죽더라도 아침에 도를 들어야 한다고	夕死朝聞古聖云
옛 성인께서 말씀하셨지[6]	

추산 공의 차운을 첨부한다 附次秋山公

정병 속에는 허공 꽃이요 발아래엔 구름	瓶裏空花脚底雲
허둥지둥 가다 말다 너무도 가련한 그대	棲棲行止寂憐君
상문[7]에서도 역시나 인륜의 소중함을 깨달아	桑門亦覺人倫重
향을 항상 지니면서 병든 어머니 위해 사르시네	香炷常將毋[2]病焚
바닷가 명산에 아름다운 구절이 가득하고	海國名山佳句徧
설루의 외로운 달 멀리까지 소문 자자해	雪樓孤月遠聲勤
근래에 현도[8]도 듣고 서로 그리워했지요	近來玄度聞相憶
도연명이 진정 하고 싶은 말은 바로 이런 뜻	此意淵明政欲云

---

1) ㉻ '毋'는 '母'인 듯하다.
2) ㉻ '毋'는 '母'인 듯하다.

표충사 시권의 말미에 삼가 차운하여 쓰다
伏次韻書表忠祠詩卷尾

[1]
바다가 하늘 뿌리에 닿아 가야 할 길 망망한데　　　　海接天根路森茫
붉은 태양 상서로운 구름에 자비의 배를 띄우셨네　　　紅輪瑞靄泛慈航
작은 몸으로 남만 오랑캐 악한 기운을 말끔히 씻고　　　眇身廓洗蠻氛惡
큰 의로움으로 종묘사직을 길이 부지하셨도다　　　　　大義能扶社稷長
성조께서 각별한 은총으로 제사와 음악을 모시고　　　　聖祖異恩酬脤曲
소신도 두려움 무릅쓰며 사당에 절을 올렸습니다　　　　小臣冒畏拜祠堂
바람 드는 대청에 앉아 여러 편의 글을 다 열람하고는　風軒坐閱羣篇盡
시퍼런 대와 푸른 솔의 마음으로 마지막 장에
화운합니다　　　　　　　　　　　　　　　　　　　　翠竹蒼松和卒章

[2]
공경하라, 난리 후 포로들을 교환하던 해[9]　　　　　　欽哉亂後刷俘年
용이 보호하사 살주에서 크게 교화를 펼쳤던 배　　　　龍護薩洲大化舡[1)]
순임금 우임금 다시 난대도 부처라고 인정하리니　　　　舜禹復生能許佛
송운[10] 한 사람의 절개가 역시 하늘을 지탱했네　　　　松雲一節亦撑天
만백성 일제히 칭송하자 누구의 힘으로 돌렸는가　　　　萬民齊頌歸誰力
열성조께서 베푸신 은혜라고 대답하신 노선사　　　　　列聖覃恩答老禪
여러 사문들과 모든 불제자들이여　　　　　　　　　　多少沙門諸釋子
경을 독송하는 여가에 옛날 인연 상기하라　　　　　　誦經餘暇起前緣

---

1) ㉠ '舡'은 '船'의 속자이다.

청심루[11]
淸心樓

아득한 지축과 하늘 끝에 닿는 눈길	眼窮坤軸與乾端
시방에 아무것도 없고 푸른 얼굴만	十域虛无但翠顔
거울이 하늘의 작품을 담은 듯한 천 개의 못	鑑受天裁千釜澤
소라가 봄 풍경화를 더럽힌 듯한 만 개의 산	螺淼春畫萬區山
임금님 항상 그리는 마음은 삼생의 과보요	心懸北闕三生報
우화등선[12]도 남쪽 가지 아래 한바탕 꿈[13]	羽化南柯一夢間
사예께서 그해에 울며 취해서 쓰신 글씨[14]	司藝當年嘘醉筆
노승이 넉넉히 급여로 챙겨 어찌나 다행인지	老僧何倖給餘閒

동산으로 유람 오신 병마사께 올립니다
上兵馬使遊東山

개울에 다리가 나타나 한 곡조 흐드러지니	澗出徒杠一曲流
지는 해에 남여[15]가 내려가다 말고 머뭇머뭇	藍輿落日下遲留
두 개의 깃발이 돌길에서 광채를 교대로 발하고	雙旂石逕光交發
높은 피리소리 단풍나무 숲에 메아리가 진동한다	高管楓林響振收
손잡고 춤추며 소맷자락 휘젓자 초승달이 솟고	舞袖聯揮初月涌
노랫소리 멀리 잦아드는 곳에 옅은 안개 떠도네	歌聲遙遏淡烟浮
동쪽 바닷가 외로운 절에서 맑은 가을밤에	海東孤寺淸秋夜
미지근한 단약 한잔 걸치니 갈증이 쉬는구나	鍊藥微溫渴氣休

삼가 〈진남루 중수〉의 운을 따라
謹次鎭南樓重修韻

자그마한 외로운 성은 10리가 그 구역	蕞爾孤城十里區
진남루를 개축하여 영화루라 하였네	鎭南樓改映花樓
산은 절집을 받들어 하늘을 쓸며 서 있고	山擎伽瑟摩天立
강은 소용돌이를 엿보다 바다로 달아나네	水闞盤渦放海流
황폐한 성가퀴에는 서늘한 바람에 우는 고목	荒堞涼飇鳴古木
저녁 물가엔 지는 햇살 따라 내려앉는 갈매기	晚汀落日下沙鷗
공후가 처음 계획하시자 백성들 기뻐하였고	侯之經始民歡樂
하루도 못 돼 완성되어 찬란히 빛나는 가을[16]	不日成功曜後秋

또 삼가 목감 이의철 공의 운을 따라
又謹次牧監李公【懿喆】韻

이 공은 가히 펼치는 정이 그윽하다 하겠네	李公可謂暢情幽
외롭던 관리에게 맡겨 두고 흥취 역시 유유해라	一任孤官興亦悠
동축사 작은 누각에서 큰 바다를 마셔 버리고	東竺小樓吞大海
단풍진 언덕 노숙한 필체로 맑은 가을 벗하네	楓臬[1)]老筆伴淸秋
솔밭의 누대 석면에다 이름과 성씨를 쓰자	松臺石面題名氏
오래된 탑 황금 바퀴에서 내려오는 도사들	劫塔金輪降道流
태복[17]의 직분 맡을 사람 이제 얻으셨으니	太僕分人今有得
교외 목장에 우람한 말 수천 마리 되겠지요	坰場駯牝數千頭

---

1) ㉠ '臬'은 '皋'인 듯하다.

무장사[18]에서 이 사문을 만나 밤새 이야기 나누다
鍪藏寺逢李斯文夜話

사람들 모두 나더러 세상을 모른다고 하네	人皆云我不知方
자른 머리카락 다시 기르는 것 어렵지 않다고	斷髮非難更續長
애기풀 제비꽃은 원래부터 독기를 머금고 있고	蒴藋由來含毒氣
지초 난초가 있는 곳에선 맑은 향기가 풍기지요	芝蘭所在發淸香
까마귀는 맑은 물에 노닐어도 본바탕이 그대로고	烏游白水持前質
백로는 황하에 목욕해도 본래의 광채를 내뿜나니	鷺浴黃河出本光
그 직분이란 하늘에 있어 어찌할 수 없는 것	其職在天無奈已
하물며 정병과 발우로 선당을 계승하는 것일까	況乎瓶鉢繼禪堂

만폭동
萬瀑洞

만폭도 구구하게 억지로 붙인 이름이지	萬瀑區區强得名
시방에서 모여든 물로 한 지역이 맑아라	十方來水一方淸
향기를 뿜는 약초가 옥빛 언덕에서 자라고	苗香藥岬生瑤岸
찬란한 색채의 난새 봉황이 적성[19]을 부른다	徧彩鸞鳳喚赤城
고개를 숙인 스님의 혼은 꿈속이라도 노니는 듯	下首僧魂如借夢
앞장서며 일행을 독촉하자 단박에 정을 잊는구나	挺身麕策頓忘情
세속의 자취 문득 들어오자 신령한 궁궐 박살나니	塵踪忽入靈闥瑣
누가 나고 누가 너인가 감히 살았다고도 못 하겠네	誰我誰人不敢生

술병을 차고 동산을 유람하다
携酒遊東山

빙빙 꼬인 산의 갈림길 다시 도는 곳도 많고　　山歧盤索復回多
어여쁜 새들 옥 가지에서 떼 지어 노래하네　　好鳥琪枝百舌歌
열심히 책장을 넘기면서 자취를 좇는 자장[20]　繙帙追蹤子長史
바둑판 에워싼 채 눈도 끔뻑이지 않는 사안[21]　圍碁決賭謝安家
여러 번 석장을 날려도 보이길 꺼려하는 나무　數飛錫杖妨看樹
열심히 걸음을 옮겨도 답사에 인색한 꽃　　　謹擧編鞋吝踏花
하늘의 뿌리와 땅의 축을 모조리 돌아보고는　顧盡天根兼地軸
두둥실 푸른 바다로 떠나가는 별들의 뗏목　　浮浮碧海去星槎

반구대
盤龜臺

괴이하구나, 암석의 기이한 형세여	怪㦲巖石勢之奇
기어가는 용처럼 구불구불, 또 거북이 엎드린 듯	迆似行龍伏似龜
변화한 학[22]이 치마를 펄럭이자 구름이 벽으로 들고	化鶴翩裳雲入壁
신선이 손뼉을 치자 나그네들 바둑판으로 몰려든다	仙人拍手客收碁
꽃은 세상을 피한 듯하면서 오히려 떨어지길 싫어하고	花如避世猶嫌落
강은 하늘에 미치려고 하는지 쉬지를 않는구나	水欲能天不捨時
신묘한 천기 잠잠히 관찰하며 만상을 잊은 채	潛察神機亡象立
한 편의 시의 흥취로 봄을 더디 보낸다	一篇詩趣送春遲

학성 김재철에게 화운하여
和鶴城金生【在哲】

고운 얼굴 백발로 봄을 훔치고 싶어 　　　　韶顔白髮欲偸春
한나절 술자리로 옛사람이 되었더니 　　　　半日壺觴作故人
흐르는 물에 복사꽃이 한가로운 세계요 　　　流水桃花閒世界
담박한 안개 하얀 달님이 또 천진이로다 　　　淡烟素月又天眞
홀연히 새 언덕에서 의관을 갖춘 객을 만나 　忽逢新麓衣冠客
지난해 종이 위 친구들을 다시 이었더니 　　　更續前年楮面親
진중하게 남기는 고죽원이란 제목의 시 　　　珎重留詩孤竹院
만당의 원기로 한결 정신이 맑아지네 　　　　晚唐元氣一淸神

도와 최 상사공[23]**과 나 계오는** 서로 높이 사는 바가 있었는데, 불행히도 먼저 돌아가시고 말았다. 그리고 5년이 지나 장천사[24]에 일이 있어 수옥정[25]에 올랐다가 비창함을 이기지 못해 예전의 운[26]으로 심정을 서술하였다

陶窩崔上舍公。與悟有所取。不倖卒 後五年。有事障川寺。登潄玉亭。不勝悲愴。拈前韵叙懷。

나그네 앉은 빈 정자에 학은 돌아오지 않고	客坐虛亭鶴不回
계곡 구름이 옛 바위의 누대를 감춰 버리네	溪雲閒鎖奮[1)]岩臺
도옹이여, 그날 살날이 한참이라 하지 않았소	陶翁前日餘齡在
혜원은 오늘 아침 한바탕 헛웃음만 터지는구려	惠遠今朝一笑開
가을비가 이제 막 개어 달빛도 저리 새로운데	秋雨初晴新月色
저녁 산에 이어진 노을은 옛사람의 마음일까요	暮山連紫故人懷
남기신 노래 홀로 읊자니 마음만 더욱 서글퍼	獨吟遺響心惆悵
눈물 감추고 석양빛에 내려갈 길 재촉합니다	掩淚斜陽下寺催

---

1) ㉭ '奮'은 '舊'인 듯하다.

서울에서 유람 온 나그네의 시를 차운하여
次京華遊客

어제는 파랗던 하늘에 오늘 진눈깨비 날리니	昨日靑天今雨雪
마음씨 고운 우리 손님 고향 생각이 나시나 봐	心憐賓客有鄕愁
돌이켜 보면 온 우주가 모두 안락한 국토이니	回瞻宇宙皆安土
불도는 근본부터 다른 부류라는 말 그만하소	休曰浮屠素異流
부모도 없고 임금도 없는 게 한심스런 나의 길	無父無君嗟我道
충성을 찾고 효도를 찾는 게 공이 도모할 길	求忠求孝爲公謀
돌아갈 때 서울 어귀에서 가을 산이 보이거든	歸時京口秋山見
한 사내가 백발로 울더라는 말이나 전해 주소	爲語男兒淚白頭

【'가을 산(秋山)'은 곧 양산지사 김 공[27]의 재호齋號이다. 공이 일찍이 양산에 부임하셨을 때 춘설루에서 자주 뵙고 주고받은 시가 있으며, 또한 편지도 상자에 담아 소중히 보관하고 있다. 그래서 시를 지어 주면서 그를 언급한 것이다.(秋山卽金梁山齋號。公嘗涖梁山時。數見春雪樓有句語。亦尺書藏巾衍中。故示句及之。)】

농암 최기 어른의 〈관해〉를 차운하여
次聾庵崔丈【機】觀海

무극 가운데 펼쳐진 색계와 안근	色界眼根無極中
박식한 사람 아니라면 누가 능히 궁구할까	人非博識孰能窮
구름과 안개 뭉게뭉게 암벽 굴에 매달리고	雲烟簇簇懸層窟
사공의 삿대 왔다 갔다 먼 허공에 꽂는구나	舟楫憧憧挿遠空
굴대의 비녀장 길게 잇자 쓰러지는 대지의 노파	軸轄連延僵地姥
수없이 열고 닫는 창문에 헐떡이는 하늘의 영감	牖窓開闔噑天翁
자장28이 노닌 후로 그대가 지금 여기 있으니	子長遊後君今有
봉사들의 단청 구경과는 감히 같을 수 없겠지요	瞽者丹靑不敢同

원운을 첨부한다 附原

창연하게 이루어진 바탕 무에서 일어나고	蒼然成質起無中
땅의 축과 하늘 끝은 기운이 다하는 곳	坤軸乾端氣所窮
답파한 땅끝 그 너머엔 구름만 아스라이	堅亥1)步餘雲縹緲
서생29이 떠난 후 그 길 허공이 되었구나	徐生去後路虛空
바다를 바라보며 방법을 연구하는 소요객	望洋何術逍遙客
만물을 창조했다지만 믿기 어려운 조화옹	開物難憑造化翁
미려30라는 구멍을 뚫었지만 끝내 새지 않아	穴以尾閭終不洩
강신과 하백이 조정에 모여 한 바다가 되도다	江神河伯會朝同

---

1) 옘 '亥'는 '垓'와 동자同字이다.

강선루
降仙樓

바람이 물결을 쓸자 쌓였던 눈이 출렁이고　　　風掃浪花疊雪濤
강이 짙은 안개 띄우자 건너 물가 아득해라　　　江浮瀬洞望涯遙
높은 하늘에서 구름이 생겨 홀연히 내려오고　　　九霄雲斾忽然下
백 리를 뒤덮은 안개의 돛은 제멋대로 높아진다　百里烟帆任自高
아스라한 푸른 소라들 병풍 너머로 멀어지고　　　縹緲蒼螺屛障遠
두서넛 어여쁜 기생 눈썹을 그리느라 바쁜데　　　數三粉黛畫眉勞
작은 창가의 부석[31]은 어디로 가야 할지 몰라　　半窓鳧舃不知向
한밤중에 하얀 치마로 주렴 밖에서 나래 치네　　午夜縞裳簾外翛

이생의 시를 뒤쫓아 차운하다
追次李生

옛 상자의 보검에 먼지와 이끼가 끼도록	古匣塵莓垢寶刀
책을 교정하면서 49년을 애쓰셨네	校書四十九年勞
양웅[32]의 기이한 글자로 그저 법을 삼고	揚雄奇字徒爲法
한유의 〈원인〉[33]으로 높아지려고만 하셨네	韓愈原人但務高
더하고 덜함이 원래 없는 것이 큰 바다지요	加減元來無大海
옳고 그름은 모두 추호[34]에서 시작된 것	是非都在啓秋毫
세상 물정이 혹시라도 고르기만 했다면	物情倘或專齊矣
장자 열자가 무슨 마음으로 준걸을 비웃었겠습니까	莊列何心侮俊髦

영지사
靈芝寺

여름 숲에 그늘이 짙어 바위에 걸터앉았더니	夏樹陰濃踞石頭
젊은 스님이 다가와 절하고 맑은 개울에 서네	小僧來拜立淸流
다섯 줄기 기이한 요초인가, 영지사입니다	五莖瑤草靈芝寺
한 점의 푸른 소라인가, 산영루입니다	一點蒼螺山映樓
바람이 기다란 눈썹을 털자 그 사람 북쪽으로 가고	風拂厖眉人北去
화장대가 눈썹먹을 내놓자 달님이 동쪽에 뜨는구나	奩開凝黛月東浮
쓸쓸한 신선의 경쇠 소리에 구름의 거리가 나타나	寥寥仙磬雲衢出
어슬렁어슬렁 나그네 걸어 보니 경치 절로 그윽해라	客步于于境自幽

계미년(1823) **봄에** 마침 갈 일이 있어 운부암[35]에 도착하게 되었다. 이때 화사한 달이 뜨자 선사이신 징월 대사澄月大師[36]께서 얼마 전 한양의 서강에서 박옹泊翁[37]·연천淵泉[38] 등 제현의 시에 덧붙인 시운[39]이라며 계오에게 보여 주면서 화운해 보라 하셨다. 이에 삼가 차운하였다

癸未春。適有行。到雲浮庵。時華月出。其先師澄月大師。頃於漢陽西江上。陪泊翁淵泉諸賢賦詩韵。示悟求和。敬次。

닻줄을 풀고 강 한가운데서 출렁거리는 배	纜解中流蕩漾舟
오래된 숲의 난초와 대가 허공에 늘어선 섬	古叢蘭竹列空洲
멀리서 버들개지 흩날리자 강물이 돌을 범하고	遠飛柳絮江侵石
가까이에 복사꽃 피자 나그네가 누각에 오른다	近發桃花客上樓
바다 밖 외로운 구름처럼 찾아오신 새하얀 납의	海外孤雲來雪衲
나루터 지는 햇살처럼 모래밭에 앉은 갈매기들	渡頭落日坐沙鷗
산비로 그윽한 상쾌함 더해야 마땅하겠지만	也應山雨添幽爽
새로운 시나 한 수 읊고 하룻밤 묵습니다	咏嘯新篇此夜留

그 옛날의 정의에 잠시라도 깃들려면 이것으로는 안
되겠다 싶어 다시 시 한 수를 지어서 말미에 붙였다
以此不可以寓奮[1]誼。夐得一詩以尾之。

문장과 술에 마음 토론을 이제는 뉘와 함께	文酒論心今與誰
창 너머 차가운 베개가 꿈에도 그리워라	隔窓寒枕夢依依
서호에서 한번 이별할 때 자라와 악어 울었고	西湖一別黿鼉泣
옛 절로 다시 오자 달과 이슬도 슬퍼하였지	古寺重來月露悲
세상 사람들 오로지 생사가 큰일이라는 말만 하니	世上惟云生死大
술통 앞에서 홀연히 귀밑머리 쇠한 걸 느끼겠네	樽前忽感鬢毛衰
먼 곳의 그대가 품은 마음은 어느 정도 깊을까	遠人懷抱深如許
적막하고 황폐한 누대의 늙은 전나무나 알겠지	寂莫荒臺老檜知

---

1) ㉔ '奮'은 '舊'인 듯하다.

9일에 이생께 삼가 화운하다
九日奉和李生

시인의 지팡이 검문의 서쪽을 쉬엄쉬엄 오르니	詩筇倦陟劍門西
가을이 깃든 호수와 산에 들판 풍경 처량해라	秋入湖山野色凄
억지로 붉은 붓⁴⁰을 잡아 붉은 잎에 보답하고	強把彤毫酬亦¹⁾葉
술 가져오너라 또 불러서 맑은 계곡에 앉는다	又呼沽酒坐淸溪
처마 안은 황건⁴¹의 소굴을 방불케 하고	簷低彷彿黃巾窟
고운 안개 희미한 곳 백족⁴²이 깃들 만하네	烟細依微白足栖
저녁 경치도 그윽한 심정도 시들한 곳에서	莫境幽懷消盡處
얼마 남은 석양빛에 술에 취하여 지어 본다	夕陽多少醉中題

---

1) ㉠ '亦'은 '赤'인 듯하다.

금령역 앞에서 입으로 읊은 시
金嶺驛前口號

역 앞의 평지 숲에 맑은 개울이 흐르는구나	驛前平楚有淸溪
짧아진 지팡이의 행장을 오래 다듬지 못했지	短策行裝久不齊
백성들의 초가에는 연기가 또 파랗고	百姓草家烟又翠
구양의 가을 햇살에 산마루가 낮아진 듯	九陽秋日嶺如低
불어난 강물은 결국 바다로 돌아가는데	流添江漢終歸海
이 사람 떨어진 꽃이요 공첩의 진흙 같네	人似落花空帖泥
만 리를 떠도는 부평초라 정박할 곳 없는데	萬里漂萍無泊處
가련한 산새 저녁이라 깃들 곳을 찾는구나	可憐山鳥莫尋栖

밤비
夜雨

가을비가 후드득후드득 한밤중에 울어대고	秋雨蕭蕭半夜鳴
노란 홰나무 비단 떡갈나무 사람의 마음 흔드네	金槐錦槲感人情
흐르는 세월 깨끗한 탁자에서 시 소재를 보태다가	光流淨几添詩料
꿈을 깨니 싸늘한 창가로 걸어가는 물소리	夢罷寒牕足水聲
담담한 빈 누각이 깊은 골짜기 속에 있고	澹澹虛樓深谷裏
빽빽한 단 국화가 옛 뜰에 누웠으니	叢叢甘菊古庭橫
가련하여라 지난날 도팽택[43]이여	可憐前日陶彭澤
동림사 혜원 노사를 알지 못했구려	不識東林遠老生

암자 누각에서 우연히 지은 한 수
庵樓偶得一韵

검문 북쪽 세상에는 거마를 탄 손님이 드물어	劍北世稀車馬賓
계곡과 산마루가 천고에 스스로 맑고 참되어라	溪巒千古自淸眞
떨어진 꽃 시드는 새벽빛에 울고 있는 꾀꼬리	落花殘曉啼黃鳥
오래된 나무 푸른 그늘에서 휘파람 부는 귀신	古木蒼陰嘯鬼神
광활한 세월 바람과 추위에 사람은 오래 못 가지	浩刦風寒人不舊
약야계 개울물 얕아지자 새로운 돌이 늘었구나	若邪[1]溪淺石添新
동쪽 숲 너머로 반쯤 드러난 초제[44]여	招提半出東林外
서하의 이웃 노인들을 기억하시겠지	記得西河老輩隣

---

1) 옌 '邪'는 '耶'인 듯하다.

삼가 초남 사문 박유행의 시를 차운하여
謹次楚南斯文朴【維行】

소를 타신 분 운문의 절집에 도착하여	騎牛子到雲門寺
꽃 아래 정자 지팡이로 병든 나그네를 찾네	花下停筇病客尋
억지로 산건 쓰고 늘어지게 옛일을 토론하다	强戴山巾延討舊
다시 대자리 앞에서 잠시 지금의 일을 논한다	夏前竹簟蹔論今
맑은 바람은 나를 도와 시에 흥취를 더하는데	淸風助我詩添興
밝은 달님 누굴 가여워하나 늙음이 마음을 흔드네	明月憐誰老感心
촛불을 켜고 서늘한 침상에서 번뇌의 열기 식히자	秉燭寒牀消惱熱
불단에 깜빡이는 세 점의 등불 밤은 깊고 깊어라	佛燈三點夜深深

원제原題

가지산 동쪽에서 창창한 바다 굽어보고는	伽智東臨滄海上
이 봉우리 높은 곳을 다시 찾지 못했지요	此峯高處夐無尋
지난해 남쪽 북쪽으로 한번 이별했다가	星霜一別曾南北
그 천지에 다시 오니 이미 옛날과 지금	天地重來已古今
석불 배 속에 감춘 것은 부처님의 진신사리	石腹收藏眞佛骨
흘러가는 물소리는 늙으신 선사의 마음	水聲流去老禪心
자신의 면목 어디에 있나 알고 계신가요	自家面目知何在
말에서 내려 방황하자니 가을 풀이 깊어라	下馬彷徨秋草深

삼가 해려[이학규의 자호]께서 보내온 〈남호〉의 운을 따라
謹次海廬【李學逵自號】所送南湖韻

[1]
거대한 함선 깃털 같은 건 저 바람 덕분	巨艦如毛也自風
베로 짠 돛 한결같이 맑은 허공에 닿는구나	布帆一向接晴空
호수의 중심 출렁이자 물고기와 용이 나타나고	湖心蕩漾魚龍見
구름의 그림자 들쭉날쭉 먼 바다 섬으로 통하네	雲影叅差海島通
맑고 탁함이 분명하구나, 능경 속에서	淸濁昭昭菱鏡裏
기쁨과 근심이 뭉클뭉클, 사공의 뱃노래 속에서	歡憂冉冉棹歌中
너른 들판에 해 떨어지자 고기잡이를 거두고	平郊日下收漁事
10리에 난초 우거진 물가로 배가 들어온다	舟入汀蘭十里叢

[2]
금릉 땅 이곳저곳을 때때로 구경하지만	金陵彼此有時看
그 회포가 가을이면 지는 해에 싸늘해라	懷抱秋天落日寒
백발이 된 강호에 꿈속의 혼만 여전하고	白髮江湖魂夢舊
초록빛 부평초 신세에 술잔만 넓어졌네	綠萍身世酒杯寬
그래, 누구에게나 봄날은 다 그렇지	萬家春色皆如是
한 점의 꽃봉오리가 절로 뭉실뭉실	一點花心自欲團
곤궁과 영달은 이미 정해져 있던 일	窮達由來前定事
반평생의 기쁨을 올빼미에게 맡긴다	鵩邊虛付半生懽

원제原題

[1]

펼쳐진 돛 넉넉하게 온화한 바람을 받자	張帆恰恰受和風
햇빛과 파도의 광채가 푸른 허공에 넘치네	日色波光漫碧空
멋대로 노니는 고깃배들 앞다퉈 사라지고	遣弄漁舟爭滅沒
구름 휘장이 활짝 걷혀 눈앞이 탁 트인다	捲開雲幔望遐通
아득한 저 산들 너머엔 아무것도 없겠지	群山縹緲疑無外
깊고 넓은 한가운데 그 포구 여전해라	極浦冲瀜宛在中
작년 저 갈대 언덕에 서 있던 일 기억나네	記得去年蘆岸立
부서지는 물결 깊은 곳에 초록빛이 총총했지	浪花深處綠叢叢

[2]

명승지 구경이야 백 번인들 사양할까	勝地何妨百度看
다시 오니 예전처럼 쌀쌀한 저녁은 아니네	重來非復暮天寒
바다 가까운 누대라 바람이 항상 사납고	臺因近海風常惡
산이 없는 호수라서 물이 더욱 드넓구나	湖爲無山水夐寬
고단한 창파에는 두 마리 오리 자그마하고	力困滄波雙鴨小
아지랑이 봄 언덕에 멀리서 온 꽃들 모였네	氣蒸春岸遠花團
순채를 삶건 붕어회를 뜨건 몽땅 관심 밖의 일	烹蓴鱠鯽渾餘事
또다시 술잔이나 비우고 온종일 기뻐하노라	且罄壺觴盡日懽

월선정[45]
月先亭

작은 정자가 강에 가까워 달이 먼저 오니	小亭近水月來先
만상에 허허로운 마음 푸른 안개 같아라	萬象虛心似翠烟
자리를 옮겨 서성이려 해도 디딜 땅이 없고	移席逡巡無下土
머리를 들면 지척에 푸른 하늘의 허리가	擡頭只尺半靑天
버들이 바람의 두렁길 빗질해 쪽에 초록빛 엉기고	柳梳風陌藍凝綠
꽃잎이 갈라 논 봄 물결은 반들반들 곱고 어여뻐라	花擘春漪膩細姸
그 가운데 청담을 즐기는 황로[46]의 선비 있으니	中有淸談黃老士
몸은 메마른 나무와 같고 골격은 신선과 같구나	身如枯木骨如仙

관수루
觀水樓

누각을 에워싼 옥 나무의 비췻빛 가지들	環樓琪樹翠交柯
큰 강에 용솟음치는 푸른 파도를 굽어본다	俯瞰官河湧碧波
만 리에 헛헛한 마음으로 늙은 개[47]가 서 있고	萬里虛襟蒼狗立
외로운 돛단배 가는 곳에는 석양빛도 많아라	孤帆去處夕陽多
청명한 빛 참담해져 붉은 노을 깨트리고	灝光慘淡紅罽劈
하얀 깃털 이리저리로 백로가 지나가네	霜翮差池白鷺過
서둘러 산기슭 향하자 호수와 바다 저무니	蚤向巖阿湖海晚
너희 물고기 새들아 이 사람을 어이할거나	爾魚鳥矣若人何

김 처사의 숲속 거처에 제하다
題金處士林居

현포[48]의 바람과 안개에 중장[49]이 있어	玄圃風烟有仲長
산속 집의 제도가 추위와 더위에 알맞네	山家制度適暄凉
기름진 묵정밭엔 벼와 삼이 우거지고	膏腴閑土禾麻蔽
지척의 거친 동산엔 풀과 사향의 향기	只尺荒園艸麝香
막걸리 석 잔 걸치고 나면 태고의 마음	白酒三杯心太古
거문고 한 곡조 연주하자 복희씨의 노래	玄琴一度韵羲皇
취객의 마을 그윽한 재미를 알아주는 이 없어	醉鄉幽事無知者
증자의 거문고 안자의 표주박으로 홀로 아파하노라	曾瑟顔瓢獨感傷

이성[50] 객관의 운을 따라
次利城客舘韵

바다 海

옛 섬 아득한 곳에서 짙푸른 빛 다가와	古島杳然極翠來
떠오르듯 가라앉듯 출렁이는 시중대[51]	如浮如沒侍中臺
평생 백로들과 같은 모습으로 살다가	平生鷺鳥形骸共
오늘 안개 낀 호수에 눈이 번쩍 뜨였네	今日烟湖眼睫開
깎아지르게 산이 솟아 눈 쌓이기 충분이고	山出削嶷能疊雪
가볍게 바람만 불어도 홀연히 몰아치는 천둥	風生歊薄忽犇雷
난간에 기대 둘러보니 좌우도 위아래도 없어	凭欄遊矚無延裵
지축과 천근이 한순간에 빙글빙글 도는구나	地軸天根一昫廻

소나무 松

무성한 그림자 스며들어 하늘 중턱이 푸르고	扶疎影入半天蒼
물의 기세 산의 위엄이 웅장하고 또 장대해라	水勢山威壯且長
우거진 잎이 근처의 귤나무를 뒤덮어 오고	繁葉燾來隣橘樹
어지러운 가지 서릿바람에 전율하며 울고 가니	亂柯鳴去戰風霜
교룡은 거꾸러져 강과 못에 엎드리고	蛟螭顚倒江潭伏
무소 호랑이 소리치며 풀숲에 숨는구나	兕虎啫訇草藪藏
거대한 줄기 주름진 껍질이 비루하지 않아	巨榦皴皮非暹起
아방궁에서 오늘 대들보가 되길 바란다네	阿房今日願浮樑

삼가 백련서사 생원 최남복의 운을 따라
謹次白蓮書社生員崔【南復】韻

동쪽 하늘 열리기 전에 은하수가 기울고	東隅未啓永河傾
역서를 읽는 산창에는 밤기운이 환하네	讀易山窓夜氣明
숫자를 찾아 미묘함 밝히니 정기에 변화가 생기고	尋數燭微精有變
성심으로 사물의 이치 밝히니 학문이란 맑음을 요하지	誠心格物學要淸
선기[52]는 항상 그 길로만 왔다 갔다 옮겨 가고	璿璣常道推來徃
태극은 형체 없어도 무거워지고 또 가벼워지네	太極無形任重輕
고요한 곳에서 자신을 찾아 마음의 찌꺼기 사라졌건만	靜處求身查滓絶
귓가에 여전히 들어오는 구슬 희롱하는 소리[53]	耳邊猶入弄丸聲

원제原題

자다 일어난 텅 빈 방에는 달이 기울려 하고	睡起虛堂月欲傾
뜰에 핀 천 송이 꽃들 서리를 이고도 환하네	庭花千朵戴霜明
분화하기 전의 태극이라 마음자리 고요하고	未分太極心機靜
참된 근원 천착하지 않으니 도의 기운이 맑구나	不鑿眞源道氣淸
하늘과 땅이 거두고 보관한 것들 모두 조화인데	天地收藏皆造化
나란 사람 움직임과 호흡을 어찌 가볍게 서두르랴	吾人動息豈躁輕
향 사르고 손을 씻고 복희씨의 역을 읽노라니	焚香盥手看羲易
서늘한 처마에서 닭이 알리는 어제 그 소리	雞報寒簷昨日聲

삼가 신야 사문 최림께 올립니다
謹呈莘野斯文崔【琳】

깊은 밤 기둥 아래 책을 한가하게 뒤적이는	深夜閒翻柱下書
옛사람의 서늘한 간담에 이빨이 성그신 분	古人寒膽齒牙踈
유신에서 지난날 요리사가 되길 바랐고[54]	有莘昔日要亨[1])割
연나라 시장에서 그해 개백정을 만났지[55]	燕市當年見狗屠
걸친 옷엔 왕맹[56]의 이가 어찌나 많은지	被褐何多王猛蝨
위천에는 바닥나지 않는 여망[57]의 물고기	渭川不盡呂望魚
가산의 아란야에는 안개와 노을만 차가워	伽山蘭若烟霞冷
맑은 꿈 세 토막 초가집으로 달려갑니다	淸夢三分去艸廬

최림의 차운 次韵

10년의 심사를 세 통의 편지에서 보니	十年心緖見三書
참된 분 나날이 멀어지신 걸 몰랐구려	不覺眞容日漸踈
세상사 지금처럼 고해에 빠졌기에	世事如今淪苦海
영재들 옛날부터 불가에 은둔했지요	英才從古隱浮屠
용강의 매화와 학 구경도 싫지 않은데	龍岡不猒看梅鶴
취령의 목어와 어울림을 어찌 꺼리겠소	鷲嶺何妨伴木魚
한 점의 신령한 마음을 그대는 아시는가	一點靈襟君識否
갈건 쓰고 저녁 내내 광려를 마주하리라[58]	葛巾終夕面匡廬

---

1) ㉠ '亨'은 '烹'인 듯하다.

영남루[59]
嶺南樓

오나라 산과 초나라 강도 하늘의 한 부분　　　　吳山楚水一分天
높은 집 나는 용마루가 아득한 듯 바로 앞에　　　峻宇飛甍縹緲前
숨어 살고 빛나는 사람들 봄 숲속으로 오고　　　隱映人來春樹裏
한가하고 바쁜 백로들 석양 가에 서는구나　　　閒忙鷺立夕陽邊
10리에 펼친 큰 호수엔 고기잡이 불빛 많고　　　太湖十里多漁火
천년을 보낸 옛 성채엔 국경의 연기 고요해　　　古壘千年靖戍烟
술수에 싫증난 자사께서 공무 마친 여가에　　　刺史厭機公退暇
춤과 노래와 떨어진 꽃잎을 쌓아 두신 자리　　　貯藏歌舞落花筵

능파각[60]
凌波閣

향기로운 방에 누워 강물 소리에 귀 기울이니	一室披香臥聽流
강의 피리 시들시들 이슬의 정기 피어오르네	江篁自老露精浮
꽃잎 시든 낙포에는 파도를 밟는 버선[61]	花殘洛浦凌波襪
안개 걷힌 무산에 저녁 비가 다가온다	霧罷巫山暮雨遒
사람 그림자 어디에도 없고 달만 밝은 밤	人影有無明月夜
새소리만 끊어질 듯 이어지는 푸른 안개의 섬	鳥音斷續綠烟洲
늦봄의 가슴속 답답함일랑 남호에 쏟읍시다	晚春懷抱南湖寫
이미 떨쳐 버린 우리네 다시는 근심하지 맙시다	已遣吾儕不遇愁

조양각[62]
朝陽閣

마음이 풀어져 상쾌해지는 영천 북쪽의 누각	騁懷覺爽潁陽樓
호호탕탕 푸른 물결이 누각을 누르며 흐르네	浩浩滄浪抱閣流
바다로 통하는 계림의 하늘에서 비를 보내고	海達雞林天遣雨
구름 깊은 팔공산 나무에 가을이 시작되는구나	雲深公嶽木生秋
처량한 매미 울음을 쉬고 신하로서 기도 올리고	凉蟬鳴歇臣脩禱
잠자던 백로 송옥의 시름[63]으로 불쑥 날아오르네	宿鷺翔挑宋玉愁
고금의 현인들 기상과 절개가 모두 이와 같았건만	古今氣槩同如此
가파른 난간에 홀로 앉아 흰머리만 한하노라	獨坐危欄恨白頭

『인악유고』[64]를 열람하다가 오월당에게 보낸 편지의 운[65]을 얻게 되었다 【공경히 서권의 말미에 차운하였다.】
閱仁岳遺稿。得與梧月堂書韵。【敬次書卷尾。】

그해 인악 노사께서 용연사에 머무시자	當年岳老寺龍淵
오월당이 편지를 보내 삼가 인사 올렸네	梧月堂書亟拜延
혜원의 풍류 지금은 자취가 사라졌지만	惠遠風流今徃跡
퇴지의 의복[66]은 옛날부터 전해졌구나	退之衣服古來傳
문장도 천하도 함께 땅으로 돌아가지요	文章天下同歸土
화식하는 인간계에 어찌 신선이 있으랴	火食人間麼有仙
병든 나그네 책을 읽다 화들짝 놀라는데	披芬忽然驚病客
읊으셨던 꽃과 새가 창 앞에 어여쁘군요	所吟花鳥愛窓前

고운사[67] 운수암
孤雲寺雲水菴

고운사의 사업이 외로운 구름과 같았는데　　　　孤雲事業孤雲如
대사[68]께서 오늘 아침 청정한 거처 만드셨네　　　大士今朝作淨居
맘껏 즐긴 안개 속 꽃도 삼계의 꿈이요　　　　　汗漫烟花三界夢
초요[69]도 개울 속 달님도 한 책상의 글　　　　　招搖溪月一床書
방의 지초는 연두색, 금병풍이 따듯하고　　　　　房芝軟綠金屛暖
패엽의 맑은 그늘이 옛 벽에 남아 있네　　　　　貝葉淸陰古壁餘
혹시나 나그네에게 전생 빚이 있었던 걸까　　　　倘是游人有前債
봄날 뽕밭에 다시 묵으니 과연 헛말 아니구나　　春桑再宿果非虛

보경사[70]
寶鏡寺

신령한 근원에서 솟은 물이 골 안에 깊어	水出靈源洞裏深
늙은 용이 집을 짓고 학이 둥지를 튼 숲	老龍有宅鶴巢林
우뚝한 봉우리 북쪽에 서니 그 뒤엔 하늘이 없는 듯	峻峯立北天無後
쌓인 빗물 동쪽에 그득하니 바다가 옷깃을 푸는구나	積雨彌東海洩襟
바라보면 끝이 분명해 사람들 도를 단련하고	望際分明人鍊道
내 님 소식 적막하니 한밤에 다듬이질 소리	風傸寂莫夜春砧
뜰 가득 환한 달빛에 차가운 종소리 들리자	滿庭皓月寒鍾信
갖가지 가을벌레 이슬 맺힌 풀잎에서 우노라	多少秋虫露草吟

팔공산 운부암에 회은재가 있는데, 영파 장로[71]께서 새로 지은 정사이다. 서울의 사대부들께서 현판에 운을 많이 남기셨기에 이에 차운한다

八公山。雲浮庵。有晦隱齋。影波長老之新構精舍也。京華士大夫多遺板韻。仍次。

영파 노인 만년에 이 산의 아름다움을 얻고	波翁晚得此山佳
그런 다음에 회은재가 유명해졌네	然後有名晦隱齋
상계의 은빛 연못에는 초여름 비	上界銀塘初夏雨
오늘 밤 밝은 달은 고인의 마음	今宵明月古人懷
창 하나에 패엽경 있어 마음에 망령됨 없고	一窓貝卷心無妄
만세의 초제사로서 법에 어긋나지도 않지	萬歲招提法不差
쟁쟁한 분들의 현판이 사방 벽에 가득한	粉字崢嶸周四壁
천택의 묘당이자 도량을 겸하는 곳	廟堂川澤道場偕

촉석루[72]
矗石樓

누대의 솔 언덕의 대가 강을 안고 흐르고	臺松岸竹抱江流
백로는 무심하게 저녁 모래섬으로 떠나가네	白鷺無心去夕洲
천하 사람들 한목소리로 장사[73]를 노래하니	天下人同歌壯士
영남의 어느 누가 이 누각에 감격하지 않으랴	嶺南誰不感斯樓
칼과 활로 충정을 우러르며 외로운 무덤 살피고	箭刀仰瞻昔孤墳
한 말의 술로 혼을 불러 한 섬의 근심을 푸노라	斗酒招魂解斛愁
촉석루에 태평세월이 오고 봉화도 조용하니	矗石昇平烽火靜
호분[74]들 공무 여가에 맘껏 맑게 노닐리라	虎賁公暇飽淸遊

청암[75] 명진당
青巖明眞堂

회암 노인[76] 남기신 자취 천년에 무성하여	晦翁遺躅藹千春
후예들 계승하며 삼가 그 진영을 보호하네	苗裔相承愗護眞
한 길의 외로운 비석엔 청정한 업을 새기고	一丈孤碑銘白業
두 기둥 세운 사당에서 금신을 배향하도다	兩楹祠宇配金神
꽃피고 새 우는 시절에 아름다운 안개의 풍경	鶯花時節佳烟景
종 치고 북 치는 누대에는 상서로운 해의 기운	鍾皷樓臺瑞日氤
70년 풍진 세월에 자주 꿈에서 그리워하다	七十風埃頻夢想
바위 가 먼지를 씻으니 씻을수록 새롭구나	洗塵巖畔洗塵新

홍제당[77]
弘濟堂

홍제당 노인 사명 대사는 백세의 스승이시라   弘濟老人百世師
계책의 운용이 자방의 장막에 욕되지 않았지[78]   運籌無忝子房帷
어찌 그리 서둘러서 험한 임진년 시절에 나셨을까   壬辰年出時何早
늦지 않게 공로를 세워 초상을 기린각[79]에 거셨네   猰㺄閣圖功不遲
세 치의 혓바닥으로 섬나라에서 화친을 주도하고   主和島上舌三寸
지팡이 한 자루로 영남으로 물러나 누우셨으니   退臥嶠南筇一枝
만물을 고루 촉촉이 적시는 봄비의 은택이라   萬品沾濡春雨澤
오롯한 충정 빛나는 의기 후천에서 만나 뵈리   孤忠炳義後天期

『징월유고』를 열람하다가 "주장자 끝엔 만물로 드러난 태평성대의 나날, 풀무 바닥엔 끝이 없는 조화옹의 봄날"[80]이라 하신 말씀이 있었다. 이 구절 가운데 현묘한 뜻이 있어 이에 화운을 덧붙였다
閱澄月遺稿。有云錫端有衆[1]昇平日。橐底無窮造化[2]春。此句中有玄解。仍拚和。

너울거리는 달빛 전나무가 누런 먼지를 털면	婆娑月檜擺黃塵
황금 비단에 그려진 부처님 면목이 새롭나니	畫佛金綃面目新
기장은 구름 속 세 종류 땅에다 뿌려야 하고	黍播雲中三品土
배우려면 언어를 한층 벗어난 사람 찾아야지	學求言外一層人
내 백발이 되는 게 싫어 단약을 달였었는데	我嫌白髮治丹藥
늙어 버린 올해에는 내년 봄이 어서 왔으면	老却今秊迫翌春
하늘의 공왕 우르르며 설핏설핏 잠이 들다	對越空王仍假寐
일어나 졸음을 털고 참된 마음으로 향한다	低扛淸拂向心神

---

1) ㉄『澄月大師詩集』에는 '衆'이 '象'으로 되어 있다.
2) ㉄『澄月大師詩集』에는 '化'가 '多'로 되어 있다.

백운산
白雲山

흰 구름 사이에 붙어 있는 초가 암자	茅庵寄在白雲間
평평히 뜬 동쪽 호수는 몇 구비던가	平挹東湖幾曲灣
안개와 백로 늘 그렇듯 저녁 포구로 돌아오고	烟鷺尋常歸夕浦
온갖 꽃들 여기저기 봄 산에 어여뻐라	雜花多少媚春山
7리에 뻗은 갈대 여울엔 낚싯대 빼곡한데	蘆灘七里漁竿徧
세 구역 대밭 오솔길은 찾는 사람 드물어라	竹逕三區杖屨閑
홀로 거문고[81]를 안고 달빛에 누웠더니	獨抱瑤徽橫月色
텅 빈 하늘의 문이 마당 문턱에 서 있네	天門寥廓立庭闌

양산군 저자에서 밤에 공부의 운을 잡고
梁山郡邸。夜拈工部韻。

여관의 차가운 등불에 대접하는 술이 맑고	旅舘寒燈沽酒淸
또 함께 성근 비에 강 소리 들으며 누웠네	又同踈雨臥江聲
잔잔한 파도에 고기가 뛰니 삼경이 가깝고	微波魚躍三更近
뻗은 장대에 하늘 서늘해 유월이 시작된다	脩竹天凉六月生
효각[82]에 잠자던 백로와 함께 홀연히 일어나	曉角忽俱眠鷺起
나그네 마음이 강가 구름과 함께 차츰 개네	客心轉與渚雲晴
관리의 초대로 움직이는 것은 참선 여가의 일	官招以動禪餘事
담대[83]에게 부끄러워 이름을 쓰지 못하겠네	自愧澹臺不用名

작은 암자
小庵

삼천대천세계에 스스로 부끄러워	自恠三千大千界
아득한 곳 한복판에 거처를 정했더니	藐然中處卜居幽
청산은 약속한 듯 창 앞에 서 있고	青山有約當牕立
녹수는 무심하게 골짜기를 나선다	綠水無心出壑流
사방이 안개와 노을인 지둔[84]의 방	四面烟霞支遁室
반 칸은 꽃과 나무인 유공의 누각[85]	半間花木庾公樓
정말 혼탁한 세상이 싫어 도망칠 게 아니면	誠非猒濁逃塵世
아무런 재주가 없어 바위에 눕는 것만 못하지	莫若無才臥石頭

삼락당
三樂堂

정병과 석장[86]이 학사들의 자리에 왜 왔을까	瓶錫何來學士筵
팔베개하고 선잠 들어 신선 인연 꿈꾸자니	曲肱假寐夢仙緣
뜰 앞의 보드라운 풀이 가을 이슬에 기울고	庭前細草傾秋露
하늘 밖 높은 봉우리가 저녁 안개를 두른다	天外高岑帶夕烟
3척의 소박한 거문고가 밝은 달빛 속에	三尺素琴明月裏
한 줄기 흐르는 강물은 하얀 갈매기 곁에	一江流水白鷗邊
모임에 동참하기로 새벽 등불에 약속했으니	晨燈以結叅玄契
말을 달려 석실 선방으로 쏜살같이 오시겠지	走馬責臨石室禪

옛 기록의 〈자과〉라는 시의 운을 잡아
拈古錄自過

여러 해 망상 떨며 모래를 찌느라 허비하다	多季妄計費蒸沙
만사에 이룬 것 없이 귀밑머리만 희끗희끗	萬事無成鬢髮華
드넓은 들판에 송곳 하나 꽂을 땅도 없는데	曠野亡容一錐土
백금의 가치가 있는 집이 푸른 산에 있었네	靑山有直百金家
배고프면 차가운 솔잎 목마르면 시원한 물	飢渴寒松兼冷水
어찌 이름난 새와 신선의 꽃 노예가 되랴	奚奴名鳥又仙花
본색조차 지키지 않는데 무슨 허물에 얽히랴	不持本色緣何累
일부러 한평생을 다섯 가지 계율 범했다네	故犯平生五戒科

연등사 작은 모임에서 도주의 여러 대아[87]들께 화운하다
和道州諸大雅燃燈社小集韻

여러 지방을 행각하다가 발우 걷고 돌아와	行徧殊方撤鉢來
요즘의 곡조를 만나니 비단에 수를 놓은 듯	偶今詞調錦綉開
설산의 약초에는 기름진 맛이 넘쳐 나고	雪山藥艸多滋味
석실의 외로운 꽃에 작은 매화 어여뻐라	石室孤花愛小梅
멋진 흥취의 호수와 산이 약속이라도 한 듯	逸興湖山如有約
여유롭고 한가한 천지라 또 함께 잔을 드네	餘閒天地又同盃
연등사의 작은 모임이 지금이라 다행이구나	燃燈小集今多倖
평생에 다시는 팔애[88]를 부르지 못하겠지	不復平生嘯八哀

또
又

가산의 이런저런 모습 봄날이 가 버린 후라   面面伽山春去後
붉은빛 자줏빛 흐드러지고 석양마저 기우는데   千紅萬紫夕陽斜
필마의 행장으로 무우의 바람을 쐬러 온 선비[89]   行裝匹馬雩風土
세 편의 시를 읊조리며 달님의 노래를 묻는다   呼噏三章問月歌
속마음을 닫은 승려는 대낮부터 잠을 자고   僧閉中心眠白晝
푸른 가지에서 새가 태고의 마음 일러 주네   鳥分太古語靑柯
거기서 얻은 시구 모두 원만하고 활발한데   這邊得句皆圓活
저물녘 종소리가 푸른 노을을 꿰뚫는다   日暮鐘聲透碧霞

또
又

책 읽다 보니 해는 저물고 가야 할 길 아득한데	簡編日暮前程遠
두견새 먼저 울고[90] 흰기러기 날아왔네[91]	鶗鴂先鳴白雁侵
비연[92]은 평생 자취를 숨기려고 결심했는데	秘演平生期晦跡
만경[93]이 무슨 일로 외로운 마음을 내보일까	曼卿何事托孤心
아름드리가 넘는 훌륭한 목재 그것도 여러 개를	若干杞梓踰連抱
여덟아홉 명이서 들고 와 깊은 숲에다 버리네	八九公輸棄邃林
곤궁과 영달은 이 사람도 어쩌지 못하는 것	窮達吾人非所擅
홀연히 글을 읽다가 후회만 더 깊어진다	忽然册上悔尤深

늙은 모습
老象

돌배기 겨우 면하고부터 약과 의사 무서웠고	纔免孩提諱藥醫
관례 치르고 서른 후부터 점점 늙기 시작했지	旣冠立後漸爲衰
이제 온 우주에 꽃이 피는 날인가 했더니	於焉宇宙花開日
어느새 문득 강과 산에 낙엽이 지는 계절	倏爾江山葉謝時
계단을 다 오르기도 전에 신발은 벌써 도망갔고	跟未升階靴已脫
작은 술잔 다 채우기도 전에 질질 흘리는 술	巵微及輔酒先虧
병 심해지고 정신까지 혼미해 이놈이 그놈 같아	病躁神昏物相似
동쪽 서쪽을 바라보면서 남쪽인가, 북쪽인가?	眺望東西南北疑

염사철 사문의 차운을 첨부한다 附次韻廉斯文思哲

일신의 병 구제해 줄 의사 거느리기 어려워	難將康濟一身醫
일내기 좋아하는 남아께서 이렇게 쇠하셨네	好事男兒若許衰
책과 검술로 공명 닦느라 한 해가 짧다더니	書劍功名秊少日
나그네 와 보니 개울과 산엔 온통 저무는 풍경	溪山晚景客來時
옛 감실에 그려진 부처님은 오랑캐처럼 민머리	古龕畫佛頭胡禿
걸상에 같이 앉은 시승은 흥도 함께 줄었네	同榻詩禪興共虧
조용한 낮 허공에 기댄 누각 위에 서시니	晝靜憑虛樓上立
하얀 얼굴 하얀 머리카락, 반은 신선인가?	皤皤顏髮半仙疑

계림에서 옛일을 회상하다
鷄林懷古

박씨 석씨 김씨, 세 성씨가 시작된 숲	朴昔金三姓始林
시림[94]의 안개와 달은 예나 지금이나	始林烟月古如今
오릉[95]의 봄풀은 해마다 푸르러라	五陵春艸年年綠
두 궁궐의 거북비석 한 자 한 자 읊어 본다	二殿龜碑字字吟
옥피리[96]의 음률 흐르자 구름이 만 리	玉笛音開雲萬里
땅에 기운 첨성대[97] 그 그림자 천 길	星臺影仄地千尋
분황사에다 불국사 절들도 많고	芬篁佛國凡多寺
봉덕사 종[98] 구슬퍼 여운을 일으키네	奉德鐘哀起後心

무계산 나루에서
武溪山津

붉은 여뀌 푸른 이끼에 가랑비 내리는 가을	紅蓼碧苔細雨秋
두세 마리 오리가 안개를 가르며 떠도네	兩三鳧鶩割烟浮
푸른 산 부끄럼 없건만 구름이 얼굴을 가리고	靑山無恥雲遮面
하얀 바위 무슨 허물 있다고 물이 씻을까	白石何累水洗頭
온갖 형태 새장에 가둬 아득하기만 한 속내	牢籠百態眇胷臆
구주에 흩뿌려 놓은 봇도랑도 많아라	散撲九州多洫溝
외로운 돛단배 타고 강호를 다 보았으니	江湖眼盡孤帆外
다음은 하늘가로 바닷가 절 누각으로	取次天涯海寺樓

장수 승[99]이 훈 장로[100]에게 준 〈수도사에 노닐다〉를 뒤쫓아 차운하다
追次長水丞與訓老遊修道

성품을 볼 효상이라 삼가 미묘함 찾았더니	見性爻象謹搜微
대는 푸르고 복사꽃 붉고 새가 게으르게 나네	筠綠桃紅鳥倦飛
굳이 초료[101]를 반으로 쪼개 공무로 나선 길	强半草料公取路
한 덩어리의 술지게미 그 맛이 완전 희유하구나	一分糟粕味全稀
금산에선 동파의 선대를 빼앗은 적이 있고[102]	金山曾鎭坡仙帶
바닷가 조주에선 공연히 자사의 옷 남겼으니[103]	潮海空留刺史衣
징월 장로의 문장은 영남에서도 으뜸이라	澄老詞章擅南嶠
이 승[104]이 수도사에서 머쓱해져 돌아갔네	李丞修道憮然歸

청도 옛 친구에게 보냅니다
寄淸道故人

오전 내내 작은 누각의 먼지 슬슬 쓸다가	崇朝懶掃小樓塵
저녁나절 구름 승려 한 척의 보배 거두니	日暮雲僧納尺珍
화악을 호위하는 신선이 돌에 새긴 그림이요	華嶽衛仙碑石畫
망천의 왕 노인[105]이 병풍에 그린 진경	輞川王老畫屛眞
적막한 선방 침상에는 이제 아무도 없고	寂莫禪牀皆滅沒
달빛 시냇가 배회하자니 더욱 또렷해지는 혼	徘徊溪月更精神
우리 임 산승의 간절한 소원을 저버리지 마소	不負吾君山律願
식은 재 마른 나무가 웃을 일이 뭐가 있겠소	寒灰枯木有何嚬

차운하여
次韻

글쓰기 이젠 그만두고 시 벗도 사양한 채	著書今廢謝詩朋
숲속에서 일곱 척 가사를 걸친 승려	林下七尺袈裟僧
백 구비 호계로 돌아온 혜원이요	百曲虎溪歸惠遠
한 칸 초가집에 누운 노씨 혜능[106]	一間草屋臥盧能
쓸쓸한 산속 대낮에는 천 번 만 번 염주 돌리고	寥寥山晝輪千念
꺼지는 심지 이어 가며 작은 등불이나 짝하다	永永殘更伴小燈
멀리 하늘 문을 향하여 수척한 이마 조아리면	遙向天門稽瘦顙
비야리성 대궐이 층층이 열리지요	毘耶城闕闢層層

석면 노인
石眠老人

책을 낀 사미들 나란히 문에 들어와	挾策沙彌比入門
봉의 새끼 기린 권속과 한 무리 되었네	鳳雛獜眷同作羣
대낮에 홀로 잠들면 새들이나 서로 부르고	孤眠白晝鳥相喚
『황정경』[107]을 탐독하면 사람들 보채지 않지	耽讀黃庭人不喧
손으로 굵은 송홧가루 발우에 반쯤 담아 올리고	手捹松花擎半鉢
입으로 패엽경을 뒤집으며 많은 지혜 배웠나니	口翻貝葉費多聞
이제껏 쌓아 왔던 말과 설명의 힘 8,9할을	上來八九言詮力
오늘 아침 회향하여 번뇌를 말끔히 씻노라	回向今朝滌袪煩

희겸의 화운을 첨부한다 附和 喜謙

노인께서는 능히 육근의 문을 방비하기에	老人能備六根門
넝쿨 창가에 홀로 앉아 무리를 짓지 않네	獨坐蘿窓不聚羣
선정에 든 마음인데 집착할 게 뭐 있으랴	入定心頭何所執
심기를 잊은 경계에 다시는 소란스러움 없네	忘機境上更無喧
바위 문에 달님 도착하면 별들의 문양 어지럽고	巖扃月到星文錯
소라 꼭대기에 하늘 임하면 상제의 조칙 들리네	螺頂天臨帝詔聞
매일 선상에 나아가 한결같은 맛을 찾으시고	每就禪床求一味
베갯머리 개울물로 속진의 번뇌 씻어 내신다	枕前溪水瀉塵煩

천성산 내원동을 나서며【본명은 원적산이고, 신라시대 원효 법사께서 당나라 승려 천명과 『화엄경』을 강론하셨다. 따라서 산꼭대기에 화엄평이 있고, 또 천성산이라 한다.】
出千聖山內院洞【本名圓寂山。而羅朝元曉法師。與唐僧千人講論華嚴。故山上有華嚴坪。而千聖山云。】

궂은비에 거센 바람은 봄이 저무는 것	積雨多風春暮者
노을을 끊는 외로운 새는 철쭉 사이에	斷霞孤鳥杜花間
사나운 여울 거센 물결은 뇌공[108]의 구역	狂湍怒激雷公局
메마른 나무 우거진 곳은 보살의 산마루	古木交陰菩薩巒
함곡관[109] 가운덴가, 똑같은 해와 달	函谷關中同日月
도원동[110] 속인가, 특별한 생김새들	桃源洞裏別容顔
희겸의 시가 이 늙은이보다 훌륭한가	喜謙詩勝老夫否
나이가 70이라 신경도 쓰이지 않네	七十丁齡牽廢閑

희겸의 원운을 첨부한다 附元手 喜謙

해진 전대 거친 짚신에 대지팡이 짚고	弊橐芒鞋兼竹杖
3월 봄날에 동부[111]의 떨어진 꽃 사이로	三春洞府落花間
원적산 화엄평을 반드시 알아야 하리라	須知圓寂華嚴麓
금강산 법기봉[112]에 뒤처지지 않는 곳	不後金剛法起巒
지난 일은 구름 가로 돌아오는 새의 자취	洼[1]事雲邊歸鳥跡
미래의 기약은 못에 비친 저녁 산의 얼굴	來期潭底暮山顔
천 명은 도를 얻은 뒤 어떻게 되셨을까?	千人得道餘消息
맑은 바람 밝은 달님만 남아 한가롭구나	惟有淸風明月閒

---

1) ㉠ '洼'은 '往'인 듯하다.

또 혜민의 운을 첨부한다 又 惠旻

하늘을 가는 촉령이 겹겹이 닫혀	磨天蜀嶺重重鎖
온 우주가 몽땅 이곳에 있는 듯	宇宙都如在此間
남은 이슬 적셔 오는데 가랑비까지 내리고	餘露沾來加細雨
익숙한 숲이라 지나치는데 갑자기 나타난 산마루	熟林看過忽生巒
안개 가에 궁궐 열리니 삼천대천세계[113]요	烟邊宮闕三千境
산 밖에 사람도 많으니 백이[114]의 얼굴이라	山外人多百二顔
고단한 새 시름겨워 잠들고 꽃도 저물려 하는데	困鳥愁眠花欲暮
봄 찾는 지팡이와 나막신 잠시도 쉴 틈 없구나	探春節屐蹔無閒

첨부한시
附詩[1]

월하의 문인 희겸이 선사의 유고를 소매에 담고 찾아왔다. 아울러 율시 두 수를 올렸는데 맑고 놀라우며 외울 만하였고, 법사의 풍모가 서려 있었다. 이에 그의 운을 따라 써서 드린다【노하옹 권직】

月荷門人喜謙。袖其先師遺稿而來。仍呈二律詩。淸警可諷。有法師之風。步其韻以贈。【老荷翁權溭】

산사람 푸른 산모퉁이에서 석장을 날려	山人飛錫碧山隈
거문고 당에서 한번 웃고 좋은 회포 펴시네	一笑琴堂好抱開
오래 좌선해 안개와 노을에서 생긴 하얀 납의	坐久烟霞生白衲
취하자 꿈속의 혼이 붉은 산기슭을 맴도시네	醉來魂夢繞丹崖
소매에 경거가 가득한 신선은 어디에 계실까	瓊琚滿袖仙何在
꽃과 새들이 사람을 붙드니 그대 재촉지 마오	花鳥留人君莫催
술잔을 잡고 끙끙대다 몇 마디 말을 전하자	把酒辛勤爲傳語
늦은 봄날 벗 삼았던 귀한 선승 돌아가시네	暮春相伴琠禪廻

---

1) ㉮ '附詩' 두 글자는 『韓國佛敎全書』 편찬자가 보입하였다.

삼가 동경 윤 노하옹께 올립니다
謹呈東京尹老荷翁

거친 짚신으로 흰 구름 모퉁이나 두루 밟다가　　芒鞋踏徧白雲隈
대모 자리에 절 올리고 소매 속 시축 보이나니　　來拜玳筵袖軸開
주묵115의 높은 명성 온 법계에 자자하기에　　朱墨聲高騰法界
단전 김매기만 끝내고 산기슭을 내려왔습니다　　丹田鋤罷下山崖
저 강물도 끝없이 흐르고 있지 않습니까　　有如江水流無盡
오직 바라니 우리 스님 길을 재촉지 마오　　惟冀吾師道莫催
이제 입언군자의 훌륭한 서문을 빌리고자　　今借立言君子序
검은 승복 입고 성 안을 한참 배회했답니다　　緇衣城邸久徘廻

【문인 희겸 지음】　　【門人喜謙】

월하 상인 시집에 제하다
題月荷上人詩集

그 옛날 천태산 밝은 달님이 강림하신 그대	明月天台昔降君
석문과 유교에서 무리를 아득히 벗어나셨지	釋門儒敎逈迢羣
신선의 자취 이미 떠나자 용이 발우를 거두고	仙蹤已去龍藏鉢
시의 메아리 텅 빈 자리에 학이 구름을 찾아왔군요	詩響空餘鶴覓雲
매번 푸른 연꽃 향하느라 꿈자리가 고단하였고	每向靑蓮勞夢寐
다시 황국으로 화답할 때는 감회가 은근했지요	更酬黃菊感慇懃
하지만 우리 집안 졸렬한 계를 끝내 깨트릴 수 없어	吾家拙戒終難破
죄송하지만 전당 혜근의 시집 서문116을 거절합니다	辜負錢塘序惠勤
【한운성117 대아 지음】	【韓大雅運聖】

전당의 혜근보다 높이 솟은 그의 시	其詩高出惠錢塘
눈을 그리신 분 이제 세상에 없으시네	今世而無繪雪堂
온 우주를 공으로 관한 수많은 세월	宇宙觀空多歲月
천둥바람 같은 곡조로 문장을 지으셨지	風雷如律作文章
인간 세상 아직도 윤회설 믿지 않지만	人間未信輪廻說
돌 위에 여전히 전하는 허깨비 불빛	石上猶傳幻化光
이 문중의 희겸 상좌께 한 말씀 드리오니	寄語斯門謙上足
한 백 년 부처님께 맹세하고 참된 장경 보호하소서	百年盟佛護眞藏
【남기항 상사 지음】	【南上舍基恒】

국재 수륙대회 각단별소[118]

영산단에 낮에 올린 별소

우러러 생각건대, 범부의 모습을 보이셨지만 법신에 얽히신 분을 석가모니불이라 하고, 삼승을 하나로 모아 진실을 유통한 것을 『묘법연화경』이라 칭하나니, 자비심으로 중생을 제도하시는 그 원력은 소멸함이 없습니다.

삼가 원하옵니다.

우리 순종[119]대왕 이씨 선가시여, 극락세계 보배로운 구름의 광명 속에서 보살로서 닦은 인행因行의 꽃으로 등각等覺, 묘각妙覺의 열매를 맺으소서.

선대 왕 선대 왕후 열위의 선가시여, 관음보살의 한량없는 위덕에 의지하고 보현보살의 원만한 수행문에 오르소서.

주상 전하시여, 천 리에 뻗은 유위의 땅 굽어보며 만세에 걸쳐 끝없는 수명 누리소서.

대왕대비 전하시여, 기린의 발[120]이 절도를 소중히 여기기에 저희들 몸 바쳐 충성하오니, 메뚜기 떼 몰려들어[121] 높은 하늘 세계의 명을 떨치소서.

빈궁과 종실이시여, 많은 복록 누리며 편안하소서.

---

1) ㉔ '疏' 한 글자는 『韓國佛敎全書』 편찬자가 보입하였다.

만백성이 튼튼한 요새[122]가 되고, 하늘과 땅이 옥처럼 윤택하고 촛불처럼 밝아[123] 재를 지내는 시주 모두가 경사를 누리면서 혼연일체로 태평성대를 떠받치게 하소서.

옥호[124]를 우러르며 은미하신 뜻을 간절히 바랍니다.

國齋水陸大會各壇別疏
靈山晝別

仰惟。眹凡夫。綱緇法身。曰釋迦文佛。會三乘。流通眞典。稱妙蓮華經。悲心度生。願力靡滅。奉爲願我。純宗大王。李氏仙駕。極樂世界。寶雲光明。菩薩因花。等妙果子。先王先后。列位仙駕。仗觀音無量威德。躋普賢圓滿行門。主上殿下。臨千里有爲之邦。享萬歲无壃之壽。大王大妣殿下。獮之趾重節。維我匪躬。螽斯羽牲。賁昊天界命。嬪宮宗室。福祿烝康。品庶金湯。乾坤玉燭。修齋施主。咸受吉慶。混扛太平。仰瞻玉毫。懇竭微旨。

밤에 상단에 올린 별소

우러러 생각건대, 백억의 몸으로 화현하는 박가범[125]께서는 중생의 부모이시고, 패엽경의 길고 짧은 게송들은 일승의 자량이니, 자비의 배에 의지하면 고통의 바다를 쉽게 건널 수 있습니다.

삼가 원하옵니다.

우리 순종대왕 이씨 선가시여, 속히 청정하고 오묘한 과위인 여래를 증득하사 어둠의 나루터에 빠진 중생들 널리 구제하소서.

선대 왕·선대 왕후 열위의 선가시여, 아미타불의 보처보살인 관세음보살 대세지보살과 어깨를 나란히 하고 한 몸이 되어 등각 묘각의 계위를 물려받고, 오지와 십신[126]이 딱 맞아떨어져 그들과 임무를 교대하소서.[127]

주상 전하시여, 해와 달의 밝음으로 그 교화가 요임금·순임금에 합하고, 용과 봉황의 언덕에서 산처럼 구릉처럼[128] 장수를 누리소서.

　대왕대비 전하시여, 주렴 속에서는 덕으로 교화해 종묘와 사직의 무게가 태산보다 무겁게 하시고, 문지방 너머에서는 다스림을 받들어 조정과 재야의 안정됨이 반석보다 탄탄하게 하소서.

　빈궁과 저하시여, 높은 나무 꼭대기 봉황이 되고, 가장 존귀한 용의 종족이 되소서.

　온유하고 아름다운 종실이여, 높고 충만하신 복록으로 널리 법의 비를 뿌려 괴롭고 메마른 자들을 두루 적셔 주소서.

夜上別

仰惟。薄伽梵百億化身。是衆生父母。貝葉經長短偈唱。廼一乘資糧。肆仗慈航。利涉苦海。奉爲願我。純宗大王。李氏仙駕。速證如來。淸淨妙果。普濟衆生。汩沒昏津。先王先后。列位仙駕。補處彌陁。觀音大勢。比肩一體。傳階等妙。五智十身。合契交龜。主上殿下。日月之明。化洽堯舜。龍鳳之峙。壽享岡陵。大王大妃殿下。簾中德化。宗社之重。重於泰山。閫外戴治。朝野之安。安於磐石。嬪宮邸下。鳳于高標。龍種上尊。宗室柔嘉。福祿崇滿。普灑法雨。勻滋苦枯。

밤에 중단에 올린 별소

　생각건대, 보살[129]께서 서원하시길 "내가 부처가 되고 안 되고는 지옥이 있고 없음에 달렸다."라고 하셨으니, 위대하도다! 그 서원이여. 열왕[130]의 판결문은 하늘과 땅처럼 공정하고 해와 달처럼 총명하며, 그 판결을 내리심에 형벌과 상이 분명하여 털끝만큼도 감추기 어렵습니다.

　우리 순종대왕께서는 사람의 왕으로 화현한 보살로서 신과 백성들의 귀의처가 되셨고, 천자의 울타리와 병풍[131]으로서 어진 성인의 굳센 영웅들을 부리셨습니다.

대상大祥[132]을 맞아 깨끗이 재계하는 날에 (임금께서) 마음 아파하시며 통도사에 명하셨습니다. 그래서 축원하는 향과 폐백과 종이돈을 올렸으니 이는 내궁에서 하사하신 것이고, 주문과 범패와 경전의 문장을 올렸으니 이는 곧 법다운 행사로 가지加持[133]한 것입니다.

명부의 사령들께 엎드려 빕니다. 얼른 도량에 임하시어 함께 청정한 공양을 받으소서. 종묘사직이 만년에 이어지고 사해가 편안케 하시며, 자비의 비로 두루 적셔 헤매던 중생들이 널리 쉬게 하소서.

夜中別

切以。菩薩誓曰。我佛爲不。地牢有無。大哉誓也。列王判辭。公正天地。聰明日月。顯其判之。刑賞分明。毫釐難掩。維我純宗大王。人王菩薩。作神民之依歸。天子藩屛。馭仁聖之英毅。第當大祥。日之淸齋。軫命通度寺。而奉祝香幣楮錢之內宮賜賚。呪唄經章。則法事加持。伏乞冥司。賁臨道場。同受淨供。萬年宗祧。四海晏靖。勻霑慈雨。普休迷淪。

축문
祝文

신중단 축문

생각건대, 너그럽게 용서하고 용맹함을 떨치면서 불법을 보호하고 계율을 보호하는 분들이 도량을 빙빙 돌고 계시며, 거짓 없이 정성을 다해 천신天神이 되고 지기地祇가 되신 분들이 온 세계에 빼곡히 늘어서 계십니다. 그래서 선을 쌓으면 경사가 넘치고, 악을 행하면 재앙을 받습니다.

돌아보건대, 영남 끝자락에 위치한 이곳, 불법의 종가요 나라의 대가람인 통도사에서 매일 아침저녁으로 나라의 만년대계를 축원하고, 사시사철 청명하고 길한 날에 성상께 절을 올리면서 힘을 합하고 있으니, 옛날과 지금 그리고 미래에도 바람과 비가 순조로울 것입니다.

깨달아 옥처럼 빛나는 선가의 대상大祥을 맞아 어느 지역의 고찰에서 승천을 추모해야 할까? 경우궁景祐宮[134]께서는 초도超度[135]에 대해 많이도 생각하셨습니다. 경기 지역에도 이름난 곳이 많지만 특별히 부처님의 진신을 모신 곳이라야 영가를 봉안하기에 알맞다 하시고, 경우궁께서는 온 정성을 다하셨습니다.

삼가 빕니다. 밝은 하늘의 군주들과 허공계의 제후인 신령들께서는 각기 구역을 나눠 담당하면서 재앙과 복을 마음대로 빚어 내십니다. 초재醮齋[136]를 차려 베풀기만 해도 품에 안아 보호하고 굳게 지켜 주시며, 그들이 경영하는 모든 일에서 원하는 것이 있으면 반드시 들어 주십니다. 하물며 이렇게 특별한 음식을 올리고 고요한 마음으로 거역하지 않음이겠습니까? 괴이한 역병을 말끔히 씻어 주시고, 햇살을 따뜻하게 바람을 순조롭게 하시며, 하루 낮밤 사이에 만사가 뜻대로 이루어져 만백성이 널리 기뻐하게 하소서.
우러러 위엄을 무릅쓰며 다 함께 정성을 다해 공경합니다.

神衆壇祝文
切以。弛寬張猛。護佛法護戒律。而繞匝道場。無僞有誠。作天神作地祇。[1]
而森列世界。積善餘慶。行惡受災。顧妓嶺末一處。法宗家國大伽藍通度寺。晨曛每日。祝國萬年。明吉四時。拜聖一力。古今來則。風雨匪愆。第控覺瓊仙大祥。追昇鄕何古寺。景祐宮腆念超度。畿多名區。特以佛身。妥靈哿合。宮修精懇。伏乞。明天后主。空界宰靈。區畫分張。禍福擅釀。醮齋設施。擁護堅持。凡他事營。有求必遂。況此異擧。冥心弗違。滌袪妖疹。溫順風日。一晝夜開達。萬百姓熙雍。仰冒嚴威。幷竭虔恪。

―――――
1) ㉠ '祇'는 '祇'인 듯하다.

향사 축문

저는 삼가 들었습니다. 경에서 말씀하시길, 초지初地·이지二地 보살이 인간세계에 강생하면 공후公侯의 작위에 나아가거나 장상將相의 작위에 나아간다 하였습니다. 어리석은 제가 생각건대, 신과 백성들의 주인이신 상감께서는 온 국토를 넓은 집으로 삼고서 사람을 능히 귀하게도 천하게도 하고, 사람을 능히 살리기도 죽이기도 하는 분이십니다. 그런 임금으로 조선에 임하셨기에 억조창생이 신하가 되고 처첩이 되었던 것입니다.

돌아보건대, 이 통도사는 영남 끝자락의 명찰이고, 경우궁은 대궐 안에서도 깊은 규방입니다. 큰 바다의 남쪽 모퉁이에서 서울까지는 거리가 1천 리이고, 부처님의 태양이 동쪽에서 아침 조회를 여신 것은 1만 8천 년입니다. 그 옛날 신라 시대에 자장慈藏[137]이라는 스님이 계시어 보배로운 유골을 현절顯節[138]에 수습하셨고, 어떤 모양일지 궁금한 신비한 비둘기가 깊은 연못에 그윽한 집터를 점지하였습니다.[139] 기이한 자취가 대대로 이어져 왔기에 지금이나 옛날이나 같은 한 몸이지만, 불법의 운이 기울지 않았기에 아침저녁으로 그 모습은 달라졌습니다. 하늘의 제도는 순환하기에 사찰이 혹 당대에 융성할까 싶었는데, 궁실의 재齋가 아울러 내려와 부처님께서 이미 정시[140]에 제도하셨습니다.

다만 흉년이 들어 기아에 허덕이는 시절이라 쌀이 계옥桂玉[141]보다 비쌉니다. 그래서 크게 또 간소하게 제단을 차릴 때에 지극한 마음의 정성만 여기 담아야 했습니다. 바다와 육지의 갖가지 반찬에다 이포새伊蒲塞[142]도 많이 모였고, 제기[143]에 제수가 수북하고 화려한 빈바蘋婆[144]도 있습니다. 단나檀那[145]의 애끓는 정성을 굽어 살펴 보잘것없고 식은 음식들이나마 흠향하소서.

享祀祝文

竊伏聞。經云初二地菩薩。降生人間。進公侯爵。進將相爵。愚念。神民主上監。廣居域內。能貴賤人。能生殺人。君臨朝鮮。臣妾億兆。顧玆通度寺。嶺表名刹。景祐宮。禁中深閨。瀛海南隅。距京師一千里。佛日東昉。統元會萬八春。曩時羅朝。有僧慈藏。拾寶骨於顯節。何狀神鵠。卜幽宅於窮淵。異跡升臨。今如古而一體。法運否蹇。朝不夕而殊形。天度有還。寺或貢於當處。宮齋仍降。佛旣濟於丁時。但歲饑歉凶。米踊桂玉。廣略之設開時。志心之虔在此。水陸品饌。伊蒲塞其祈祈。籩豆粢盛。有蘋婆之采采。俯鑑檀那之激切。歆格菲冷之庶羞。

표충서원[146] 신주 이운 축문

 산과 강의 즐거움은 어진 자와 지혜로운 자의 즐거움이니, 영취산靈鷲山[147]은 기우뚱하고 움푹하며 재약산載藥山은 그윽하고 오묘합니다. 선생의 풍도에 그곳과 이곳 중 어디가 좋을까, 서원 사람들이 처음 의론하는 자리에서 모두 한 지역을 흔쾌히 여겼습니다. 먼저 삼키고 나중에 씹자니 관청의 꾸지람을 감당치 못하였고, 추위를 무릅쓰고 거사를 집행하자니 일이 매우 시끄럽고 소란스러웠습니다. 하지만 신령의 그윽한 공력을 의지하고 그런 다음에 본받을 것을 갖추었으며, 길일을 택해 받들어 행차하면서도 베푸신 가르침을 따랐습니다.
 온 정성을 다해 마련하고 이렇게 갖가지 음식을 올립니다.

表忠書院神主移運祝文
山水之樂。仁知者樂。靈鷲歪坳。載藥幽妙。先生之風。彼此何好。院人初誶。一境同恔。先飽後歠。不堪官誚。觸寒擧執。事甚哮闆。靠神冥勳。而後傚效。涓吉奉行。隨順蒙敎。用修精虔。遂薦品饈。

신주 봉안 축문

옛집은 낮고 비좁으며 평범한 산에다 평범한 강이었습니다. 게다가 가뭄에는 마르고 홍수에는 잠겨 모래가 언덕을 이루고 우물에 앙금이 쌓였으며, 나무꾼이 멋대로 벌목하고 목동이 방목하며 눈을 흘기는 탓에 마음 속 수치를 밑바닥에서 긁어내야만 했습니다. 밀양부 동쪽 명산에 있는 영정靈井이라는 절은 승려들에게 부과된 부역이 너무나 혹독해 근래에 폐사된 비밀스러운 땅이니, 신라 시대에 창건한 절[148]이지만 눈으로 보면 가슴만 아파해야 했습니다.

이 지역의 선비와 서민이 다들 "시운이 돌아왔다."라고들 하였지만 거듭되는 재앙으로 곡식마저 귀해 일을 수행하자니 어지럽고 막막했으며, 계절 또한 폐색한 겨울이라 추위를 무릅쓰고 서둘러 끝내야만 했습니다. 게다가 때가 되었다고 관청에서 줄줄이 조서가 내려와 전각을 미처 완성하지도 못한 채 다른 장소에 신위를 봉안하게 되었습니다. 하늘처럼 평등한 마음을 우러르며 구구하고 미미한 뜻을 고하오니, 이곳에 그윽이 임하시어 후손들이 이익을 흠뻑 누리게 하소서.

奉安祝文

舊宅湫隘。凡山凡水。旱枯水沈。沙堆井滓。卑漯奧辱。樵孼牧眺。府東名山。靈井之寺。僧役浩煩。頃失秘地。羅代經營。目之怜愡。一境士庶。皆曰運至。荐灾穀貴。惛督濟事。時且閉塞。冒寒攸治。抑亦時乎。官勑累累。殿宇未畢。別所安位。仰告齊情。區區微志。冥臨于此。俾爹后利。

주

1 허형許珩(1773~?) : 조선 후기 문신, 자字 행옥行玉. 정조正祖 19년(1795) 춘당대시春塘臺試 병과에 합격.
2 김유헌金裕憲(1781~?) : 조선 후기 문신, 자字는 치간穉間. 순조純祖 4년(1804) 식년시식年試 병과에 합격.
3 향산사(香社) : 향사香社는 당나라 때 승려 여만如滿, 배도裵度, 백거이白居易 등이 함께했던 향산사香山社를 지칭한다.
4 하혜下惠 : 춘추시대 노魯나라 사람으로 이름은 획獲, 자는 계季이다. 유하柳下에 살면서 사사士師 벼슬을 하였고 사시私諡가 혜惠이므로, 유하혜柳下惠라 칭한다. 유하혜는 작은 벼슬을 수치로 여기지 않고 자기 도리를 다하였다고 한다.
5 뽕밭에서 자며(宿桑) : '숙상宿桑'은 한 곳에 정착하지 않는 승려의 삶을 뜻한다. 『後漢書』 권30 「襄楷列傳」에 "불법佛法을 닦는 승려가 뽕나무 아래에서 사흘 밤을 계속 묵지 않는 것은, 시간의 흐름에 따라 애착이 생길까 두려워하기 때문이니, 이는 그야말로 정진의 극치라고 할 것이다.(浮屠不三宿桑下. 不欲久生恩愛. 精之至.)"라는 말이 나온다.
6 저녁에 죽더라도~성인께서 말씀하셨지 : 공자의 말씀을 인용하여 일찍 유가의 도를 배우지 못해 삶이 어긋난 것이라고 월하 대사를 비판하였다. 『論語』 「里仁」에서 공자가 "아침에 도를 들으면 저녁에 죽어도 괜찮다.(朝聞道夕死可矣)"라고 하였다.
7 상문桑門 : samana의 음역 중 하나로 사문沙門과 같은 뜻이다. 출가수행자인 승려, 또는 불문을 뜻한다.
8 현도玄度 : 허형許珩을 동진東晉의 명사 허순許詢에 빗대어 표현하였다. 현도는 허순의 자字. 현도는 승려 지도림支道林과 교유하면서 청담으로 일세를 풍미하였다. 지도림과 『維摩經』에 대해 깊이 토론했던 것으로 유명하다.
9 난리 후~교환하던 해 : 사명당 유정 대사는 1604년 2월에 선조로부터 일본과의 강화를 위한 사신으로 임명빝있고, 8월 일본으로 출발해 9월초 대마도에 도착하였다. 3개월간 대마도에 머물다가 다시 교토의 후시미성으로 가서 일본의 새로운 통치자 도쿠가와 이에야스(德川家康; 1542~1616)를 만났고, 그로부터 전쟁 재발 방지와 포로 교환을 약속받았다. 1605년 4월에 3천여 명의 동포를 데리고 귀국하였다.
10 송운松雲 : 사명당四溟堂 유정惟政의 호.
11 청심루淸心樓 : 여주 객관客館 북쪽 여강驪江 가에 있던 누각이다. 경관이 아름다워 고려의 주열朱悅·이곡李穀·이색李穡·한수韓脩·정몽주鄭夢周·이숭인李崇仁 등과 조선의 서거정徐居正·최숙정崔淑精·김종직金宗直·신용개申用漑·송시열宋時烈 등

이 시를 남긴 명소였다. 지금은 터만 남아 있다.
12 우화등선(羽化) : 신선이 되는 것을 말한다.
13 남쪽 가지~한바탕 꿈(南柯一夢間) : 부귀영화가 덧없음을 뜻하는 말이다. 당나라 때 순우분淳于棼이란 사람이 느티나무 남쪽 가지 아래에서 잠이 들었는데, 꿈속에서 괴안국槐安國 남가군南柯郡의 태수가 되어 20년 동안 온갖 부귀를 누리다가 깨어 보니 꿈이었다는 고사에서 온 말이다.
14 사예께서 그해에~쓰신 글씨(司藝當年噓醉筆) : '사예司藝'는 성균관 정4품 벼슬인데, 여기서는 우암尤庵 송시열宋時烈을 지칭한다. 송시열은 여주에 들를 때마다 청심루에 머물면서 효종의 영릉寧陵을 바라보며 비통해 하였고, '청심루淸心樓' 현판을 직접 새로 써서 걸었다.
15 남여藍輿 : 대를 엮어서 만든 가마.
16 공후가 처음~빛나는 가을 : 목민관의 덕화로 백성들이 협조하여 공사가 쉽게 진행되었음을 찬탄하는 말이다. 주周 문왕文王의 덕화를 칭송하는 『詩經』「大雅」〈靈臺〉에서 "영대를 세우려고 계획하여 설계하고 시공하니 백성들이 달려들어 하루도 못 되어 완성했네.(經始靈臺。經之營之。庶民攻之。不日成之)"라고 하였다.
17 태복太僕 : 마구간·말·수레 따위의 일을 맡아 보는 벼슬 이름.
18 무장사鍪藏寺 : 경상북도 경주시 암곡동에 있었던 절.
19 적성赤城 : 신선이 산다는 산. 땅은 붉은색이고 형태는 구름과 놀이 일어 성첩城堞과 같다고 한다.
20 자장子長 : 『史記』를 저술한 한나라 사마천司馬遷의 자.
21 사안謝安 : 동진東晉의 명사로 나이 40에 출사出仕하여 삼공三公의 지위에 올랐다. 전진前秦의 왕 부견符堅이 백만 대군을 이끌고 회비淮肥까지 진군하여 서울이 온통 두려움에 떨고 있을 때, 정토대도독征討大都督에 임명된 사안은 조카인 사현謝玄을 보내 적을 격파하게 하고 자신은 손님을 맞아 담소하며 태연히 바둑에 몰두하였다고 한다. 『晉書』권79「謝安列傳」.
22 변화한 학(化鶴) : 한漢나라 때 정령위丁令威가 죽은 뒤 학으로 변해 고향으로 날아와 성문城門의 화표華表에 앉았다는 고사가 있다.
23 도와 최 상사공陶窩崔上舍公 : 조선 후기 유학자 최남복崔南復(1759~1814)을 지칭한다. 정조 16년(1792)에 식년시에 급제하였고, 울주군 두서면 백련서사白蓮書舍에서 후학을 양성하였다. 『陶窩文集』이 전한다. 상사上舍는 조선 시대 생원시生員試나 진사시進仕試에 합격한 사람을 일컫는 말이다. 옛날 태학에서 생원과 진사는 상사上舍 즉 위채에 거처하였기 때문에 생긴 이름이다.
24 장천사障川寺 : 울주군 두동면 천전리에 있었던 사찰이나 폐사되었고, 현재 대곡댐 공사로 수몰되었다.

25 수옥정漱玉亭 : 최남복이 말년에 백련사 폐사지에 지은 백련서사의 부속 정자이다. 일대가 수몰되어 백련서사는 인근의 울주군 두동면 봉계리로 이건하였고, 수옥정은 한 유력자가 부산으로 이건했다고 한다.

26 예전의 운(前韻) : 최남복이 지은 〈漱玉亭落成〉의 운자를 말한다. 『陶窩文集』 권1에 수록되어 있다. "九曲深深一逕回. 煙霞多處是亭臺. 雲屛細雨眞容出. 水鏡涵天正面開. 晩托瓊奇思晦跡. 初如淡泊愜幽懷. 優遊恐負藏修志. 獨抱瑤徽感世催."

27 양산지사 김 공 : 김유헌金裕憲(1781~?)을 지칭한다.

28 자장子長 : 사마천司馬遷의 자字.

29 서생徐生 : 진시황 때의 방사方士 서복徐福, 일명 서불徐市을 가리킨다. 진시황의 후원으로 동해東海의 삼신산三神山에 있는 불사약을 구하기 위해 동남동녀童男童女 수천 명을 배에 태우고 바다로 나간 후 소식이 없었다고 한다.

30 미려尾閭 : 바닷물이 새어 빠지는 곳인데 바다의 동쪽에 있다고 한다. 『莊子』 「秋水」에 "천하의 물은 바다보다 큰 것이 없으니, 모든 물이 끊임없이 모여도 찰 줄 모르고, 미려尾閭로 끊임없이 새어 나가도 마를 줄을 모른다."라고 하였다.

31 부석鳧舃 : 지방 수령을 지칭한다. 후한 때 섭령葉令인 왕교王喬가 신선처럼 오리를 타고 경사京師를 오가곤 했는데, 그 오리를 잡고 보니 신발 한 짝이었다고 한다. 『後漢書』 「方術傳」 '王喬'.

32 양웅揚雄 : 한漢나라 성도成都 사람으로 자는 자운子雲. 박학다식하여 문장으로 이름을 날렸으며, 『周易』을 본따 『太玄經』을 짓고 『論語』를 본따 『法言』을 지었다.

33 〈원인原人〉 : 『韓昌黎集』 권11에 수록되어 있다.

34 추호秋毫 : 가을철에 털갈이를 하여 새로 돋아나는 짐승의 가는 털. 아주 미세한 차이를 뜻한다.

35 운부암雲浮庵 : 경상북도 영천시 청통면 치일리에 소재한 은해사 말사의 암자.

36 징월 대사澄月大師(1751~1823) : 조선 후기 승려로 법명은 정훈正訓, 자字는 경호敬昊, 호는 징월澄月이다. 경상북도 의성에서 출생하였으며, 가선 총공嘉善聰公에게 득도하였고, 관월冠月에게 구족계를 받았다. 31세에 개당開堂하였고, 1823년(순조 23) 운부사雲浮寺에서 세수 72세로 입적하였다. 시승으로 이름이 알려져 당시 높은 벼슬아치나 명사들과 많이 교류하였다. 『澄月大師詩集』이 전한다.

37 박옹泊翁(?~1836) : 조선 후기 문신 이명오李明五의 호. 자는 사위士緯이다. 사마시에 합격하였으나 아버지 봉환鳳煥이 경인옥사에 옥사당하자 원통히 생각하여 관직에 뜻을 두지 않았다. 순조 때에 아버지가 신원伸冤되자 음관蔭官으로 세상에 나가 종사관從事官이 되어 일본에 내왕하였고, 벼슬은 3품에 이르렀다. 시문집 『泊翁詩鈔』 9권이 전한다.

38 연천淵泉(1755~1845) : 조선 후기의 문신 김이양金履陽의 호. 자는 명여命汝이다.

1795년(정조 19) 생원으로 정시문과에 을과로 급제하였으며, 1812년(순조 12) 함경도 관찰사로 있으면서 그 지방의 기강 확립에 힘쓰는 한편 주민들의 민생고 해결에 노력하였다. 예조판서, 이조판서, 호조판서, 홍문관제학弘文館提學, 판의금부사, 좌참찬을 역임하였다. 평양감사 시절에 50살의 나이 차이에도 불구하고 기생 김부용金芙蓉(1805~1854)과 사랑에 빠져 세간에 화제가 되었다.

39 제현의 시에 덧붙인 시운 : 『韓國佛敎全書』에 수록된 『澄月大師詩集』〈西江詩軸〉에 기재되어 있다. "君子經綸濟世舟. 澤流枯草綠盈洲. 故園松菊湖西宅. 明月詩樽江上樓. 聚散浮雲逢老釋. 升沈流水付沙鷗. 此行轉向金剛路. 爲乞璃章盡日留."

40 붉은 붓(彤毫) : 동호彤毫는 붉은색 자루의 붓으로, 역사를 기록하는 붓을 뜻한다.

41 황건黃巾 : 후한後漢 말기에 장각張角을 수령으로 일어난 난당亂黨. 황건黃巾을 썼으므로 황건적黃巾賊이라 불렀다.

42 백족白足 : 고승高僧의 별칭. 진晉나라 고승 담시曇始의 발이 얼굴보다 하얗고, 진흙탕 길을 걸어도 더럽혀지지 않아 백족 화상白足和尙이라고 불렀다는 일화가 전한다. 『高僧傳』 권10 「釋曇始」.

43 도팽택陶彭澤 : 도연명陶淵明이 팽택 영彭澤令을 지냈기에 도팽택이라 칭한다.

44 초제招提 : cāturdiśa의 음역 척투제사拓鬪提奢의 준말인 척제拓提에서 '척拓'이 '초招'로 와전된 말이다. 의역하면 사방四方이고, 곧 모든 승려들이 사용할 수 있는 거처인 사찰 즉 사방승방四方僧坊을 뜻한다. 낙양의 백마사白馬寺가 본래는 초제사招提寺였다고 한다.

45 월선정月先亭 : 탄은灘隱 이정李霆이 공주公州 탄천灘川 가에 지은 정자. 『廢逐錄』에 이정귀李廷龜가 지은 「月先亭記」와 〈月先亭十詠〉이 전한다.

46 황로黃老 : 황제黃帝와 노자老子의 병칭으로 도가道家를 지칭한다.

47 늙은 개(蒼狗) : 구름의 다양한 모습을 표현한 말 가운데 하나. 두보杜甫의 시에 "하늘 위의 뜬구름 하얀 옷 같더니, 어느새 늙은 개로 바뀌었구나. 과거 현재 미래가 모두 한때, 인생 만사 이와 같지 않은 적이 없구나.(天上浮雲似白衣. 斯須改變如蒼狗. 古往今來共一時. 人生萬事無不有.)"라는 표현이 있다. 『杜少陵詩集』 권21 〈可歎〉.

48 현포玄圃 : 곤륜산崑崙山 꼭대기에 있다는 신선들의 거처.

49 중장仲長 : 후한後漢 때 사람으로 자字는 공리公理. 공명에 뜻을 두지 않고 자연 속에서 한가히 노닐며 「樂志論」을 지었다.

50 이성利城 : 함경도 이원利原의 옛 이름이다.

51 시중대侍中臺 : 시중은 고려의 명장 윤관尹瓘을 지칭한다. 그가 1107년(예종 2) 여진 정벌군의 원수元帥가 되어 17만 대군을 이끌고 함주咸州, 진양眞陽 등지에 성을 쌓아 침범하는 여진을 평정하고 나서 지은 누대라 한다.

52 선기璇璣 : 선기옥형璇璣玉衡의 준말로 순舜임금이 만든 천체 관측기이다. 이를 통해

칠정七政, 즉 금金, 목木, 수水, 화火, 토土 오성五星과 해, 달의 운행을 살펴 백성들이 농사일에 시기를 놓치지 않게 하였다고 한다. 『書經』「舜典」.

53 구슬 희롱하는 소리(弄丸聲) : 농환弄丸은 태극太極을 구슬처럼 가지고 논다는 말로, 역리易理를 탐구한다는 뜻이다. 소강절邵康節의 『擊壤集』 권12 「自作眞贊」 말미에 "구슬을 가지고 노는 여가에, 한가로이 왔다 갔다 하였네.(弄丸餘暇. 閑往閑來.)"라는 말이 나오는데, 자주自註에 "환丸은 태극이다."라고 하였다.

54 유신에서 지난날~되길 바랐고 : 상商나라 탕왕湯王을 도와 왕도정치를 펼쳤던 이윤의 고사이다. 이윤이 처음에 탕왕을 만날 길이 없자 탕왕의 처인 유신씨有莘氏 집의 요리사가 된 뒤에 탕왕을 만나 음식으로써 천하의 도리를 비유해 설명했다는 고사가 전한다. 『史記』 권3 「殷本紀」.

55 연나라 시장에서~개백정을 만났지 : 진시황을 암살하려 했던 협객 형가荊軻의 고사이다. 『史記』 「荊軻傳」에 "형가가 매일 개백정 및 고점리 등과 연나라 시장 술집에서 술을 마셨는데, 술에 취한 고점리가 축筑을 연주하자 형가가 이에 화답해 노래를 부르면서 함께 즐거워하였다. 연주가 끝나자 두 사람이 주위의 시선도 아랑곳하지 않고 서로 붙들고 울었다."라고 하였다.

56 왕맹王猛(325~375) : 자는 경략景略, 북해北海 사람이다. 오호십육국五胡十六國 시대 전진前秦의 승상을 지낸 인물이다. 젊은 시절 관중關中에 병사를 이끌고 와 있던 동진東晉의 대장 환온桓溫을 만난 자리에서 태연하게 이를 잡으며 천하의 일을 논했다고 한다. 『晉書』 권114 「王猛列傳」.

57 여망呂望 : 강태공을 지칭한다. 본성이 강씨姜氏이나 그 선조를 여呂 땅에 봉함으로 인해 여씨呂氏가 되었다. 그는 이름이 상尙이고, 위수渭水 가에 숨어 살며 낚시질로 소일했는데, 주나라 문왕文王이 사냥을 나갔다가 만나 크게 기뻐하면서 "우리 태공太公이 그대 만나기를 바란 지 오래이다."라고 했으므로 태공망太公望이라 칭하였다. 태공은 문왕의 조부 고공단보古公亶父를 뜻한다. 후에 무왕武王을 도와 천하를 통일하고 그 공적으로 제齊나라에 봉해졌다.

58 갈건 쓰고~광려를 마주하리라 : 자신을 항상 갈건葛巾을 썼던 도연명에, 월하 대사를 여산에 머물렀던 혜원에 빗대어 표현하였다. 광려匡廬는 여산廬山의 별칭이다.

59 영남루嶺南樓 : 경상남도 밀양시 내일동內一洞에 소재한 누각. 조선 시대 밀양군 객사客舍였던 밀양관密陽館의 부속 건물로, 밀양 강가의 절벽에 위치한다.

60 능파각凌波閣 : 경상남도 밀양 영남루 동쪽에 위치한 전각.

61 낙포에는 파도를 밟는 버선(洛浦凌波襪) : 삼국시대 위魏나라 조식曹植이 낙수洛水의 신녀神女 복비宓妃를 두고 지은 「洛神賦」에 "물결을 타고 사뿐사뿐 걸으니, 비단 버선에 먼지가 날린다.(凌波微步. 羅襪生塵.)"라고 한 표현이 있다.

62 조양각朝陽閣 : 경상북도 영천시 창구동에 소재하는 누각.

63 송옥의 시름 : 전국시대 초楚나라 송옥宋玉은 그의 스승 굴원屈原의 신세를 애달파하며 〈구변九辯〉과 〈초혼招魂〉을 지었다.
64 『인악유고仁岳遺稿』 : 조선 후기 승려 의소義沼(1746~1796)의 문집이다. 의소의 속성은 이李, 자는 자의子宜이며 인악仁岳은 호이다. 유생으로 18세에 용연사龍淵寺에서 공부하다가 스님들의 위의에 반하여 헌공軒公에게 출가하고, 벽봉碧峰에게 구족계를 받았다. 벽봉碧峰·서악西岳·추파秋波·농암聾岩·설파雪坡 등에게 참학하였다. 1790년 수원 용주사를 창건할 때 불상 복장腹藏의 원문願文을 지어 정조의 칭찬을 받았다.
65 오월당에게 보낸 편지의 운 : 오월당梧月堂은 홍직필洪直弼을 지칭한다. 「명성제 홍직필 공이 보내온 시를 삼가 화운하다(奉和明誠齋洪公直弼寄示韻)」라는 편지와 시가 『仁岳集』에 수록되어 있다. 시를 소개하면 다음과 같다. "三年面壁坐龍淵。客至何曾下榻延。忽見官衙費書召。始知名字被人傳。梵經堆案心希佛。栢液盈瓢骨欲仙。箇中亦有風流處。明月三更疊巘前。" 훗날 홍직필은 『仁岳集』에 서문을 썼고, 월하 대사와도 교류하였다.
66 퇴지의 의복(退之衣服) : 퇴지退之는 한유韓愈의 자字. 한유가 태전太顚과 작별하면서 자신의 의복을 남겼다(留衣服爲別)는 이야기가 그의 「與孟簡尙書書」에 실려 있다.
67 고운사孤雲寺 : 경상북도 의성군 단촌면 등운산에 소재한 사찰.
68 대사大士 : mahāsattva의 의역, 불·보살의 통칭이다. 개사開士라고도 하며, 마하살로 음역하기도 한다.
69 초요招搖 : 북두칠성 중 일곱 번째 별을 말하기도 하고, 북두칠성을 지칭하기도 한다.
70 보경사寶鏡寺 : 경상북도 포항시 송라면 중산리 내연산 동쪽 기슭에 소재한 사찰.
71 영파 장로影波長老 : 영파影波는 조선 후기 승려 성규聖奎(1728~1812)의 호. 속성은 김씨, 자는 회은晦隱이다. 15세에 청량암에서 글을 읽다가 출가할 뜻을 내고, 20세 되던 1747년(영조 23) 용천사 환응喚應에게 출가하여 구족계를 받았다. 해봉·연암·용파·영허·퇴은에게 수학하였고, 설파·함월로부터 신의信衣를 물려받았다.
72 촉석루矗石樓 : 경상남도 진주시 본성동 남강 변에 있는 누각.
73 장사壯士 : 제2차 진주성 전투에서 순국한 김천일金千鎰·최경회崔慶會·황진黃進을 진주성 3장사라 칭한다.
74 호분虎賁 : 무장武將을 말한다. 조선 시대 오위五衛에 소속된 군사 조직으로, 임금의 호위가 주 임무였던 용사勇士의 칭호.
75 청암靑巖 : 경상북도 김천시 증산면 평촌리 불령산 기슭에 위치한 청암사靑巖寺를 말한다.
76 회암 노인(晦翁) : 회옹晦翁은 회암 정혜晦庵定慧(1685~1741)를 지칭한다. 말년에 불령산佛靈山 쌍계사雙溪寺 청암靑巖에 주석하였다.

77 홍제당弘濟堂 : 경상남도 합천군 가야산 해인사의 서쪽에 있는 건물로 사명 유정四溟 惟政(1544~1610) 대사의 입적처이다.
78 계책의 운용이~욕되지 않았지 : 지략이 장자방 못지않았다는 뜻이다. 자방子房은 한 고조漢高祖를 도와 한나라를 건국했던 장량張良의 자字이다. 한 고조가 장량을 평하여 "장막 안에서 계책을 운용하여 천 리 밖의 승리를 결정하는 것은 내가 자방만 못하다.(夫運籌策帷幄之中, 決勝於千里之外, 吾不如子房)."라고 하였다. 『史記』 권8 「高祖本紀」.
79 기린각猉獜閣 : 정자正字는 '麒麟閣'이다. 기린각은 한 선제漢宣帝가 곽광霍光, 장안세張安世, 소무蘇武 등 공신功臣 11인의 초상을 그려서 걸게 했던 전각殿閣 이름이다. 기린각에 초상을 건다는 것은 곧 공훈을 인정받아 공신에 책록되었다는 뜻이다.
80 주장자 끝엔~조화옹의 봄날 : 〈또 황정께 올립니다(又上黃庭)〉라는 시에 나오는 구절이다. 『澄月大師詩集』에 수록되어 있다. "尋眞行色脫囂塵. 一路雲霏幾疊新. 倦踏江山仍作客. 細論詩句故留人. 錫端有象升平日. 橐底無窮造多春. 願結東林蓮社契. 相思別後奈勞神."
81 거문고(瑤徽) : 요휘瑤徽는 요주瑤柱에 줄(徽)을 맸다는 뜻으로, 거문고를 지칭한다.
82 효각曉角 : 새벽을 알리는 나팔 소리.
83 담대澹臺 : 담대멸명澹臺滅明을 말한다. 공자가 무성武城의 읍재가 된 자유子游에게 인재를 얻었느냐고 물었다. 그러자 자유가 "담대멸명이라는 자를 얻었습니다. 그는 지름길로 다니지 않고, 공사公事가 아니면 절대로 저희 집에 오지 않습니다."라고 답하였다. 『論語』 「雍也」.
84 지둔支遁(314~366) : 동진東晉의 승려, 자는 도림道林. 섬刻의 앙산·석성산에서 수도하며 승려들을 가르치고, 명사들과 널리 교류하였다.
85 유공의 누각 : 유공庾公은 진晉나라 유량庾亮을 지칭한다. 그가 태위太尉로 무창武昌에 있을 때 하속下屬인 은호殷浩, 왕호지王胡之 등이 달밤에 남루南樓에 올라 막 시를 읊고 있었다. 이때 유량이 나타나자 하속들이 일어나 자리를 피하려고 하였다. 그러자 유량이 "제군들은 잠시 더 머물라. 이 늙은이도 이러한 일에 흥이 얕지 않다." 하고는, 호상胡床에 걸터앉아 함께 시를 읊으며 즐겼다고 한다. 『晉書』 권73 「庾亮傳」.
86 정병과 석장瓶錫 : 승려를 지칭한다. 정병과 석장은 승려가 반드시 지녀야 할 '비구십팔지물十八持物'에 포함된다.
87 대아大雅 : 고상高尙하고 아정雅正하다는 뜻으로, 재덕才德이 높은 사람을 일컫는 말.
88 팔애八哀 : 당나라 시인 두보杜甫가 지은 〈八哀詩〉를 말한다. 〈八哀詩〉는 당시 현신賢臣이었던 왕사례王思禮, 이광필李光弼, 엄무嚴武, 왕진王璡, 이옹李邕, 소원명蘇元

明, 정건鄭虔, 장구령張九齡의 죽음을 슬퍼하며 지은 8수의 오언고시이다.

89 무우의 바람을~온 선비(雩風士) : 공자의 제자 증점曾點에게 자신의 뜻을 말해 보라 하자 증점이 "늦은 봄에 봄옷이 만들어지면 관을 쓴 벗 대여섯 명과 아이들 예닐곱 명을 데리고 기수에 가서 목욕하고 기우제 드리는 곳에서 바람을 쏘인 뒤에 노래하며 돌아오겠다.(暮春者。春服旣成。冠者五六人。童子六七人。浴乎沂。風乎舞雩。詠而歸。)"라고 대답하였다. 『論語』「先進」.

90 두견새 먼저 울고(鵜鴂先鳴) : 『楚辭』「離騷」에 "제결이 먼저 울어 백초를 향기롭지 못하게 할까 두렵다.(恐鵜鴂之先鳴兮。使夫百草爲之不芳。)"라고 하였다. 그 주에 의하면, 제결鵜鴂은 춘분일春分日에 우는 두견새의 별칭으로 이 새가 춘분 전에 울면 온갖 꽃들이 모두 떨어져 향기롭지 못하다고 하였다. 제대로 꽃도 피지 않고 봄이 가듯이, 선비가 뜻을 펴지 못하고 좋은 세월이 갔다는 뜻이다.

91 흰기러기 날아왔네(白雁侵) : 북쪽의 흰기러기(白雁)는 가을이 깊어지면 내려오는데, 그때쯤 꼭 서리가 내린다고 한다.

92 비연秘演 : 송나라 때 시승詩僧. 그의 시집에 구양수歐陽脩가 「釋秘演詩集序」를 써주었다.

93 만경曼卿 : 송나라 석연년石延年의 자字. 그는 시에 능했으며 승려 비연秘演과 격이 없는 시우詩友로 지내며 함께 즐겼다고 한다.

94 시림始林 : 경주 남쪽에 있는 숲 이름이다. 탈해왕脫解王이 시림에서 닭 우는 소리를 듣고 사내아이가 든 금궤金櫃를 발견하고는 이름을 알지閼智, 금궤에서 나왔다 하여 성을 김씨라 하고, 그 수풀 이름을 계림鷄林으로 바꾸었다. 『三國遺事』권1 「奇異」.

95 오릉五陵 : 경주 탑정동塔亭洞에 있는 신라의 다섯 능묘陵墓. 신라의 시조 박혁거세朴赫居世, 그의 비妃 알영閼英, 제2대 남해왕南解王, 제3대 유리왕儒理王, 제4대 파사왕婆娑王의 능묘로 알려져 있다.

96 옥피리(玉笛) : 신라 때 동해東海의 용이 바쳤다는 길이가 아홉 치 되는 옥 젓대.

97 첨성대(星臺) : 신라 선덕여왕善德女王 때 축조된 천문 관측대.

98 봉덕사 종(奉德鐘) : 정식 명칭은 봉덕사 성덕대왕 신종. 국보 제29호로 771년 제작되었다. 원래 경주 봉덕사奉德寺에 있던 것을 영묘사靈妙寺로 옮겼다가 1915년 8월 경주박물관으로 이전하였다. 세칭 에밀레종이라 한다.

99 장수 승長水丞 : 『澄月大師詩集』에 의하면 장수 승은 조선 후기 문인인 매전옹梅田翁 이기원李箕元(1745~?)을 지칭한다. 자字는 자범子範이고, 연암燕巖 박지원朴趾源(1737~1805)이 주도한 '백탑파'의 일원으로 참여해 성대중, 박제가, 유득공, 이덕무, 이희경 등과 교류하였다. 2005년에 안대회 교수가 그의 문집인 『洪厓集』을 발굴해 세상에 알렸다.

100 훈 장로(訓老) : 징월 정훈澄月正訓(1751~1823)을 지칭한다. 이기원의 원운은 알 수

없고 징월의 차운인 〈謹次長水丞〉이 『澄月大師詩集』에 수록되어 있다. 소개하면 다음과 같다. "官柳晴陰接翠微。任看孤鳥與雲飛。有時錫杖山僧過。終日公庭吏牒稀。數句新詩當解帶。一榻深酌勝留衣。嶠南偶結曼卿契。剛喜瓊琚滿袖歸。"

101 초료草料 : 관원이 공무로 지방에 여행할 때에 지나가는 길의 각 역참驛站에 거마車馬·식료食料 등의 공급을 명령하는 문서.

102 금산에선 동파의~적이 있고 : 소동파蘇東坡가 운거사雲居寺를 방문했을 때, 불인 요원佛印了元 선사와의 문답에서 져 옥대를 운거사에 남겨 두고 납의 한 벌을 얻어 입은 일이 있었다. 『續傳燈錄』 권5(T51, 497c).

103 바닷가 조주에선~옷 남겼으니 : 조주 자사潮州刺史로 있던 한유韓愈가 태전太顚과 작별하면서 자신의 의복을 남겼다는 이야기가 그의 「與孟簡尙書書」에 실려 있다.

104 이 승李丞 : 장수 승 이기원李箕元을 지칭한다.

105 망천의 왕 노인(輞川王老) : 당나라 시인 왕유王維를 지칭한다. 망천輞川은 섬서성陝西省 남전현藍田縣 남쪽에 있는 계곡 이름으로, 경치가 뛰어나기로 유명하다. 왕유王維가 일찍이 이곳에 별장을 짓고 그곳의 12승경十二勝景을 화폭에 담은 망천도輞川圖를 제작하였다.

106 노씨 혜능(盧能) : 중국 선종 제6조 혜능 대사의 속성이 노씨盧氏이다.

107 『황정경(黃庭)』 : 도교道教 경전.

108 뇌공雷公 : 천둥을 담당하는 신의 이름.

109 함곡관函谷關 : 진秦나라의 관문인데, 난공불락의 요새로 유명했다. 골짜기가 함函과 같아서 함곡관이라 하였다. 지금의 하남성河南省에 있다.

110 도원동桃源洞 : 전설상의 낙원인 무릉도원을 가리킨다. 진晉나라 때 무릉武陵의 어부가 복사꽃이 흘러 내려오는 물길을 따라 거슬러 올라가니, 진秦나라의 난리를 피해 들어온 사람들이 살고 있는 절세 선경이 있었다고 한다.

111 동부洞府 : 도교에서 말하는 신선 마을이다.

112 법기봉(法起峯) : 『華嚴經』·『大般若波羅蜜經』 등에서 "중향성衆香城에 담무갈보살曇無竭菩薩이 상주하며 마하반야바라밀을 항상 연설한다."라고 하였는데, 우리나라에서는 오래 전부터 그 중향성이 곧 금강산이라는 믿음이 전해졌나. 담무갈曇無竭을 의역하면 법기法起이다.

113 삼천대천세계(三千境) : 온 우주를 일컫는 말. 수미산을 중심으로 사대주四大洲로 형성된 세계를 1세계 또는 1사천하四天下라 한다. 이런 1사천하를 천 개 합한 것을 1소천세계小千世界, 소천세계를 천 개 합한 것을 1중천세계中千世界, 중천세계를 천 개 합한 것을 1대천세계大千世界라 한다. 1사대주에 천을 세 번 곱해야 대천세계가 된다 하여 대천세계를 일명 삼천대천세계라 부른다.

114 백이百二 : 진나라, 또는 진나라의 요새 함곡관函谷關을 지칭한다. 진秦나라는 산하

山河가 험조險阻한 형승지국形勝之國으로 다른 나라 군사 100분의 2만 가져도 방어할 수 있다고 하였다. 『通鑑節要』.
115 주묵朱墨 : 주필朱筆과 묵필墨筆을 가지고 장부를 정리하는 것으로서, 보통 관청의 사무를 집행하는 것을 말한다.
116 전당 혜근의 시집 서문 : 월하 대사를 전당錢塘의 시승 혜근惠勤에 빗대어 표현한 것이다. 소식蘇軾이 쓴 「錢塘勤上人詩集序」가 있다. 혜근은 구양수와도 깊이 교류하였다.
117 한운성韓運聖(1802~1863) : 매산梅山 홍직필洪直弼(1776~1852)의 문인.
118 이하 「영산단에 낮에 올린 별소(靈山晝別)」・「밤에 상단에 올린 별소(夜上別)」・「밤에 중단에 올린 별소(夜中別)」의 소 3편과 「신중단 축문神衆壇祝文」・「향사 축문享祀祝文」의 축문 2편은 순조純祖의 대상大祥을 맞아 통도사에서 개최한 수륙대회에서 지은 것이다. 순조가 1834년 11월에 서거하였으니, 1836년에 작성한 것으로 추측된다.
119 순종純宗 : 현재는 순조純祖(재위 1800~1834)라 칭한다.
120 기린의 발(獜之趾) : 임금의 자손을 뜻한다. 『詩經』「周南」〈麟之趾〉에서 왕공의 자손을 살아 있는 것이면 풀조차 함부로 밟지 않는 기린에 빗대어 찬양하면서, 그 자손과 종족이 번성하기를 기원하였다.
121 메뚜기 떼 몰려들어(螽斯羽詵) : 다산하는 메뚜기처럼 자손이 번성하길 기원하는 말이다. 『詩經』「周南」〈螽斯〉에 "메뚜기가 모이고 모였구나. 응당 그대 자손도 번성하리라.(螽斯羽。揖揖兮。宜爾子孫。蟄蟄兮。)" 하였다.
122 튼튼한 요새(金湯) : '금탕金湯'은 쇠로 만든 성城과 펄펄 끓는 물을 부은 해자垓子라는 뜻의 금성탕지金城湯池의 준말로서 난공불락의 굳건한 요새를 뜻한다.
123 옥처럼 윤택하고 촛불처럼 밝아(玉燭) : 사시四時의 기운이 화창하게 펼쳐지는 것을 뜻한다. 보통 성군聖君이 태평성대를 이루는 것을 비유하는 말로 쓰인다.
124 옥호玉毫 : 부처님의 삼십이상 중 하나인 미간백호상眉間白毫相을 말한다.
125 박가범薄伽梵 : bhagavat의 음역이다. 부처님 십호十號 중 하나이다. 바가바婆伽婆・바가범婆伽梵이라고도 하고, 세존世尊으로 의역하기도 한다.
126 오지와 십신(五智十身) : 오지五智는 성자가 증득하는 다섯 가지 지혜로 법주지法住智・니원지泥洹智・무쟁지無諍智・원지願智・변제지邊際智를 말한다. 십신十身은 불보살의 몸을 그 공덕에 의거해 열 가지로 분류한 것으로 보리신菩提身・원신願身・화신化身・역지신力持身・상호장엄신相好莊嚴身・위세신威勢身・의생신意生身・복덕신福德身・법신法身・지신智身이다.
127 임무를 교대하소서(交龜) : 교귀交龜는 감사監司・병사兵使・수사水使 등이 바뀔 때 병부兵符와 인신印信 등을 인수인계하는 것을 말한다.
128 산처럼 구릉처럼(壽享) : 만수무강을 축원할 때 쓰는 표현이다. 『詩經』「小雅」〈天保〉

에 "如山如阜。如岡如陵。"이라 하였다.

129 보살 : 지옥의 모든 중생을 구제하기 전에는 성불하지 않겠다고 맹세한 지장보살을 지칭한다.

130 열왕列王 : 지옥에서 죄의 경중輕重을 판결하는 10위의 왕 즉 시왕十王을 말한다. 시왕은 진광왕秦廣王·초강왕初江王·송제왕宋帝王·오관왕五官王·염라왕閻羅王·변성왕變成王·태산왕泰山王·평등왕平等王·도시왕都市王·오도전륜왕五道轉輪王이다.

131 울타리와 병풍(藩屛) : 울타리와 병풍처럼 천자를 보호한다는 뜻에서 봉건封建한 후 국후國侯를 번병藩屛이라 한다.

132 대상大祥 : 죽은 지 두 돌 만에 지내는 제사.

133 가지加持 : '가加'는 가피加被, '지持'는 섭지攝持의 뜻. 부처님의 큰 자비가 중생에게 베풀어지고, 중생의 마음과 부처님의 마음이 하나로 어우러져 서로를 지키고 보호하는 것을 말한다.

134 경우궁景祐宮 : 순조純祖의 생모인 수빈 박씨綏嬪朴氏(1770~1822)를 모신 사당 이름이다. 실제로는 순조의 정비이자 당시 대왕대비였던 순원왕후純元王后가 통도사에서 순조의 천도재를 주도한 것으로 추정된다.

135 초도超度 : 천도遷度와 같은 뜻이다. 영가가 고통스러운 세계를 건너 극락세계에 도달하도록 인도하는 의식이다.

136 초재醮齋 : 제단을 만들어 신들에게 술과 음식을 바치는 도교 의식이다.

137 자장慈藏 : 신라 스님. 속성은 김씨, 속명은 선종善宗, 진골眞骨 소판무림蘇判茂林의 아들이다. 선덕여왕이 정승을 삼으려고 부르자 "하루 동안 계를 지키다 죽을지언정, 계를 파하고 백 년 살기를 원치 않는다."라며 응하지 않았다. 636년(선덕왕 5) 제자 승실僧實 등 10여 인을 데리고 당나라 청량산에 가서 문수보살상 앞에 기도하고 불두골佛頭骨과 불아佛牙를 비롯해 사리 100과와 금점가사金點袈裟를 받아서 귀국하였다. 통도사를 창건하고, 계단戒壇을 세워 가사와 사리를 모시고 사부대중을 교화하였다.

138 현절顯節 : 절개를 높이 드러내는 사당을 뜻하는데, 여기서는 사리탑을 의미한다.

139 신비한 비둘기가~집터를 점시하였습니다 : 오내산五臺山에서 부처님의 정골과 진신 사리를 모시고 귀국한 자장 율사가 안장할 장소를 찾으면서 나무로 오리 두 마리를 깎아 날려 보내자 그 새가 한겨울인데 칡꽃을 물고 왔다. 그곳을 찾아 사리를 모신 것이 지금 통도사의 진신사리 부도라고 한다.

140 정시丁時 : 오후 12시 30분부터 오후 1시 30분까지.

141 계옥桂玉 : 계수나무 땔감과 옥으로 지은 밥이라는 뜻. 전국시대 소진蘇秦이 초楚나라 왕에게 "초나라의 밥은 옥보다도 비싸고 땔감은 계수나무보다도 비쌉니다. 지금 내가 옥을 먹고 계수나무로 불을 때고 있으니, 이 또한 어려운 일이 아니겠습니

까?(楚國之食貴于玉。薪貴于桂。今臣食玉炊桂。不亦難乎.)"라고 하며 불만을 토로한 고사에서 유래하였다. 『戰國策』 「楚策」.

142 이포새伊蒲塞 : upāsaka의 음역인 우바새優婆塞가 와전된 것이다. 사부대중의 하나인 재가의 남자 신자를 뜻한다.

143 제기(籩豆) : '변籩'은 제사에 쓰는 대그릇(竹器)이고, '두豆'는 제사에 쓰는 나무 접시이다.

144 빈바蘋婆 : 과일 이름이다. 『法華經』에서 묘장엄왕妙莊嚴王이 "여래의 입술 빛깔이 붉고 선명하기가 마치 빈바과蘋婆果와 같다."라고 하였다.

145 단나檀那 : dāna의 음역으로 원래 보시布施를 뜻하나, 보시하는 사람 즉 시주施主를 뜻하는 단월檀越과 혼용해서 쓴다.

146 표충서원表忠書院 : 임진왜란이 끝난 후 사명 대사가 고향 마을 삼강동에 백하사白霞寺라는 작은 절을 창건하고 조부모와 선조의 명복을 빌었다고 한다. 이후 폐허가 되어 방치되던 것을 숙종 40년(1714)에 밀양 군수 김창석金昌錫이 유림과 함께 발의하여 관찰사 조태억趙泰億을 통해 조정에 계啓를 올리고 나라에서 제수祭需를 내릴 것을 청하였다. 이에 조정의 인가를 받아 사당을 짓고 표충사表忠祠라 하였다. 헌종 5년(1839)에 밀양부사 심의복이 조정의 허락을 얻고, 사명 대사의 8세손 월파 천유月波天有가 주도하여 사당을 영정사靈井寺로 이건해 사명寺名을 표충사表忠寺로 고치고 오늘에 이르고 있다. 임진왜란 의승장義僧將으로서 구국救國의 대공大功을 세운 서산西山, 송운松雲, 기허騎虛 3대사를 향사享祀한다.

147 영취산靈鷲山 : 양산의 영취산이 아니라 사명 대사의 생가가 있는 밀양의 영취산을 지칭한다.

148 신라 시대에 창건한 절 : 표충사 즉 영정사靈井寺는 신라 무열왕 원년(654)에 원효 대사가 창건하였으며, 당시 사명은 죽림사竹林寺였다. 신라 흥덕왕 때부터 영정사靈井寺라 하였다.

가산고 제3권
| 伽山藁 卷之三 |

오언고시
五古

비 온 후에 짓다
雨後作

남쪽 산마루에 붉은 노을 지고	南岳丹霞落
동쪽 계곡에는 하얀 강물 넘쳐라	東溪白水多
비 갠 시내에는 꽃의 계절 지나고	晴川花事歷
건너 언덕에는 새 풀 묵은 풀 섞였네	隔岸草芒和
아리따운 꾀꼬리가 날아다니는 동산	嬌態鶯流苑
청아하게 야윈 학이 서 있는 산비탈	淸癯鶴立阿
바람결 따라 바뀌는 매미의 어여쁜 곡조	蟬風飜婉曲
저녁이면 넘쳐 나는 나무의 맑은 노래	樹夕剩淸歌
허나 푸르른 산색이 슬금슬금 기울자	偃蹇靑山色
말끔히 씻은 푸른 넝쿨만 싸늘하여라	冷冷洗碧蘿

비가 막 개고
新霽

하늘과 땅이 밝은 거울 같아	乾坤如明鏡
그 기운 홀연히 맑고 시원해라	其氣忽淸涼
큰 들판의 색깔은 끝없이 푸르고	蒼莽大野色
평지 숲의 빛깔도 무성해졌구나	扶疎平林光
저 멀리 구름 끝의 절을 바라보고	望彼雲際寺
풀과 나무 또 저녁 햇살도 보나니	草樹又夕陽
건너편 언덕에는 휘늘어진 병든 초목	隔岸䕺腓卉
계곡을 끼고서 잠이나 자는 수양버들	挾礀眠垂楊
병자의 심정 스스로 억누르기 어려운데	病懷難自抑
저런 모습 보자니 슬픈 마음 더해라	於是增感傷
복사꽃 개울이 멀지 않다는 걸 알기에	桃溪知不遠
명아주 지팡이 짚고 어부 찾아 나섰더니	扶藜訪漁郞
상쾌해지는 정신이 떠도는 안개 같고	精爽煙浮似
반드르르 윤기가 도는 전단나무의 속심	渥然檀木腸
가련하여라, 저 창밖에서 우는 새들	可憐窓外鳥
경솔한 몸짓으로 퍼덕대기만 할 뿐[1]	輕身能翺翔
물결치는 나비야, 뭐가 그리 탐나느냐	浪蝶有何欲
엄청 바쁜 것처럼 부산을 떠는구나	還似太怱忙
게다가 긴 허공 속 한참을 노려보다	況眺長空裏
만 리 길 떠나가네, 아득한 저 하늘로	萬里去蒼蒼

한강을 건너며
渡漢江

나는 들었네, 한수의 근원이	吾聞漢水源
우통수[2]에서 시작된다고	于筒水以由
강회[3]도 너라면 채우겠건만	江淮汝許注
가는구나, 잠시도 쉬지를 않고	逝哉無時休
아득한 옛날에 양장[4]을 가르고	太古羊腸劈
그 물길 기나긴 모래밭을 찌르니	其道衝長洲
산맥과 바다가 돛 너머로 어렴풋	嶺海舣外仄
하늘과 땅이 강 위에 두둥실	乾坤江上浮
양쪽 언덕 물가에는 꽃이 시들고	夾岸汀花冷
가파른 못에는 늙은 용이 서렸네	阧塘老龍留
바람이 저리 세차 과부를 울리고	風掣鳴嫠婦
쓸쓸한 빗줄기에 옥룡이 뒤척이네	雨蕭翻玉虬
일엽편주의 힘을 빌리지 않으면	如匪借一葉
낙양에 쌀과 땔감 넉넉지 않다오	薪米洛不優
검푸른 빛깔이 구름 끝에 아득하고	黛綠雲際杳
종남산이 비췻빛 속에 흐르는데	終南翠中流
자줏빛 잉어가 물결을 희롱하고	紫鯉戲浪花
하얀 새가 바위 턱에 앉았구나	白鳥坐石頭

성 서쪽의 작은 모임에서
城西小社

우물 청소하고 베갯머리에서 우니[5]	井渫枕顚鳴
이지러진 달님만 문틈에서 밝아라	月虧戶郄明
허름한 집에서 끙끙 신음하자니	殿屎弊庐中
골격이 맑아져 뼈가 툭툭 불거진다	稜稜骨骼淸
억지로 일어나 산기슭 굽어보고	彊起臨山麓
촌뜨기 중이 오솔길을 나서나니	野僧石逕行
매미야, 엽전 따라간다 깔보지 마라	莫蟬輕葉曳
둥근 연뿌리가 못 가득 자란단다	圓藕滿塘生
작은 시내에서 새들이 서로 불러	小澗鳥相喚
남쪽 산의 구름이 이리로 또 저리로	南山雲縱橫
사람들 마음 석양빛처럼 도타운데	人心夕照厚
세상사 가을 털처럼 가볍기만 해라	世事秋毛輕
이익을 보고 참석해 앉아 있자니	利上將身居
동중서[6]에게 너무도 부끄러워라	大慚董仲舒
구하던 뜻도 이젠 어찌할 수 없고	求志今無奈
하고 싶던 말도 끝내 다 못 하겠네	欲言終未攄
세월은 지나가는 나그네요	光陰如過客
하늘과 땅은 하나의 여인숙	天地一蘧廬
가난이야 한탄할 바 아니지만	貧窮非所憾
차례로 옥죄는 고질병을 어쩌겠소	沉痼第縈紆
금옥은 오래되어도 성질이 여전한데	金玉久猶質
사람은 늙어 가면서 점점 파리해지니	人容老漸癯
얽히고설킨 고난 근심이 극에 달해	艱虞纏緜極

끌려다니는 신세쯤 여사가 되었다오   餘事被牽驅

경주에서 있었던 일
東州記事

동쪽 산마루에 분묘가 있어	東山墳墓在
떠나온 고향이 새삼 그리우니	離鄕故邑新
때는 임술년[7] 가을 7월에	壬戌秋七月
15일 밤 날이 밝기 전이라	十五夜未晨
양 어깨에 누더기를 걸치고	兩肩掛藍縷
비실비실 서쪽 이웃을 떠나니	邐迤去西隣
차가운 이슬 병든 잎에 떨어지고	病葉寒露滴
걸음걸음마다 산건을 때리는구나	步步打山巾
저녁 햇살에 시골집 문 두드리고	晚景扣村舍
아이 통해 친척 되는 이를 물어	借兒指所親
얼굴을 마주했지만 서로를 몰라	相見兩不知
어색하고 멋쩍음만 넘쳐흘렀네	羞澁對津津
한참 있다 어릴 적 이름을 댔네	良久言乳名
또 항렬자에 인 자가 있었지요	又有行字仁
가업이 한순간에 어찌 이리 되었나	家業一何遞
저 가을 하늘이 돌보지 않은 탓이지요[8]	不吊彼秋旻
혈육과 함께 아버지 어머니도	血肉同父母
타고난 수명이 이미 공평하지 못했고	命分已不均
상인도 아니고 공인 장인도 아니라	非商非工匠
유민으로 보낸 30년 세월	流隷三十春
그해 등불 아래서 본 아이가	他年燈下子
오늘 꿈결처럼 만난 사람이라오	今日夢中人
잠시 머문 육신들 돌아가시고는	寓形自有異

그 자취 휑하니 가뭇없이 사라져	蹤跡曠無垠
바람 앞 촛불 갑자기 보이지 않아	風燭掩忽然
부질없이 꿈에서나 자주 그리웠지요	夢想徒頻頻
그런 저는 길이 막힌 사람	伊余窮途子
세상에 뜻을 펼친 적도 없고	於世未嘗伸
가지산에서 초가나 빌려 사니	茅椽借伽山
숲과 언덕에는 솔과 대가 반반이라오	林丘半松筠
지나온 세월 잘못 살았단 걸 알기에	行年知非矣
휑한 물가에서 죽어도 걱정 않습니다	不患死荒濱
선대의 제사가 저에게서 끊겼는데	先祀絕於我
만 번 죽을 죄 마땅히 받아야지요	萬死罪加身

게으름을 노래하다
咏慵

나는 심고 거두는 일에 게을러	我有稼穡慵
논밭에 농사를 짓지 않았네	田疇不作農
나는 뽕나무 가지치기에 게을러	我有條桑慵
의복을 기워 본 적이 없네	衣服不嘗縫
나는 악기 다루기에 게을러	我有絲竹慵
음악에는 장님에다 귀머거리	宮商盲聾同
나는 누룩과 엿기름 빚는 일 게을러	我有麴糵慵
술병과 술통이 밤낮으로 비어 있네	壺樽日夜空
바랑에 쌓아 둔 쌀 한 톨 없어도	囊中乏所儲
차라리 굶지 절구질한 적 없고	寧飢不早舂
드리운 발 앞에 이끼가 끼어도	簾前莓苔産
차라리 문대지 털고 메우질 않네	寧屣不擺封
문학은 하류를 면치 못하고	文學不免下
생김새는 근근이 보통은 되고	形貌堇爲中
게으름에 있어서야 옛사람과 비교해도	以慵比於古
최고 중에 최고 게으름뱅이라 하겠네	能爲上上慵

옛날을 생각하다
感古

공자님 노나라로 돌아오시니	孔氏返于魯
은공 원년 봄⁹에 있던 일	隱公元年春
높이고 억제함이 이때부터 조리 있고	尊抑自有條
어짊과 의리는 이미 펼쳐지고 있었지	仁義已所陳
멈춰야 할 곳에서 멈출 줄 알았으니¹⁰	於止知所止
요임금 순임금이 어찌 다른 사람이랴	堯舜豈異人
그분의 말씀은 머리카락처럼 곧고	其言正如髮
그분의 덕은 귀신도 시기하였으며	其德猜鬼神
안 씨의 아들 정도는 되어야	庶幾顔氏子
석 달 동안 인을 어기지 않았지¹¹	三月不違仁
이런 도가 세상에서 시행되니	此道用於世
반드시 우리 백성 구제하겠네	必也濟斯民

상가행
傷歌行

옛 주인과 이별하고서	分背古主人
외면한 채 달려왔는데	外面犇走來
성상이 50번이나 바뀐	五十星霜更
오늘 아침 백발이 서글퍼라	白髮今朝哀
젊은 시절엔 용맹과 뽐냄에 홀렸다가	幼日幻怘怣
늘그막에는 우뚝한 봉우리 섬기나니	老境事崔嵬
노쇠의 징후는 예고 없이 오는 것	衰候不預期
꽃다운 마음 스스로 재촉해야 하리	芳心自可催
장자의 나비가 나풀나풀 다가와	莊蝶翩翩至
머리맡에서 홀로 배회하나니	枕上獨徘徊
이 도는 너무나 평범하지만	此道尋常尒
궁구하면 또한 알기 어렵지	如究亦難裁

어머니 생각
念慈親

자모께서 누리신 천수	慈母享天壽
구순에서 일곱 제한 해	除七之九旬
향긋한 곡주를 본래 좋아하셨건만	性愛香糯酒
집이 가난해 그냥 보내야 했던 봄날	家貧虛度春
한을 끌어안고 보낸 40년 세월	抱憾四十年
불효한 채 숲속에서 살아가는 몸	不孝林泉身
이제 중늙은이가 되었다지만	今爲中老者
여전히 응석부리고 싶은 아이의 엄마	尙戲嬰兒親
젊어서는 거친 나물도 싫다 않더니	少不妨藜藿
나이 들어선 신고를 참지 못하셨지	老不忍苦辛
예문을 읽으면서[12] 스스로 마음먹었네	讀禮心自作
천지에 형벌을 받은 한 사람이 되기로	天地一刑人

가을밤에 짓다
秋夜作

기나긴 밤 근심스런 꿈만 쌓이고	永夜疊愁夢
외로운 등불 나그네 시름만 더해	孤燈倍客情
몸 추슬러 난간에 기대 휘파람 불고	摳身凭檻嘯
시구를 찾아 달님 보며 거닌다	尋句面月行
주렴 밖에는 창망한 그림자	簾外蒼茫影
숲에는 쏴아 하는 바람 소리	樹間浙瀝聲
울적한 마음에 눈물까지 맺혀	沈沈戞漏滴
또박또박 한강물에 쏟는다	歷歷漢流傾
수놓은 비단이 서쪽 산에 쌓이고	錦綉西山積
안개와 노을이 북쪽 바다에 환한데	烟霞北海明
그윽한 회포를 붓으로 옮기려 해도	幽懷筆所託
술통에 채워진 감미로운 술이 없네	美酒樽無盈
기러기 문득 하늘 남쪽으로 향하는데	雁忽天南向
사람은 어쩌자고 한강 북쪽으로 갈까	人胡水北征
근심을 잊게 하는 건 오직 사물뿐	忘憂惟在物
노란 국화 수천 송이가 흐드러졌구나	黃菊數千莖

이치를 통달하다
達理

이지러졌어도 때가 되면 가득 차고	已缺有時滿
궁색해지면 반드시 통할 날 있지	至窮必期通
보지 못했나, 패왕의 나라를	不見伯王國
또 이 아방궁을 한번 보게나	視此阿房宮
조룡[13]이 호지[14]에 웅거할 때	祖龍滈池據
유방이 풍패[15]에서 일어날 줄 누가 알았으랴	誰知劉起豊
융중에서도 제갈량은 통했고[16]	隆中諸葛利
위수에서는 여망도 궁색했지[17]	渭上呂望窮
10년 동안이나 묻혀 있던 낭관 풍당[18]	十載潛郎馮
약관의 나이에 긴 끈을 청했던 종군[19]	弱冠請纓終
천만년 세월이 꿈속의 뒤척임이요	夢醂千萬古
아득한 허공에 찍힌 한 점의 구름	雲點太虛空
다들 취했는데 홀로 어찌 멀쩡하랴	衆醉獨何醒
남들이 다르다는데 내 어찌 같다 하리	人異我何同
역행과 순행이 가는 방향에 달렸음을	違順從所適
깨달았네, 사방 한 치[20] 가운데서	得乎方寸中

칠언고시
七古

언양현에 잠시 머물며
寓居彦陽縣

객이 있네, 객이 있네, 붕거²¹라는 자	有客有客鵬擧子
기다란 눈썹 하얗고, 또 귀는 누렇고	厖眉以皓又黃耳
그의 글은 인과 의 성리학의 설이요	其書仁義性理說
그의 도는 부처와 노자 허무의 마음	其道佛老虛无裏
한 물건이 천지 사이에 두루 스며 있어	一物綜紊天地間
따라 생기지 않고 따라 죽지도 않는다네	不隨而生不隨死
아! 나에게 노래가 있어 첫 번째 노래 구슬퍼라	嗟 我有歌兮歌一哀
웃긴 시도 청승맞은 노래도 여기에서 나온다네	笑殺秋愁賦自來

그 두 번째
其二

생애여, 생애여, 붓 한 자루뿐이로다　　　　　生涯生涯筆一柄
통하는 것도 운명이요, 막히는 것도 운명　　　達亦有命窮亦命
객사 밖 버릇없는 아이 태연히 걸터앉아　　　舘外驕兒踞夷然
눈썹 깔고 째려보아도 종아리 치지 않으리　　低眉邪視不打脛
길흉을 뽕나무밭[22]에서 엿볼 필요나 있나　　　吉凶何須桑田覘
이 도는 거두고 간직해 조급함 잦아드는 것　此道收藏云躁靜
아! 나에게 노래가 있어 두 번째 노래 풀어놓네　嗟 我有歌兮歌二放
몸이 마음을 부려 먹었지만 어찌 슬퍼만 하랴[23]　心爲形役奚怊悵

그 세 번째
其三

미인이여, 미인이여, 저 하늘 한쪽 끝에	美人美人天一方
한마음으로 가까이하며 갈강[24]은 되지 마세	同心親近非葛强
옛 고향 안개와 꽃에 쇠락한 집안 이야기	故國烟花零家事
근심스러운 꿈 등불 앞에 갈 길이 멀어라	愁夢燈前道路長
어미와 아들 유랑하다가 이곳에 기탁하여	母子流離寄於此
노을 가에 터를 잡고 초가집을 지었다오	卜誅茅棟烟霞傍
아! 나에게 노래가 있어 세 번째 노래 터지네	嗟 我有歌兮歌三發
가련하구나, 풀숲에 버려진 썩은 뼈들이여	可憐艸木抛朽骨

그 네 번째
其四

떠도는 세상, 떠도는 세상, 헤어지지 마세	浮世浮世莫乖離
하루 종일 침묵하니 어리석은 아이 같구나	終日嘿然如孩痴
승냥이 호랑이 포효하고 물고기 용 싸늘한데	豺虎咆嗥魚龍冷
그늘진 언덕 으슥한 곳에 추운 계절 다가오네	陰厓窈窕向寒時
산대가 터질 듯하자 서왕모께서 내려오시니	山竹欲裂王母降
수풀 끝에는 황홀한 무지개와 구름의 깃발[25]	林梢怳惚雲霓旗
아! 나에게 노래가 있어 네 번째 노래 연주하네	嗟 我有歌兮歌四奏
종과 경쇠 소리 신비하건만 산엔 아직도 어둠이	鐘磬秘㤿山未晝

그 다섯 번째
其五

바위에 걸친 초가집 사방에 여울목 급하고	巖架四隅湍流急
냉기 쏟아지는 갈대 주렴에 찬비가 축축해	冷射蘆簾寒雨濕
구름과 강물 다듬잇돌 곁에서 동자가 울고	雲水砧邊童子啼
옥황상제 거룩한 단 앞에 어른이 서 있구나	玉宸壇前丈人立
작아진 창자 채우기 쉬워 먹고 남는 것들은	衰腸[1]易充食所餘
바위에 올려놓으면 주린 까마귀 몰려든다오	置於石上飢鴉集
아! 나에게 노래가 있어 다섯 번째 노래 길어지네	嗟 我有歌兮歌五長
탁 트인 하늘에 안개와 달이 무하유지향[26]이로다	廓爽烟月無何鄕

---

1) ㉠ '腸'은 '腸'인 듯하다.

그 여섯 번째
其六

맹수는 산에 의지하고 용은 계곡에 숨어 있고	孟獸靠山龍藏湫
참혹한 바람 검은 구름에다 남쪽엔 굽은 나무	風雲慘黑木南樛
천둥 내리쳐 무너진 샘에는 큰 악어 헤엄치고	迋雷崩泉巨鼉泳
첩첩 산중에 누대 깎으니 도사가 노니는구나	疊山鏨臺道士遊
인생살이 50이면 하늘의 명령을 알 나이	人生五十知天命
배운 재주 졸렬하니 또한 쉬어야 옳으리라	學之工拙亦可休
아! 나에게 노래가 있어 여섯 번째 노래 지루하네	嗟 我有歌兮歌六遲
파리하게 야윈 푸른 학[27]이여, 그 자태일랑 늙지 마오	癯然靑鶴不老姿

그 일곱 번째
其七

유랑자여, 인간 세상 떠돌며 어떻게 늙어 왔나	浪子 羇旅人間何以老
어려서 도 배우지 못한 게 그저 한스러울 뿐	祗恨幼年無聞道
공경과 장상 어떤 사람이고 나는 어떤 사람인가	卿相何人我何人
부귀 영달할 재능 많건만 빈천과 궁색이 일찌감치	貴達多能貧窮早
저 연도에서 슬픈 노래 부르는 선비님 만나거든	如遇燕都悲歌士
평소 속으로 품었던 뜻을 왈칵 쏟아 내시게나[28]	抒攄平日之所抱
아! 나에게 노래가 있어 일곱 번째 노래 읊조리네	嗟 我有歌兮歌七曲
하늘에 슬피 호소하다 결국 군말[29]이 되었구려	哀訴蒼穹終瀆告

잡저·찬
雜著 讚

동명 대사 상찬

대사께서는 어디서 오셨을까.
술잔 하나로 바다를 건너셨지.
대사께서는 어디로 가셨을까.
연꽃이 우거진 곳으로.
영취산에는 수많은 나무와 안개와 달님.
하얀 무명 붉은 비단은 붓끝의 물감에서.
살아 계신 것 같다 하면 살아 계신 것.
돌아가셨다고 하면 돌아가신 것.
생멸이란 것이
결국 생멸하지 않는 것.

東溟大師像讚
師何來。渡海一杯。師何去。蓮華深處。靈就山萬樹烟月。白氎紅綃彩毫端。
彷彿生即生底。滅即滅底。生滅底。了做不生滅底。

밀암 대사 상찬

태어나 의탁하시다
죽어서 돌아가셨네.
태어남과 의탁함과 죽음과 돌아감은
눈으로 볼 수도 마음으로 생각할 수도 있지만
7할의 영명하신 혼만큼은
환하게 항상 밝으니
하늘이 무너진 뒤에도 죽을 수 없고
또 하늘보다 먼저 생길 수도 없도다.

密庵大師像讚
生而寄而。死而歸而。生寄死歸。可以目寓視。心寓思。而七分英爽。瞭然常明。不可後天而死。又不可先天而生。

구룡 대사 상찬

그대의 허허롭고 신령한 지각은 마음에서 발현하여 범위를 창조하였습니다. 그대는 움직임과 고요함을 졸병으로 삼는다 하고, 주관을 장수의 깃발이라 하였지요. 그렇다면 그대의 눈썹과 그대의 허리띠도 달을 가리키는 표식에 불과할 것입니다. 하지만 아우께서는 그저 황홀한 정신을 저 그림에 의탁하소. 그래야 내가 공의 영정을 보고 애달픈 그리움이라도 담을 수 있지 않겠소.

九龍大師像讚

而虛靈知覺。發見乎心底。甄陶範圍。而動靜云爲以卒徒。注觀將帥旗麾。然則而眉毛而衣帶。雖指月標幟。第只神之怳惚。彼繪素依歸。故吾於公之幀而。寓哀思而。

석담 대사 상찬

바다 위 묘봉산
높은 봉우리의 석담은
선문의 범 무늬요.
한적한 봄날의 고요한 구름 빗장
우아한 한 폭의 그림이
바로 대사의 얼굴이요.
그림 속에서 우러러보는 건
7할의 영명하신 혼이지요.

石潭大師像讚
妙峯海上。孤岑石潭。禪門之彪。窈窕春晝。閴靜雲關。嫺然一幅。大師容顏。畫裡瞻想。七分之間。

침허 대사[30] 상찬

석장 구름 정병으로
명산 두루 유람하고
염불하고 참선하여
현묘한 관문 통과했네.
대사 지금 어디 계시나.
티끌 세계 벗어나셨도다.

枕虛大師像讚
錫杖雲瓶。徧遊名山。念佛叅禪。透入玄關。師今何在。超出塵寰。

월파 대사[31] 상찬

아! 세상이 문장을 숭상한다지만 소박함을 숭상하진 않으니, 소박하면 반드시 시대의 기호에 부합하지 않는다. 하지만 군자는 이로써 옳다고 할 것이다. 대사의 마음 씀씀이는 질박하고 정직하여 사사로운 뜻은 털끝만큼도 용납하지 않으셨다. 오호, 뒷날 이 초상을 뵙는 사람들은 눈썹을 볼 것이 아니라 심지心志의 뒤를 봐야 할 것이다.

月波大師像讚
吁。世尙文而不以素矣。素必不合時好。而君子可以爲是矣。師之用心質直。不容一毫私意。嗚乎。後之人瞻像者。不以眉毛。以心志後已矣。

금학헌 좌하의 편지에 재차 답장을 올립니다

매산재 홍직필[32] 공의 답장을 첨부한다

　초봄에 정병과 석장을 욕되게 하며 찾아 주셨으니, 이는 현도玄度[33]가 지둔支遁[34]에게서 얻었던 것과 같습니다. 다만 『남화경』 첫 편을 입을 크게 벌려 강론하고 토론하는 것[35]을 빠뜨려서 마음에 걸림이 없을 수 없었습니다. 거듭 사미를 보내 법음을 들려주시니, 거의 인정을 잊지 못하신 분만 같습니다. 이러시면, "무심이 바로 도다."라고 하신 옛 선사들의 말씀을 어기시는 것 아닙니까? 왜 이런 짓을 시빗거리라 여겨 무시하질 않으십니까?

　손가락 한번 튕길 사이에 어느덧 1년의 세월이 흘렀습니다. 그 사이 구름에 물든 노을과 강물에 어린 달님을 상상하면서 더없는 맑음을 그리워하였지만 딴 세상에 계신 분처럼 휑하여 다시는 뵐 수 없었습니다. 그럴 때마다 던져 주신 경거瓊琚[36]를 간간이 꺼내서 읊고 노래하기를 쉬지 않았는데, "방 한 칸이면 공가公家건 사가私家건 이 몸 족히 누울 곳, 삼재三才와 경수涇水 위수渭水는 마음을 희롱하는 마당이로다."란 구절에 이르러서는 그 말씀으로 인해 정신이 번쩍 들었습니다.

　여쭙겠습니다. 추워진 날씨에도 불구하고 선정이 더욱 안정되시며, 이로써 온갖 것을 움직이고 모든 경계를 받아들이는 것[37]을 깨달아 응당 빛깔과 모습 밖에 보존하시고, 푸른 대와 누런 꽃에서 진면목의 풍광을 흠뻑 취하고 계신지요? 현재 어느 산에다 방패를 걸고 계십니까? 너무도 험난한 이 시절에 먹고 마시는 데 어려움은 없으신지요? 스님께서는 티끌 세계를 훌쩍 벗어나 법문에 귀의하고는 오온五蘊이 모두 공하고 육근六根이 이미 사라진 즐거움에 빠져 돌아올 줄 모르니, 그렇게 한평생을 마치시려는 것입니까? 보내신 편지의 말씀에 따르면, 성현들의 책을 읽어 공자孔子·맹자孟子·정자程子·주자朱子의 도를 대강은 안다고 하셨습니다. 또 "불교의 해로움은 양주楊朱나 묵적墨翟보다 더하다."[38]라고 말씀하셨습니다. 정말 그러시다면 왜 돌아와서 순수해지질 않고, 환상처럼 헛되고 실체가 없는 땅에서 그렇게 한평생을 마친단 말입니까! 묵가의 이름을 하고 유자의 행동을 하는 자가 되는 것이 아니겠습니까? 아니면 또 마음은 유자에 행적은 불자인 자입니까?

행적이란 자연히 마음과 더불어 변화하는 것입니다. 이것이 이른바 "이런 마음이 있으면 이런 행적이 있다."라는 것입니다. 그 형체에 보존된 마음이 변화한 것을 이미 알아 손과 발을 엄숙히 할 수 있다면, 왜 용감하게 사자좌를 치워 버리고 크게 한번 변모하여 (우리) 도道에 이르지 않는 것입니까?

도라는 것은 곧 천만세에 항상 통행해야 할 길이고, 천만인이 함께 본받아야 할 길입니다. 그러나 석씨에게는 임금도 신하도 부모도 자식도 없습니다. 임금·신하·부모·자식 없이도 도로 삼을 수 있는 것이 어찌 있겠습니까? 생명체가 대를 이어 가는 이치를 막아 장부는 아내를 얻지 못하게 하고 여자는 지아비를 얻지 못하게 하니, 이는 만물을 단절시키는 것입니다. 만물을 단절시키면 만물이 생겨날 수 없고, 만물이 생겨날 수 없으면 인류는 소멸하고 맙니다. 그러면 잘 인도하는 문을 열고, 상법象法[39]의 가르침을 베푸는 것을 누가 한답니까? 이런 것을 통행해야 할 길이고, 함께 본받아야 할 길이라 할 수 있겠습니까?

이런 점을 알았다면 누군가의 몇 마디 확언을 기다릴 것도 없이 방법을 생각해서 새롭게 모색해야 마땅합니다. 스님은 모르는 것이 아니라 알면서 하지 않는 것입니다. 모르는 것은 죄가 아닙니다. 알면서도 하지 않는 것이 바로 죄입니다. 스님의 현명함이면, 또한 어찌 옛것을 좋아하지만 새로운 것에 적용하지 못한다고 하겠습니까. 이미 자른 머리카락을 다시 기르고 이미 허깨비로 만든 몸을 변화시키는 것을 어렵다고 여기실 게 분명합니다. 하지만 진실로 옳고 그름을 실제로 볼 수 있다면 불교에서 도망쳐 유교로 돌아와야 하고, 또한 의리로 보아도 그게 마땅합니다. 어찌 그 지나간 허물을 쫓고 그 장래를 염려하느라 지금 마땅히 해야 할 바를 하지 않는단 말입니까.

명교名敎[40]에 본래 즐거운 땅이 있어 성인이 되고 현인이 되니, 또한 이를 본받고 이를 실천할 따름인 것입니다. 왜 꺼리면서 시행하지 않는단 말입니까! "누가 요임금 순임금을 만나 마음을 전수받고, 누가 공자와 맹자를 만나 말씀을 들었는가? 그저 이는 분전墳典[41]일 뿐이다."라고 하셨는데, 참으로 진실한 말씀입니다. 세월이 아득하여 사람은 죽고 오직 그들의 말씀만 남았을 뿐입니다. 그들의 말씀에 나아가 그분들의 마음을 얻는다면 이것이 그들의 마음을 전수받고 그들의 말씀을 수용하는 방법입니다. 스님께서 우리의 도를 좋아하고 사모함이 있다면 반드시 그것을 분전에서 찾아야 옳습니다. 세상에 드물게 출현하는 영걸한 인재들이 석씨의 속임수에 놀아나 태어나면서부터 눈과 귀를 고요히 하는 일에 빠지고, 자라서는 세속적인 유자들이나 숭상하는 말들을 배우며, 그 작용을 일신으로 가리고 그 뜻을 공적에 빠뜨려 큰 것을 말하건 작은 것을 말하건 실체가 자취도 없이 사라져 중도를 잃어버리니, 이것이 옛 현인[42]께서 심히 애석해하셨던 바입니다.

스님 역시 당대의 영걸한 인재이십니다. 말을 몰아서 선善으로 나아가 함께 대도를 걷는 자가 됩시다. 이렇게 진실하고 간절한 마음으로 권하는 것은 스님을 위해서가 아니라 그 재주 때문입니다. 인재는 얻기 어렵습니다. 그렇지 않습니까?[43] 스님의 문장 짓는 솜씨는 놀라울 정도로 민첩하고 오묘하니, 백곡白谷[44]이나 인악仁岳[45]과 서로 형제가 된다 하겠습니다. 진실로 머리를 돌려 생각을 바꿀 수만 있다면 또한 문장을 바탕으로 우리 도에 받아들여질 것이니, 어찌 일이 반은 이미 성사된 것이 아니겠습니까? 살아서는 바른 도로 돌아온 사람이 되고 죽어서는 도를 들은 귀신이 된다면, 또한 순리대로 살다가 편안하게 죽었다고 할 수 있을 것입니다.

하루아침에 산을 나오면 돌아갈 곳도 없고 먹고살 방도 없다 하시지만, 이 일은 마음먹기에 달린 것입니다. 성심으로 도를 향한다면 또한 그대의 귀의를 받아 주고 그대의 땅이 되어 주는 자가 왜 없겠습니까. 하늘의 이치를 헤아리는 것이건 인간의 일에 참여하는 것이건 안 될 것이 하나도 없습니다. 다만 염려되는 것은 스님이 그 불법을 끌어안고서 "그럴 수 없다."라고 하는 것입니다. 명성明誠[46]께서 말씀하길, "어린 시절부터 절에서 살아 원하는 바가 여기에 있지만 시행할 수 없다. 그래서 재액齋額을 깎아 버린 지 오래이다."라고 했습니다. 다음 편지에서는 다시는 이런 말씀 마십시오.

명협 두 포기[47]를 보내 주시니, 여산의 오동잎[48]을 갖추게 되어 다행입니다. 저는 봄 무렵에 시시한 벼슬살이를 하느라 구질구질하게 천 리 길을 쏘다녀야 했습니다. 스님이야 삼공三空[49]을 깨달아 십지十地[50]를 초월하신 분이니, 분명 이를 돌아보며 가엾게 여기실 것입니다. 돌아와 병으로 누웠더니 훌쩍 세월이 흘러 섣달그믐도 얼마 남지 않았더군요. 삼소三笑의 모임은 그래서 참석하지 못했습니다. 이 역시 세상 인연에 얽힌 탓일까요? 도연명陶淵明과 육수정陸修靜의 풍류에 부끄러움이 큽니다.

병을 무릅쓰고 남에게 대신 쓰게 하는 편지라서 일일이 다 표현할 수 없군요. 그저 차 마시고 밥 드시는 일이 새해에 더욱 편안하기만 바랍니다.

復答上琴鶴軒座下書

附答梅山齋洪公【諱直弼】

孟春辱瓶錫爲顧。此玄度之所得於支遁者。而但欠南華首篇。大開口講討。則不能無介介于中。荐屈沙彌被以法音。殆若不忘情者。然莫無有違於古禪無心即是道之云耶。豈以爲非是而不取耶。彈指之頃。歲居然一周。於其間。想象雲霞水月。心思淸絕。而曠若隔世。不可以再親。則時出所被瓊琚。而諷咏不休。至一間公私容髮處。三才涇渭玩機場之句。所以喚醒者。大矣。爲問。天寒禪況益之。所以了羣動而納萬境者。應存乎色相之外。而翠竹黃花。領取眞面風光否。挂牌見在何山。值歲大險。得無飮啄之累否。師脫略塵界。歸依法門。五蘊咸空。六根已盡。樂而忘返。以終其身否。承喩讀聖賢書。粗識孔孟程朱之道。又言佛氏之害。甚於楊墨。苟其然者。曷不反之而醇如。了平生於虛幻無實之地。乃爾乎哉。無乃爲墨名而儒行者耶。抑亦爲心儒而跡佛者耶。跡則然矣。心與之化。此所謂有是心則有是跡者也。旣知其形存心化。手足可嚴。則何不勇撤獅座。一變至道耶。道者。即千萬世所通行。千萬人所共由者。而釋氏無君臣父子。安有無君臣父子。而可以爲道者乎。遏生生之理。俾丈夫不得有室。女子不得有家。是絕物也。絕物則物不得生。物不得生。則人之類滅矣。誰爲而開善誘之門。施象法之敎耶。是可謂所通行而所共由者耶。有見乎此。則應不待片言之決。而思所以改圖也。師非不知也。知而不爲也。不知者。非罪也。知而不爲者。乃爲罪耳。以師之賢。亦豈悅故而不即乎新哉。必應以長旣短之髮變已幻之形爲難。而苟能實見得是非。則逃佛歸儒。亦理義之所固然。何可追咎其旣往。而迎慮其將來。不爲其所當爲乎。名敎中自有樂地。爲聖爲賢。亦由是而之焉而已。何憚而不爲哉。誰見堯舜而傳心。誰見孔孟而受說。秖是墳典而已云者。誠哉言乎。世遠人亡。獨其言在耳。即其言而得其心。則乃所以傳其心也。受其說也。師悅吾道而有慕焉。則必求之於墳典可也。英才間世。被釋氏所誤。生則溺耳目恬習之事。長則師世儒崇尙之言。蔽其用於一

제3권 • 295

身。役其志於空寂。語大語小。流遁而失中。此爲昔賢之所痛惜。而莫之救者也。師亦當世之英才也。要其斷而之善。偕底大道者。乃心眞切。非爲師也。爲其才也。才難。不其然乎。師之於文詞。敏妙警絶。當與白谷仁岳相伯仲。苟能回頭轉顧。亦當因文入道。豈不收事半之功乎。生爲歸正之人。死作聞道之鬼。則亦可以存順而歿寧矣。一朝出山。無所乎依歸。無賴乎活計。斯事也在所當念。誠心向道。則亦豈無受其歸而爲之地者哉。揆之天理。叅以人事。無一之不可。而但恐師拘其法而不能也。明誠之云。少時事也。乃所願則在玆。而不能有行。故刊落齋額者久矣。後以書來。勿復云爾也。二寞送去。幸備廬山之銅¹⁾葉焉。俺春間被薄宦所驅。屑屑爲千里役。如師悟三空超十地者。應爲之回憐也。歸來淹病。奄薄短臘之三十矣。三笑之會。因之不遂。是亦世緣所嬰耶。有愧陶陸風流。大矣。力疾倩書。書不能盡宣。惟幾杯鉢。迓新益安。

---

1) 옌 '銅'은 '桐'인 듯하다. 『梅山先生文集』 「答戒悟上人」에도 '桐'으로 되어 있다.

옛 선사들께서는 섣달그믐에 시절인연이 도래하여 한평생 참학했던 일을 끝마쳤다던데, 지금 저 계오戒悟도 섣달그믐에 역시나 좌하께서 손으로 쓰신 꾸지람을 얻게 되었군요. 그 10년 전에 의심했던 바가 가슴 한복판에서 아찔한 것이, 마치 악몽에 시달리던 사람이 옆 사람의 부르는 소리에 놀라 화들짝 깬 것만 같습니다.

삼가 생각건대, 좋은 시절을 맞아 기력과 몸은 어떠신지요. 청정한 거처는 더럽혀지는 일이 없고, 색동옷 입고 춤추는 일[51]도 두루 빼어나시겠지요. 만 가지 복을 산문에 보존하리니, 내리신 은덕을 조금이나마 얻게 되어 너무나 다행입니다. 그리고 내리신 첩지의 말씀과 논의가 바로 집대성이요, 금성옥진입니다.[52] 구절구절 조리를 갖춘 것이 당대에 비교할 자가 없겠군요. 세 번 네 번 읽고 나자 가슴속 응어리가 저절로 풀리는 것이 마치 가난뱅이가 옷 속에 매달아 주었던 구슬을 얻은 것만 같고,[53] 또 병에 걸린 사람이 편작扁鵲의 처방전을 얻은 것만 같습니다.

　삼가 보내신 편지의 말씀에 따르면, 그 대략은 "왜 용감하게 사자좌를 치워 버리고 크게 한번 변모하여 도에 이르지 않느냐?"는 것입니다. 진실로 그렇게 한다면 이른바 깊은 골짜기를 벗어나 높은 나무[54]로 옮겨 가는 것이니, 그러길 원해야 옳을 것입니다. 하지만 주인공이 헤아리는 일의 정황과는 큰 맥락에서 서로 어긋납니다.

　대략 모르는 바는 아닙니다. 세상의 쓸모없는 백성이 장차 세상에 쓰일 날이 있으리라 자처하면서 자취를 지우고 빛을 숨기고 홀로 자신만 선하게 한다고 해도 오히려 군자의 꾸지람을 면치 못합니다. 하물며 허무의 땅에 빠지고 버려져 임금도 신하도 부모도 자식도 모르는 도이겠습니까?

　저 계오는 속가 시절에 아버지를 잃고 일찌감치 불교에 의탁하여, 복종하는 것이라고는 부처님께서 말씀하신 인과설 한 가지입니다. 무릇 세간에서 쓰임새가 있다고 여기는 것은 윗사람이라면 이른바 덕이요, 아랫사람이라면 이른바 언변입니다. 어느 하나 마땅한 구석이 없는 자인데 자신의 힘을 가늠하지도 않고 감히 딴생각을 내겠습니까? 오늘 산을 나갔다가 내일 송장이 되어 골짜기를 메운다면 어느 누가 바른 도로 돌아간 사람이라 하겠습니까? 죽더라도 이미 도를 들은 귀신이 되었으니 편안하리라고 말할 수도 있겠지요. 하지만 죽고 사는 마음이 이미 타파되었다면 세상의 고통과 즐거움, 영화와 쇠락은 활활 타오르는 화로에 떨어지는 한 점의 눈송이입니다. 오직 죽고 사는 일이 역시 중대하다는 것만 알 뿐, 의리에 따라 마땅히 해야 할 바는 모르겠습니다. 게다가 위로 늙으신 어머님이 계셔 나이가 이제 여든둘이십니다. 아침저녁으로 바치는 바랑 속의 죽이 열이면 열 모두 산문의 넉넉한 은택인데, 오늘 당장 이것을 버리고 어느 곳으로 돌아가 어떤 사람에게서 살 궁리를 한단 말입니까?

　옛날 유 중서劉中書 총 대사聰大師[55]는 진실로 행적은 불자이지만, 마음은 유자인 분이셨습니다. 이 도에 들어가 그 미묘함을 끝까지 연구하고 그 지혜를 더욱 증장시키고는, 한번 나아가 자신이 시험했던 바를 국가에 시행하자 터럭 하나만큼도 어긋나지 않았지요. 또한 소성 거사少性居士[56]도 법계法階에 오른 스님이셨지만 도술이 있었던 그는 전생의 인연들을 위해 스스로 환속하기도 하고, 스스로 제사를 받들기도 하셨습니다. 이런 분들은 모두 옛날의 현인들이셨으니, 포정 씨庖丁氏의 칼이 뼈마디 사이로 획획 들어갔던 것처럼[57] 어느 곳에 계시건 마땅치 않음이 없었습니다. 하지만 계오 같은 자야 푸른 솔잎이나 먹고 흐르는 물이나 마시다가 어느 아침 저녁 나절에 죽어 함께 풀숲으로 돌아가 썩어 문드러지고 흔적도 없이 사라질 인물일 따름입니다. 이곳에 있은들 무엇이 걱정이고, 나간들 무엇이 이롭겠습니까?

  좌하께서는 어진 분이고 의로운 분이십니다. 자신의 어린 아들이 물에 빠지고 불에 타는 것을 보고는 머리카락을 풀어 헤치고 달려가 구해 주려 하면서 오직 미치지 못하면 어쩌나 걱정하는 분이십니다. 그래서 못나고 볼품없는 이 계오에게까지 주자朱子가 그 아들에게 했던 것처럼 하시질 않는 것입니다. 불교나 도교의 문자로 표현한 적이 없으신 것은 찾아와 배우려는 이들로 하여금 치우치고 방탕한 대법[58]에 빠지게 해서는 안 되기 때문이겠지요. 그래서 인의와 도덕의 말씀으로 허심탄회하게 가르침을 주시는 것이겠지요. 계오도 사람입니다. 이런 마음이 있기에 이런 말씀을 들으면 흔연히 저도 모르게 돌연 현명하신 성자들의 묘역으로 들어가는 자입니다. 하지만 개인적인 사정이 대략 앞에서 밝힌 바와 같아 명을 받들 수가 없군요. 죄송하고, 또 죄송합니다.

  명협 두 포기를 보내 주시니, 이제 비상계非想界로 비비상계非非想界를 만드셨군요. 좌하의 도가 위대하건만 바위틈 샘가에서 메말라 가시는군요. 하지만 살아서는 동산을 이루고 죽어서도 향기로울 것입니다.

  삼가 바라오니, 부모님을 모시는 여가에 도학의 수양을 스스로 굳건히 하며 쉼 없이 노력하여 저의 미미한 정성이 적중되게 하소서.

古禪以臘月三十日。時節因緣到來。一生叅學事畢。今悟以臘月三十日。亦得座下手滋唪曝。其十年前所疑。中心悅爾。如夢魘底人。因被他人喚惺去。伏惟令辰。氣體候。淨居無染。舞彩勻勝。萬椵山門保之。儘獲所賜倖甚。第下帖言論。諟集大成。金聲玉振。章章條理。當世無雙。三四讀過。胷中自無滯礙。如窮子得衣內繫珠。又如嬰病獲扁鵲方劑。伏承來喩。其略曰。何不勇撤獅子座。一變至道耶。苟如此。所謂出幽谷遷喬木。是可願也。而與主人公忖之事機。大叚[1]相左焉。蓋非不知。世之逸民。其自處將有可庸於世。而晦跡韜光。獨善其身者。猶不免君子之譏。而況淪棄於虛無之域。而無君臣父子之道乎。如悟者。在家失怙恃。早托於釋氏。所服即一種浮屠因果說。夫世間之所以爲用者。上所謂德。下所謂言。無一可者。而不度其力。敢生異計乎。今日出山明日壙堅。孰謂歸正之人。雖死。已作聞道之鬼。可謂寧矣乎哉。生死心已破。則世上苦樂榮枯。如烘鑪中點雪。惟知生死之亦大矣。而不知理義之所當爲。又況上有老母。年當八十有二。鉢囊中饔粥之爲供吻哺者。什什山門之餘澤。今日舍此。而依歸乎何處。活計乎何人。前日劉中書姚[2]大師者。眞實底跡佛心儒。入於是。姸窮其微妙。增益其智慮。一出而以其所試驗。施於家國。則毫髮不爽。且少性居士。徐登墭者。有道術爲夙緣。而或因其汰淘。或因其奉祀。此等皆古之賢人也。如庖丁氏之刀。砉然入於骨節。無所處而不當耳。又如悟者。啄靑松。飮流水。朝莫死而。同歸於艸木。腐爛泯滅而已。處何悶乎。出何益乎。座下。仁人也。義人也。見其孺子溺於水火。被髮以往救之。惟恐不及。故於悟之不肖無狀也。不以爲坐於子朱子之爲。丕昚寫亐觀乂字。使來學不可陷溺波淫大法。而以仁義道德之說。虛心召敎來。悟亦人也。有是心。而聞是說。忻忻然。不覺突入於聖明之兆域者也。而私情盖如右。故不獲承命。罪死罪死。二賞下送。今非想界。以作非非想界。座下道大。巖泉枯朽。又生化囲。死且芬矣。伏願侍餘道履。自彊不息。以中微誠。

---

1) ㉠ '叚'는 '段'인 듯하다. 2) ㉠ '姚'는 '聽'의 오자인 듯하다.

인산 대아께 올리는 편지

작년 단풍과 국화가 우거질 무렵에 검은 수레 덮개(皁盖)[59]가 가산에 머물러 가산의 낯빛이 이때부터 좋아졌는데, 다만 그러고는 행차하시질 않으시는군요. 일이 너무나 바쁘심에도 불구하고 그간 쌓으셨던 것의 만 분의 일을 편안히 꺼내 보이셨으니, 허현도가 일찍이 지둔 선사의 당堂에서 『유마경』에 대해 질의하고 비판했던 일[60] 역시 홀로 옛날의 미담으로만 남지는 않을 것입니다.

삼가 생각건대, 봄날에 정사를 돌보시는 몸은 어떠신지요. 분수를 지키며 모범을 보이시는 모습을 위로하고 우러르는 마음 간절합니다. 계오는 정병과 발우로 살아온 생애가 보잘것없는 데다가 시절 또한 험하고 흉흉해 배를 채우기 위한 노역도 엉망진창이고, 마음의 뜻을 기를 양식도 공급하지 못하고 있습니다. 밤기운으로 윤택해진다는 것을 알고야 있지만 아침과 낮에 하는 일들을 이기지 못해 구속의 폐해가 나날이 심해지고 우산牛山의 나무는 더 이상 싹을 틔우지 못하고 있습니다.[61]

연 사미가 "합하께서 정무에 힘쓰느라 공적인 휴가는 물론이고 한가할 틈이 조금도 없으시다."라고 하더군요. 아랫사람들의 바람에 너무나 흡족한 일입니다. 자인현慈仁縣이 비록 작다지만 정신없이 분주하기는 매한가지이겠지요. 게다가 흉년이 겹쳐 길거리에 굶어죽은 시체들이 널렸습니다. 하지만 합하께서 다스리는 고을에서는 "편안하여 아무 일 없다."라고 송덕의 노래를 부르며 지금까지도 합하를 크게 치하하고 있습니다.

지난날 도 태위陶太尉가 공정하고 청렴하자 형주荊州와 광주廣州의 선비와 여인들이 모두 그를 경하하며 칭송하였고,[62] 그의 손자 정절 선생靖節先生[63]은 천고에 빼어난 놀라운 인물이 되었지요. 아, 하늘의 도는 돌려주길 좋아하니, 선한 일에는 복이 따르고 음란하면 재앙을 초래하는 법이지요. 이를 말미암아 말하건대, 자신이 지키는 도를 왜곡해 안으로 마음에 부끄럽고 밖으로 백성을 속이는 짓을 어찌 하겠습니까!

마음이 이미 지극하면서 행동이 따르지 않는 것은 소인도 해서는 안 될 짓입니다. 그래서 그 정치하는 도를 함부로 말하여 합하를 위해 칭송해 보았는데, 어떠실지 모르겠습니다.

上仁山大裔書

客年楓菊。皀盖駐伽山。伽山顔色。自此以好。只乏行次。侘傺不克。穩做其所蘊在底萬一。而許玄度。嘗與遁禪師堂。設問難維摩事。亦不獨專美於前日也。伏惟春日。政體候若何。慰昂倹規切。悟甁鉢生涯幺麽。値歲險凶。口腹之役汩陳。心志之養不給。聊知夜氣所潤。不勝朝晝所爲。梏害日深。牛山木戛不孼芽。演沙彌日。閣下勤於政務。一切公冗。少無閒暇。甚愜下望。慈縣雖小。靰掌一也。且年歲不登稔。塗有餓莩。而四隣之內。晏然無事頌作。于今爲閣下大賀。昔日陶太尉公廉。得荊廣士女之慶稱。厥孫靖節先生。聳動千古。噫。天道好還。福善禍淫。由此以言。安爲枉其所守之道。而內以怍乎心乎。外以欺乎民乎。情已至而事不得從者。乃是小人之所不爲。故妄言其爲政之道。爲閣下頌之。未知如何。

일천 허형 공의 답장을 첨부한다

이른 봄에 돌아와서는 일이 너무 급해 다시는 얼굴을 뵙지 못했습니다. 이렇게 이별해 돌아온 후로 벌써 계절이 네 번이나 바뀌었군요. 남쪽 산마루 구름을 바라보면서 어찌 슬퍼하며 탄식이 흘러나오지 않았겠습니까? 천하에 가장 날카로운 칼로도 끊기 어려운 것이 인정이란 걸 조금은 알겠군요. 스님의 마음 역시 분명 저와 같으시겠지요. 추 대등秋大登 역시 인정이 많은 분입니다. 이렇게 천 리를 멀다 않고 일부러 찾아와 얼굴을 마주하고는 스님 소식을 상세히 전하여 저의 마음속 고통을 쉬게 해 주는군요.

겨울이 이미 시작되어 추위가 심해질 기세입니다. 이런 계절에 선사께서는 어떻게 지내십니까? 스님께 늙으신 어머님이 계신 것으로 아는데, 모시기에 편안하고 여러 가지 형편도 예전 모습 그대로이신지요? 멀리서 생각만 구구합니다.

돌아왔을 때 잘 도착했다는 인사를 빼먹었던 것은 이 몸이 낭패를 당했기 때문만은 아닙니다. 세상의 도가 참으로 너무도 마음을 시리게 했기 때문입니다. 굽고 곧음 옳고 그름이 본래 사람들에게서 비롯된 것이지, 공언公言이야 저와 무슨 상관이 있겠습니까.

요즘은 성 밖 옛집에 잠시 머물며 하는 일 없이 자유롭고 한가하게 지냅니다. 그랬더니 관청의 여러 문서와 장부 등으로 근심하고 고뇌하던 때보다 훨씬 좋습니다. 다만 노인을 모셔야 하고 추위까지 닥치는데 예전처럼 책과 씨름만 하고 있으니, 이것이 안타까울 뿐입니다. 하지만 이것 역시 분수입니다. 무슨 원망이 있겠습니까?

관아에서 지내던 시절에 보내 주셨던 시권은 믿고 전할 길이 없어 믿을 만한 아전 김종철金宗哲이란 자에게 맡겨 두었습니다. 인편을 보아 전하도록 하겠습니다. 김 아전은 현재 유리由吏[64]를 맡아 보는 자입니다. 그러면 분명 잃어버릴 리 없다고 생각했기 때문입니다. 지금 대등을 통해 『사명집』을 찾으셨는데, 이미 서울로 올려 보낸 서책 가운데 들어가 버렸습니다. 따라서 읽을거리로 남겨 두고 돌려드리지 못하니, 이를 양해해 주십시오.

우안遇岸 스님 역시 한 몸 편히 잘 지내시는지요? 여러 처소의 편지에 일일이 답장하기 어렵고, 각 장에 쓸 수도 없군요. 이런 뜻을 부디 전해 주시고, 저를 대신해 안부를 여쭈어 주십시오. 서로 천 리나 떨어져 만나기 쉽지 않기에 써 놓은 편지 앞에서 허전한 슬픔만 더합니다.

附答一川許公【諱珩】

春初歸。事甚急。更不得一面。而別歸後。已四易序矣。南望嶺雲。何嘗不悵然流嘆。儘知天下利刀難斷者人情也。師之心。亦必同此也。秋大登。亦有人情者也。能不遠千里。委來相面。細傳師信。息其意良苦。冬候已啓。寒意向緊。此時禪履何如。知師有老母。侍奉安寧。而諸節一依宿狀否。遠念區區。歸時敗歸事。非徒此身之狼狽。世道誠極寒心。曲直是非自有人。公言於我何關焉。近寓城外舊巢。冗散自在閒趣。則絶勝於朱墨簿牒之愁惱。但奉老當寒。依舊攻苦。是悶悶然。亦分也。有何怨尤也。在衙之日。所投詩券。無信傳之路。留付於可信吏金宗哲家者。待便傳去。金吏即今之由吏者也。想必無闕失之理故。今托大登。覔傳泗溟集。旣入上京書策之中。故留覽不還。諒之也。遇岸師亦一體安住否。諸處書難於酬應。不能各幅。此意倖傳之。爲余存問之。兩地千里。相逢未易。臨忝尤覺沖悵。

양산 대아께 올리는 편지

바위의 단풍나무에 붉은 빛깔이 흐드러지고, 울타리 아래에는 국화가 만개하였습니다. 궁벽한 암자에 멍하니 앉아 그 천지의 숙연한 기운을 상상하고 초목과 모든 동물들을 널리 헤아려 보았더니, 사람 노릇을 다하지 못한 일개 까까머리임을 마음 깊이 느끼게 되는군요.

삼가 생각건대, 합하께서는 정무를 돌보시면서 때때로 정밀하고 밝은 기운을 균등하게 획득하고 계시겠지요. 그리고 사랑하고 용서하는 덕으로 임하여 선비와 백성들이 각기 그 삶을 성취하게 하시겠지요.

계오는 한 사람의 불제자로서 부모도 없고 임금도 없으며, 또한 서로 낳아서 기르는 도도 모른 채 살고 있습니다. 게다가 이처럼 부처와 조사의 활구에 표본으로 삼을 만한 것이 한 조각도 없어 지금까지도 흰머리로 심란해하고 있습니다. 그러니 어찌 "일심一心을 지난 일로 여길 따름이다."라고 말하겠습니까? 무릇 마음이란 몸의 주인이며, 모든 신체 부위에 명령을 내려 따르게 하는 것입니다. 그래서 하늘과 땅과 더불어 삼재가 됩니다. 어찌 눈과 귀의 보고 들음과 손발의 운동이 그 사이에 침투하고 틈을 벌려서 이 마음을 병들게 해서야 되겠습니까?[65] 그래서 분연히 『동서명東西銘』[66]・『경재잠敬齋箴』[67]・『근사록近思錄』[68] 등의 서적과 공자・맹자・정자・주자의 지극히 공정하고 사사로움이 없는 마음에 종사하였지요. 그랬더니 도를 사모하는 사람에게 저절로 남모를 도움이 있어 최초로 정언正言 허 공許公[69]의 얼굴을 뵙게 되었고, 지금은 또 합하께 절을 올리게 되었습니다.

옛날에 한 문공韓文公은 조주 자사潮州刺史 시절에 태전太顚 선사와 방외의 교류를 가지면서 때때로 많은 말들을 나누었습니다. 하지만 계오가 합하께 오늘 그리하자니 두렵기만 합니다. 계오 역시 사람입니다. 이름은 비록 묵가지만 행실은 바로 유자이니, 아침 점심으로 하는 바들이 어찌 또 부끄럽지 않겠습니까? 이처럼 추하고 낮은데, 어찌 낙서회樂西會에 참석할 수 있었겠습니까. 합하께서 한마디 하셨기 때문에 높은 산처럼 우러르고 밝은 길처럼 따라 걷는 열 분의 친구들이 그 내리신 말씀에 동의하셨던 것이겠지요. 그리고 안건 중 시회에 동참시키는 일에 대해서 당시는 분위기가 엄숙해 감히 말씀드리지 못했습니다. 돌아오는 길에 명촌鳴邨 양동良洞의 원장 어른께서 말씀하시길, "시권詩券은 그 차례를 중요하게 여긴다. 문장의 거장도 없이 동참하라고 하면 그것을 구실 삼아 참여를 거절할 것이다."라고 하시더군요. 또 곁에서 도모하기를 "요행히 양산에서 김해金海 사군使君70을 얻게 되었으니, 문장으로도 덕으로도 또한 남쪽 지방에서 이름난 분이다. 만약 설루雪樓71의 이름으로 편지를 한 통 보낸다면 아마 거절하지 않을 것이다. 그분도 회원이 될 마음이 없지 않다. 다만 우두머리가 되는 걸 싫어할 뿐이다."라고 하더군요.

이 모임의 경중은 합하께서 결정하시는 한 생각에 달렸습니다. 삼가 바라오니, 추산께서 남쪽 큰 선비들의 우두머리가 되시는 걸 더 이상 사양하지 마시고, 동림사東林寺 향산당香山堂에 고금의 한결같은 법도를 내려주소서. 이는 만 냥의 황금을 가산에 베푸는 것이니, 그렇게 하시는 게 어떻겠습니까? 김해 사군께서 행차하는 문제는, 또 합하의 처분을 한번 들어 보고 그런 다음에 출발 일정을 생각하겠답니다. 다시는 이 비천한 자가 외람된 짓으로 죄를 범하게 하지 마시고 이를 지휘해 주소서. 황공한 마음으로 두 번 절을 올립니다.

上梁山大衙書

巖楓忩丹。籬菊徧開。嗒坐窮菴。想像其天地肅然之氣。夷商乎艸木羣動之物。而可以感心於不盡人事底一箇禿髮。伏惟閣下政體候。以時均獲精明之氣。而臨以仁恕之德。使士民各遂其生乎。悟一種浮屠。无父無君。而又無相生養之道。抑如是佛祖活句上。無一分榜樣。而于今白頭憒憒。何言一心以爲往事已矣。夫心者。爲身之主。而百軆從令者也。所以參天地之才。
豈可以耳目之視聽。手足之運動。投間抵郤。而爲此心之病乎。奮然從事
於東西銘敬齋箴近思等書。孔孟程朱。至公無私之心。自有冥助於慕道之
人。寂初見容於正言許公。今也獲拜於閤下。昔日韓文公。刺潮州時。與太
顚。作方外交。有多口於時。悟爲閤下。今日懼然。悟亦人也。名雖爲墨。行
則是儒。朝晝所爲。盡復愧怍。如其汙下。何有第樂西會。以閤下一言之故。
而高山之仰。景行之行。於其所賜。十朋之不啻。而案中入叅事。當時嚴不
敢言。歸路入鳴邨良洞院長丈曰。券以是序爲重。而但無文章鉅匠同叅者。
以藉口實拒叅。而又從傍爲圖曰。徽倖有得於梁山金海使君。以文以德。又
名南土。如以雪樓。一書付去。則或者不拒云。其心亦不無於會券。而但以
先爲嗛。此會之輕重。考卜閤下一念也。伏乞母[1]悋秋山爲南大儒之先。與
東林寺香山堂。古今一揆。此有萬金施於伽山。若何若何。金海之行。又一
聽閤下處分。然後發程爲料。夏勿以卑猥爲罪。指麾之。惶恐再拜。

1) ㉘ '母'는 '毋'인 듯하다.

추산 김유헌 공의 답장을 첨부한다

설루에서 나눈 하룻밤 시 이야기는 백 년의 부질없는 생애를 잊게 할
만하였습니다. 마음의 시들을 소매에 넣어 두고 심심할 때마다 꺼내 완미
하고 있었는데, 바로 그분의 편지가 오니 더욱 위로가 됩니다. 게다가 직
접 돕고자 제시하신 의견까지 살피게 되었으니, 어떤 기쁨이 이와 같겠습
니까?
저의 개략적인 생각은 처음에 계획했던 대로 수행했으면 하는 것입니
다. 일들이 몰아치면 다시 겹겹의 산마루를 넘어야 합니다. 기침병에다
백성들의 고초가 심하여 근심스런 적막함이 너무나 심합니다. 그런데 직
무를 소홀히 하게 되는 여가의 일로 고뇌와 번민에 얽히는 일들이 많아지

는군요. 지척이라 할 수 없으니, 실로 먼 집과 같습니다. 가는 것도 오는 것도 모두 반갑지 않으니, 원망스럽긴 피차일반입니다. 하지만 사정이 그렇습니다.

제가 스님을 깊이 생각하는 이유가 어찌 한낱 문장 때문이겠습니까? 구름처럼 강물처럼 정병과 발우로 살아오신 자취로 남쪽 언덕의 하얀 꽃이라는 명성을 갖추었으며, 그 훌륭함을 칭찬하는 말들이 끝이 없으니, 이에 대한 믿음이 있기 때문입니다

보내온 시는 특별한 일종의 현묘한 이해라서 고치거나 평론할 것이 없습니다. 더불어 허현도許玄度[72]의 소식까지 듣게 되어 더욱 기쁩니다.

인연이 있다면 앞으로도 이어 가길 바랍니다. 암담하여 감사의 뜻을 다 표현하지 못합니다.

附答秋山金公【諱裕憲】

雪樓一夜詩話。可抵百年浮生。懷詩在袖。尋常把玩。即者書來。尤可慰也。況審將親依度。何喜如之。此中大擬。遂初被量。事之驅迫。而復蹂重嶺。渴病民苦。悄寂殊甚。曠官之餘事。多繳惱悶。不可謂尺地。實如遏室。揭來並不欣握。悵當一般。而勢則然矣。吾之深取於師者。豈在文章之末。以雲水瓶鉢之蹤。具南陔白華之譽。永言嘉歎。亶在於斯。來詩另是一種玄解。無可改評。仍之而得許玄度信息。尤可喜也。有緣當續要之。黯然不宣謝。

이 남가락 어른의 편지에 삼가 답합니다

사문 이학규의 질문하는 편지를 첨부한다[73]

지난 가을 말 많은 분들께서 오시어 우리 스님의 근황에 대해 대략은 들었습니다. 신체와 얼굴이 매우 평안하고, 계율은 더욱 정밀하며, 하루에 여섯 차례 부처님을 관하고 염하며, 한밤에는 경책해, 보고 듣는 모든 자들로 하여금 움직임 하나하나를 본받게 하신다니, 근세에는 없던 분이라 하겠습니다. 조잡하나마 이 한 줄기 향을 구멍 뚫린 칠조 가사 걸치고 좌선하시는 분께 올리오니, 동갑내기처럼 편히 말해도 되겠지요.

우리 스님의 편지를 받아 보니, 아울러 근체시 다섯 편까지 보내 주셨더군요. 생각지도 못했던 생공生公[74]의 법문이요, 다시 보는 임평의 연꽃 구절[75]입니다. 비흥比興[76]이 보통사람들과는 확연히 다릅니다. 쯧쯧, 시는 이렇게 써야 한다며 사람을 다그치시는군요. 온종일 감탄하며 감상하였답니다.

그리고 "곤궁과 영달은 이미 정해져 있던 일, 부질없이 올빼미에게 반평생의 기쁨을 맡긴다."[77]라고 하셨는데, 이것이 어찌 한마디 짧은 말씀으로 선종의 종지를 설파한 것이 아니겠습니까? 이 구절에 매달려 미묘한 뜻을 오랫동안 찾아보았지만 끝내 그 핵심을 이해할 수 없었습니다. 대개 선종 일파는 달마 대사를 비조로 삼습니다. 이른바 10년 동안 면벽하다가 하루아침에 돈오한다고 하는데, 어떤 인연으로 그렇게 되는지 모르겠습니다.

제 생각엔, 돈오頓悟에서 '돈頓'은 갑작스럽다는 의미이고, '오悟'는 깨달은 이치가 있다는 것입니다. 그렇다면 질문해 보겠습니다.

"10년 동안 면벽하며 어떤 마음을 관하고, 하루아침 돈오하여 어떤 뜻을 통달하는 것입니까?"

분명 이렇게 응대하실 것입니다.

"관하는 것은 보리심菩提心이고, 통달하는 것은 성제제일의聖諦第一義이다."

그렇다면 또 묻겠습니다.

그랬을 때, 구경에는 어떻게 되는 것입니까? 백정이 칼을 내려놓고 참회의 법을 크게 깨닫는 것과 같습니까? 몽둥이와 할로 그 자리에서 어긋난 습관을 단번에 제거하는 것과 같습니까? 혹시 또 기쁨이 한량없고, 통쾌함이 위없으며, 들건 나건 즐겁게 노닐고, 일찍이 없던 것을 얻게 됩니까? 또 어떻게 여기에 답하시겠습니까?

또 저 이른바 성문과 연각들은 정녕 소리와 인연이 본래 스스로 본성이 없음을 아직 모른다고 했습니다. 하지만 저는 듣고 느껴야 의식이 있게 됩니다. 저 향엄香嚴[78]은 기왓장 조각이 대나무를 때리는 소리를 듣고 홀연히 크게 깨달았고, 도오道吾[79]는 무당이 부는 뿔피리 소리를 듣고 갑자기 크게 깨달았고, 근세의 연지 주굉蓮池袾宏[80]은 『혜등록慧燈錄』을 열람하다가 실수로 차 사발을 깨트리고서 깨달은 바가 있어 이에 처자를 노린내 풍기는 윗도리처럼 보고는 세상에 일필휘지로 시를 남기신 분이 아닙니까? 게다가 저의 듣고 느낌은 본래 앎이 없는 것이 아니기에 저 소리와 인연에서 진실을 파악하는 이치가 있습니다. 저 영산회상의 대중도 알지 못한 것이 아니었기에 부처님께서 쌍림雙林에서 열반하신 후 "다음과 같이 저는 들었습니다." 하는 말을 듣자마자 갑자기 눈물을 쏟았던 것 아닙니까? 모든 하늘의 신과 용들도 알지 못한 것이 아니었기에 화엄 도량에서 하늘의 북소리·음악소리를 듣자마자 기뻐서 펄쩍펄쩍 뛰었던 것 아닙니까?

무릇 앎(知)과 깨달음(悟)에는 차이가 있습니다. 비유하자면 한 조각의 뜨거운 쇠는 삼척동자도 감히 다가가 잡지 않습니다. 이것이 바로 앎의 양태입니다. 만약 식견이 있는 사람이라면 곧 "속까지 달궈진 쇠가 온통 붉으니 피부와 여린 손발톱을 태우고 지질 게 뻔하다. 내가 심장을 파고 들고 뼈를 깎는 고통을 당하겠구나." 하며 알아차리고는, 놀라면서 물러나고 몸을 움츠리게 됩니다. 이것이 바로 깨달음의 양태입니다. 완고하고 둔해 깨닫지 못한 저는 우리 스님께서 다시 일전어 轉語[81]를 내려 설파해 주시길 바랄 따름입니다. 남에게 대신 쓰게 하는 편지라 일일이 말씀드리지 못합니다.

奉答南駕洛李丈書
附問斯文李學達

去秋嘩公至。槩聞吾師近日。體貌甚平。戒律愈精。六時觀念。中夜警策。使夫一切觀聽。動爲法式。當非近世。粗辦一炷香。穿破七條坐者。可同日語也。嗣得吾師書。兼致近體五章。不意生公說法之門。復見臨平藕花之句。乃比興殊倫。咄咄。逼人爲之。嘆賞彌日也。第所謂窮達由來前定事。鵬邊虛付半生懽者。豈非一語道破禪宗之旨邪。走於此箇微義。尋覓旣久。訖未懂得要領。蓋禪宗一派。以達摩爲鼻祖。所謂十年面壁。一朝頓悟者。未審是何因緣。窃謂頓悟者。頓爲遽然之意。悟有惺然之理。設若問之曰。十年面壁。所觀何心。一朝頓悟。所達何義。當有應之日。觀是菩提心。達爲聖諦義。又問曰。爾時究竟。爲如屠兒放刀。大覺懺悔之法邪。如棒喝當頭。一去惡澧之習邪。倘又悅可無量。快然無上。出入遊戲。得未曾有邪。又當何以應之。且彼所謂聲聞緣覺者。政未知這聲緣本自無情。而自家聞覺爲有意。若香嚴[1]之聞瓦礫擊竹。忽然大悟。道吾之聞巫吹角。瞥地大省。近世蓮池袾宏之閱慧燈錄。失手碎茶甌有省。乃視妻子爲鶻臭布衫。於世相一筆盡句者邪。抑自家聞覺。本非無知。爲這聲緣。著實有理。若靈山大衆。非不知。雙林涅槃。而一聞如是我聞。驀地下淚。諸天神龍。非不知。道場華嚴。而一聞天鼓伎樂。懽然踊躍者邪。蓋知與悟則有間[2]矣。譬如一片熱銕。雖三尺孩童。不敢向前把捉。這是知之樣子。若有見識人。卽省得徹裏烘烘。銕猶通紅。脂皮嫰甲。立見燒爛。我遭苦痛。剌心剒骨。爲之驚退縮肉。這是悟之樣子。走固頑鈍不悟者。望吾師戞下一轉語道破耳。倩艸不一。

---

1) ㉠ '巖'은 '嚴'인 듯하다.　2) ㉠ '聞'은 '閒'인 듯하다. 『洛下生集』의 「與釋戒悟」에도 '閒'으로 되어 있다.

석문石門의 작은 집에서 우두커니 힘없이 앉았는데 홀연히 남가락南駕洛으로부터 편지가 왔군요. 대개 화두란 난해하고 복잡한 것입니다. 반고盤古[82] 아촉 씨阿閦氏[83]는 저 먼지 알갱이 숫자만큼 아득한 세월 이전에 한순간 신속하게 뿌리부터 꼭지까지 캐내어 만물을 끝없이 창조하고 변화시켰으며, 가지와 마디를 깎고 새겨 실타래처럼 펼쳐 놓고서는 낮고 높은 용문에서 우임금이 도끼질을 하건 말건[84] 영인에게 도끼를 휘두르건 말건[85] 재갈을 놓고 고삐를 맡겨 버린 채 지내 오신 분입니다.

그래서 이 시골 중도 10년 동안 업을 닦고 공을 실천하면서 문장에는 봉사처럼 음악에는 귀머거리처럼 지냈습니다. 그랬더니 비슷하게 닮을 수는 없었지만, 갑자기 잘못될 것도 없게 되었습니다. 아무리 큰 잘못이 있고 천박하고 못났더라도 그저 칭찬하고 허용하십시오. 왜 어르신께서는 끊고 또 끊으면서 그 마음이 쉬고 또 쉬는 것을 아름답다 여기십니까? 만약 허용하신다면 도리어 또한 도에 매우 가까워질 것이고, 아주 관대하고 두루 융통하여 먼지아 쭉정이를 가지고도 오히려 요순을 만들어 낼 것입니다. 또한 쌓아 두셨던 것이 여유롭게 흘러넘쳐 사랑하고 용서하고 조용할 것이며, 남의 사정을 자기 일처럼 보살펴 그 마음을 성취하지 못하는 자가 한 사람도 없게 할 것입니다. 진실로 뚫으려고만 하고 우러르기만 한다면 더욱 견고해지고 높아져 한 조각도 맛볼 수 없게 될 따름입니다.

어르신께서 보시기엔 계오가 어떤 사람인 것 같습니까? 비유하자면 튼실한 오곡의 씨앗이 그늘지고 비루한 곳에 떨어져 신발 끝에서 움츠리고 소와 말에게 짓밟히면서 여름에는 무성하지 못하고 가을에도 열매를 맺지 못하다가 저절로 말라 죽은 것과 같습니다. 또 떡갈나무·갈참나무·소나무·잣나무가 성 밖 사방의 경계에서 홀연히 싹이 터 그 싹이 비와 이슬에 성장하고 밤기운으로 무성해졌지만 소와 양이 그것을 뜯어먹고, 자귀와 도끼가 그것을 찍어 그 성품을 완수하지 못한 채 저절로 시들어 죽은 것과 같습니다. 또 살이 흰 검은 말, 온통 검은 말, 흰 점이 있는 검은 말, 검은 갈기의 흰말이 국경의 넓은 들판에서 태어나지 못해 힘이 약하고 값도 싸서 갈증에 시달리고 굶주림에 허덕여 왕량王良[86]도 흘겨보고 조보造父[87]도 버린 것과 같습니다.

구유에 엎드려 목 놓아 울어 보지만 천한 노예들에게 모욕만 당하니, 오호, 이것이 운명이란 말입니까, 하늘의 뜻이란 말입니까? 하늘의 뜻이 이미 정해졌다면 누구도 어쩔 수 없습니다. 하늘의 뜻이 정해지지 않았다면 북방·남방의 오랑캐 땅에서 살아도 그만, 죽어도 그만입니다. 이런 모습인데, 어찌 사람 취급이나 받을 수 있겠습니까?

다음은 돈오에 관한 말씀에 대답해 보겠습니다. 제 앞쪽은 볼품없는 쇠붙이뿐이지만, 뒤쪽에 은이 있을 줄 어찌 알겠습니까? 비유하자면 어르신께서는 계오에 대해 "아무개는 석남산 한 구석에 살고 있고, 겨우 글자를 알아 고사에 통한 사람이다."라는 것만 아십니다. 저를 어여삐 보고 사람으로 대접해 편지로 깨우침을 주셨지만 사실 나이는 얼마고 어떻게 생겼는지, 키는 어느 정도이고 뭘 좋아하는지, 웃고 말할 때의 정신은 어떤지 모르십니다. 계오도 어르신에 대해 "아무개는 남가락에 계시고, 고국의 문장이 호한한 사람이다."라는 것만 압니다. 하늘의 별보다 탁월하고 태산보다 우람해 항상 우러르고 사모하며 기뻐하지만 사실 나이와 생김새, 키와 기호, 말하고 웃을 때의 정신은 모릅니다.

가령 여래의 가르침에서 인용한 것이고, 향엄 등의 부류가 힘을 쓴 곳이라 해도 그저 그 말만 쫓아서 두찬杜撰[88]과 색항色巷[89]을 모범으로 삼아 만에 하나라도 그 실재에서 어긋난다면 이는 천만리를 벗어난 정도가 아닙니다. 석가도 가섭에게 전해 줄 수 없었고, 가섭도 아난에게 전해 줄 수 없었습니다. 대개 석가와 가섭과 아난께서 사용한 마음자리는 곧바로 그렇게 했던 것일 뿐입니다. 깨달음 이후의 효능은 하나의 이치로 돌아가는 것이지, 어찌 마음을 쓰는 경지에 있겠습니까. 깨달은 뒤의 신령함을 미리 헤아리려는 것입니까? 그런 깨달음이라면 천 번이 있다 해도 그 자리에서 단박에 내려놓는 것이라 할 수 없습니다. 하, 하.

황벽黃檗의 작은 삿갓,[90] 단하丹霞의 풀 매기,[91] 석공石鞏의 사슴 쫓기,[92] 반산盤山의 장거리 떠돌기[93] 등 이치가 심상해 특별히 별날 것도 없는 것 속에서 그저 "저들은 무슨 도리가 있었기에 이렇게 했을까?" 하며 참구하십시오. 어르신과 계오는 본분의 먹잇감을 바탕으로 평등하게 명맥을 유지하고 있습니다. 그러니 섣달그믐[94]까지 이미 그러셨듯이 앞으로도 힘을 써서 살피고 염하십시오. 그것을 관하고 상세히 이해해 단박에 깨닫게 된다면, 또한 객진의 번뇌를 아득히 벗어나 흔쾌히 불법의 문 안으로 두뇌를 돌리고 반야의 혜명을 깊이 심는 일이 혹시라도 있게 된다면, 흠모와 부러움 그지없을 것입니다.

이른바 이승의 삼매는 아我와 법法에 얽히고 물들어 인과응보를 엉망진창으로 만드는 것입니다. 격식을 벗어난 선종의 한결같은 맛인 밝은 마음에서 보면 털끝만큼 어긋나도 천 리나 벌어집니다. 세간의 명문귀족께서는 관사와 누각을 훨훨 날아다니면서 높은 관직과 중요한 직분에 자유자재로 들고 나며, 문서와 장부를 담당하는 사람이 되어 들은 말을 글로 옮기고 질문에 응수해 차례차례 대답하기를 죽는 날까지 하면서도 피로한 줄 모르는 분이 되소서. 이것이 어찌 상승上乘의 경계를 논한 것이라 하기에 충분하겠습니까? 제 말을 옳다 여기지 마시기를 바랍니다. 이상 한 줄의 글로 적지 않게 누를 끼쳤습니다.

石門小室。兀然頹坐。忽有信息。自南駕洛來底。槃話頭。聱牙屈曲。盤古阿閃[1]氏。塵點劫中。一間上駛。根蔕掇摑。陶甄變化罔涯。刊鐫支節。排實縷脉。低昂龍門。禹斧郢斤。稅啣委轡來者。酒[2]野衲十年。修業行空。如瞽者於文章。聾者於鐘鼓。不能彷彿。而造次無所錯用焉。但其推許太過謬劣。豈左右斷斷。猗其心休休焉。若有容乎。抑亦造道切近。博貫融通。雖塵垢秕糠。將猶陶鑄堯舜乎。抑亦蘊在裕衍。仁恕從容。推己與人。使無一夫。不遂其心乎。寔爲鑽仰而堅高。不能容啄而已。左右見悟爲何狀底人邪。譬如五穀之美。落於作屛卑陋。魘蹄履端。牛馬蹂躪。不見夏繁秋實。而自伊枯死。又如柞械松栢。忽生四郊封壃。其萌芽生長乎雨露。藹翳乎夜氣。而牛羊牧之。斧斤戕之。不遂其性。而自伊剝落。又如騷驪騂駱。不生坰野。力小價廉。渴飮飢食。王良盼視。造父背棄。伏櫪長嘶。而辱於皁隷。嗚乎。此命邪。天邪。天旣有之。靡人不勝。盖天其未之。拋在胡越藏貊。任生任死也。這个狀。何足數哉。第頓悟一節。自家前面惟庸鐵。焉知後面有銀乎。辟如左右於悟也。但知某在石南一區。董識字通古人也。可愛而數以書示諭。實不知年貌若干。身短長若干。所嗜好若干。言笑精神若干。悟於左右。但知某在南駕洛。故國文章浩汗人也。卓乎星宿。嵬乎泰山。常景慕忻忻。而實不知年貌身長短所嗜好言笑精神也。假使如來示中所引。香巖[3]等輩用力處。但其言句上。杜撰色項。以爲模範。萬一於其實際差爽。不啻千萬里外也。以釋迦不能與受迦葉。以迦葉不能與受阿難。葢釋迦迦葉阿難。所用心底地。儞當做他了。悟後功効。同歸一條。惡在用心底地。逆覩悟後靈的邪。此縱有千箇悟。不可直下頓放處也。呵呵。黃蘗小笠。丹霞剗艸。石鞏趂鹿。盤山游市等。這裏理會尋常處。另無別般樣底。只他有甚麽道理此事。左右與悟。本分草料上。一等命脉。着力省念。限臘卅日。已諸未諸。且觀其解詳。頓悟來者。亦或有逈脫客塵。快回頭腦於佛法門中。深種般若慧命。不勝歆羨。所謂二乘三昧纏染我法。汨陳報應。於格外禪宗。一味明心上。毫氂之差。千里之繆。如世間宦族。翱翔舘閣。出入淸要。以朱墨簿形骸。聽言撝筆。酬問階答。終其身而不知倦。此何足與論上乘境界耶。勿以爲是而蕲焉。如上一絡索。漏逗不少。

---

1) ㊂ '閃'은 '悶'인 듯하다. 2) ㊂ '酒'는 '洒'인 듯하다. 3) ㊂ '巌'은 '嚴'인 듯하다.

도와 최남복 상사께 삼가 안부를 여쭙는 편지

장석께서 절 문을 지나가실 줄도 모르고 계오가 출타하는 바람에 인사를 드리지 못했습니다. 어찌 신선과의 연분이 이리도 박할까요? 처소로 돌아와서는 스스로 마음을 가눌 길 없었습니다.

삼가 생각건대, 청정한 거처는 한결같이 고루 빼어나겠지요. 산승은 초가집에서 '뜰 앞에 잣나무' 화두 하나 외에는 마음에 한가할 것도 바쁠 것도 없이 지냅니다. 다만 올해 들어 어머니의 병환이 점점 심해져 여유가 조금도 없어 문밖조차 나가질 못했는데, 팔공산八公山에서 긴박하게 주간할 일이 생겼지요. 다른 사람이 대신할 수도 없어 갔다가 돌아왔더니, 그 사이 장석께서 왕림해 시를 남기고 가셨더군요.

오랫동안 소식이 뜸해 거의 잊고 지냈는데, 이런 말씀이 귀에 들어오니 방촌方寸 가운데서 다시 한 조각 심회가 타오르는군요. 저도 모르게 당장 진나라 사안謝安[95]께 달려가 조문해야겠다고 마음먹었지만, 조물주께서 가로막더군요. 거처를 호계虎溪 심원동深源洞으로 옮기고는 큰 빚을 진 것만 같아 자주자주 번민하였답니다.

모르겠습니다. 항상 서사書社[96]에서 지내십니까? 아니면 또 댁으로 돌아갔다가 간간이 산장에 올라 두루 유람하시는 겁니까? 항상 서사에 계신다면 혹시 초대해 주실 수 있겠습니까? 댁으로 돌아가셨다면 삼가 찾아뵙고 싶은데, 언제쯤이 좋을지 몰라 암담하기만 합니다.

奉候陶窩崔上舍【南復】書

悟不知丈席過寺門。出他。不拜候。豈仙分以薄耶。還巢心不自抑。伏惟淨居一向均勝。山僧茅茨下事業。庭前柏樹子。一箇話頭外。無關捱[1]閑忙底懷。但年者。親憂層鱗。無一時暇給。不出戶庭。八公山中。繁有所幹事。代人不得。適去以歸。其間丈席枉屈。有詩而去。積阻不聞。幾在忘處。而此言入耳。方寸中夏熾一段心懷。不覺以作。即圖匍匐晋謝。而造物自沮。移寓虎溪深源洞。如擔重負。往往煩悶。不識。恒作書社中起居乎。抑亦歸宅。而間有登山墅。以備遊觀乎。常在書社。或有蒙賜陳悃。而若歸宅奉覿。卒未指期。黯然。

---
1) ㉮ '捩'은 '梙'인 듯하다.

답장을 첨부한다

상란喪亂[97]이 닥치니 바위 굴에서 좌정하시는 분이 더욱 부럽군요. 꿈속의 생각이 발동하자마자 곧바로 답장을 받게 되었습니다. 안개와 노을 속 얼굴을 직접 뵙는 것만 같아 종이가 풀어지고 먹물이 번지도록 차마 손에서 놓질 못했습니다. 게다가 강독하는 맛이 있음을 알겠더군요.

올해 설을 쇠기 전에 천륜을 잃는 애통한 일을 겪고는 오랫동안 근신하며 매우 힘들었습니다. 그러고는 이른 봄에 집을 나와 연꽃이 우거진 곳[98]에서 지내다가, 매서운 추위가 닥쳐 다시 본가로 돌아왔지요. 그랬더니 번뇌가 차곡차곡 가슴 가득히 쌓이더군요. 어떻게 하면 조계의 청정한 한 줄기 강물을 빌려 이 가시덤불을 씻어 낼 수 있을까요?

꽃 붉고 버들잎 푸를 무렵, 또 서사에 잠시 기거할 생각입니다. 스님의 거처로부터 근교라 할 수 있는 거리이니, 혹 시통詩筒 들고 석장 짚고서 찾아 주시려는지요?

附答

喪亂來。尤羨巖穴坐之者。至發夢想。即奉遞書。若對烟霞眉宇。紙毛墨渝。不忍釋手。況知講讀有味。此歲前遭。天倫之慟。宿昔大劇。春初出栖蓮華深深處。爲時氣所逼還本。第塵累滿腔。何以借曹溪一派清淨。以洗此荊棘耶。花紅柳綠之際。又欲蹔寄社中。去仙局可莽蒼。或可以詩筒道錫。以相訪不。

일천 최림 사문께 삼가 안부를 여쭙는 편지

계오가 얼마 전 가산에 있을 때 언彦 사리闍棃[99]를 통해 어르신에 대해 듣고는 늘 한번 뵈었으면 했지만 뜻을 이루지 못했습니다. 올 7월에 호계 심원동으로 거처를 옮겼습니다. 어르신과 함께 지내면서 음식을 대접한다면 혜원慧遠 노사의 백련사나 태전太顚 선사의 남쪽 언덕에서 있었던 옛일과 똑같을 것입니다. 도 처사陶處士와 한 형부韓刑部[100]의 편지도 황홀하게 난야蘭若[101]에서 나비[102]를 놀라게 하는데, 하물며 예전부터 귀에 익숙히 들어왔던 분이겠습니까? 이는 곧 뽕밭에서 하룻밤 묵었던 빚[103]이 남았던 게 아닐까요? 그렇지 않다면 금생에 기탁하는 처소가 왜 그전에는 멀다가 지금은 가깝겠습니까?

그렇긴 하지만 어르신께서는 "애통해하며 상례를 치르는 중이다."[104]라고 말씀하실 것입니다. 그렇다면 계오에게는 처소를 침범한 두 더벅머리 아이[105]가 있어 거의 눈에 보일 지경입니다. 또다시 몇 달을 지체하신다면 머리맡에 화현한 아이들이 어떻게 장난을 칠지 정말로 모를 일이니, 꼭 한번 참석해 주십시오. 이제 한순간 눈길을 부딪쳐 전생과 금생의 다함없는 회포를 완전히 풀어 버리는 것이 어떻겠습니까?

도학을 수양하시는 몸 더욱 건승하시기만 바랍니다.

奉候逸川崔斯文【琳】書

悟頃在伽山。因彦闍棃。聞左右。常欲一見而未果。今七月。移寓虎溪深源洞。與左右起居。飮食相接。如遠老白蓮。顚師南陵。故事必也。陶處士韓刑部眞尺。怳然蘭若上驚蝶。而況昔者所耳復貫乎。此則如非宿桑餘債。寄在今生。何其前也遠。而今也近。雖然左右云。有期功之慘。悟有二竪之侵。幾相見也。又將數月沉殢。誠未知前頭化兒。如何作戱。須一席傾。盖刻今目擊。抒罷前今無盡藏懷抱了。未知若何。惟幾道履益勝。

답장을 첨부한다

일찌감치 스스로를 산과 들에 풀어 놓았던 제가, 황무지처럼 부족한 자질이란 걸 스스로 헤아리지 못해 결국 사람들 눈에 띄고 말았군요. 저는 진실로 선善을 즐기고 옛일을 좋아하는 사람이 있다는 소문을 들으면, 반드시 직접 그 집으로 찾아가 그가 말하고 논하는 풍도와 종지를 들어 보려고 하였습니다. 그 습관이 쌓여 이젠 고질병이라 할 정도입니다.

언젠가 언彦 선사가 가산에서 찾아와 진심으로 말하더군요. 스님은 경전을 탐독해 도를 얻었고, 또 염화미소나 방과 할 등 선종의 도리 외에도 우리 도가 즐길 만하고 구할 만하다는 것을 알아, 평상시 말씀하고 음미하는 것이 우리 공자, 맹자, 정자, 주자의 책이 아닌 경우가 없다고 하더군요. 제가 그 말을 들어 보니, 진심으로 받드는 까닭이 있었습니다. 따라서 용이 꿈틀거리다 단단하게 뭉친 영취산의 기운과 함부로 다룰 수 없는 정밀한 옥, 아름다운 옥, 경남梗楠과 예장豫章을 스님이 몽땅 얻어 기운으로 삼으셨다는 것을 알았습니다. 또한 능히 매미가 허물을 벗듯 속세를 버리고 오신五辛106의 기운을 말끔히 씻어 내고서 그 가슴과 오장육부를 길러 하나의 근원을 추구하는 공력의 밑천으로 삼으신다는 것을 알았습니다. 그렇다면 그 얻은 바와 온축한 바가 세속 학자들의 더러운 마음으로는 만 분의 일도 이루지 못할 것임이 분명합니다. 곧장 비공費公의 갈피용葛陂龍107을 빌려 경을 강론하는 대 아래에서 한번 들어 보고 싶었지만, 매번 병고로 넘어지고 비틀거리는 탓에 한 마당 좋은 모임과 어긋나야만 했습니다. 이렇게 물길을 거슬러 오르는 한을 품은 것이 이미 여러 해입니다.

몇 년 동안 병든 몸을 스스로 치료하면서 굽어보고 우러러볼 만한 곳이 없어 산장에 자취를 기탁했더니, 쓸쓸하고 허전함이 매우 심했습니다. 이러던 즈음에 마침 우리 스님께서 물소리와 산 빛깔 사이에 주석하신다는 소식을 듣게 되었고, 서로 떨어진 거리도 지척이라 할 정도였습니다. 불교에서 말하는 과거의 묵은 인연이, 부질없는 세간에서 자나 깨나 꿈에서마저 그리워한 보답보다 어찌 아름다울 수 있겠습니까?

그 뒤로도 먼저 베푸는 일에 능숙하지 못했는데,[108] 스님께서 어떤 엉터리 같은 말을 들으셨는지 이렇게 황량한 물가에서 메말라 가며 버려진 자를 알아주면서 여러 차례 욕되게도 심부름꾼을 보내 초대해 주시는군요. 이는 실로 한가하게 노닐던 놈이 예전부터 품어 왔던 소원입니다. 선방의 빗장을 한번 두드리는 것을 왜 망설이겠습니까?

광대한 세월에 차례로 만난 기상期喪[109]의 상례를 훌쩍 벗어던지고, 그 때부터 지금까지 삼소三笑의 약속을 지키지 못했습니다. 바야흐로 사모하고 우러르던 마음이 더욱 늘어나려던 차에 평생의 살림살이를 한 통의 진중한 편지에 담아 또 족제비나 다니는 쑥대 명아주 우거진 길[110]에 떨어뜨리시는군요.

받들어 읽어 보고는 기쁘고 속이 시원했으며, 황홀한 것이 마치 총령의 연화대가 인간세계에서 멀지 않아 고해의 허다한 번뇌를 쏟아 내기에 충분하겠다 싶었습니다. 그리고 그 감개하여 편안치 않은 마음이 변치 않는 절개보다 깊다는 게 저절로 느껴지더군요. 한 명의 훌륭한 남자가 세상에서 기회를 얻지 못하여 도리어 서방의 신독身毒[111] 집안에 자취를 의탁해 화현한 자가 되었으니, 애석한 일입니다. 게다가 우리의 도에도 특별한 풍물을 받아들이지 못한 것이 한이 될 따름입니다. 하지만 유가와 석가에서 말하는 도는 모두 겁화에 태워져 식은 재가 되는 것을 면치 못합니다. 그렇다면 스님께서 형체의 분수 안에서 즐거움으로 삼는 것에는 과연 색을 관하고 공을 관했던 태전 선사의 오묘함[112]이 있습니까? 그리고 요즘 세상의 소위 유자라는 자들 쪽에서는 또한 이단을 배척하고 부처와 노자를 물리치는[113] 주공의 마음과 공자의 사상이라는 것이 있습니다. 이것을 생각하니, 써 놓은 편지 앞에서 세 번을 크게 탄식하게 되는군요.

얼굴을 마주할 시기는 아마 이달 안이 될 것입니다. 맹자께서 말씀하시길 "직언하지 않으면 도가 드러나지 않으니, 나 또한 꾸미지 않겠다."[114] 하였으니, 저 역시 이것으로 법을 삼습니다. 뵙지 못하는 동안 참된 성품을 천만 배로 배양하여 이로써 곁에서 우러르겠습니다.

附答

俺早自放於山野。不自量鹵資之不足。以見取於人。苟聞有樂善好古之人。則必欲躬造其廬。以聽其言論風旨者。積爲膏肓。于時彦禪。自伽山來。盛言師耽經得道。又於拈花棒喝之外。知有吾道之可嗜可求。尋常語言咀嚼。無非吾孔孟程朱之書。余聞之。欿輋有以。知鷲山蜿蜒磅礴之氣。精瓊美璞。梗楠豫章之不能顓者。師盡得之以爲氣。又能蟬蛻塵臼。洗滌五辛。而養其心胸腑肺。以資一原之功。則其所得所蘊。必非俗學垢襟所可萬一者。直欲借費公葛陂龍。以一聽於講經臺下。而每因病苦顚躓。左却一場好會。抱此溯洄道躋之恨者已有年矣。數年來。自度病軀。無所俯仰。寄迹山庄。殊甚寥夐。玆際適聞。吾師住錫於水聲山色之間。而道途相拒。若可以只尺許。豈釋家所謂過去宿緣。有能巧於浮世間寤寐夢想之餘耶。伊后先施之未能也。師迺緣何誤。識此荒濱枯槁留落之狀。而屢辱使价。許以召敎。此實閒漢。從前所抱願者。何慳一叩禪扉。脫略塵劫第遭朞喪襄禮。斯遽至今。未就三笑之約。方慕仰之懷尤倍。平昔所有者。珍重一書。又落於甦䶈蓬藋之迾。奉讀欣豁。怳然若葱嶺蓮臺。去人不遠。足以倒瀉苦海間許多塵累。而其感慨不平之意。自覺深於一節。可惜一種好男子。無所遇於世。反爲西方身毒家托跡化現者。重可爲吾道恨不特風物之輸歸而已。然儒釋家所謂道。俱不免劫燼死灰。則師之所樂於形骸之分者。果有太顚觀色觀空之妙。而今世所謂吾儒分上。又有如舩排攮斥周情孔思者乎。此可爲臨案三太息也。會面之期。似在月內。孟子曰。不直道不見。我且質之。吾亦以是爲法焉。未間千萬養眞。以副企仰。

용담사 최옥 사문께 삼가 안부를 여쭙는 편지

선비들 사이에서 칭찬하고 지리도 하나로 연결되어 인사에 함께 참여했던 것이 벌써 10년 전이군요. 장석丈席[115]께서 문장으로 일찍감치 이름을 드날렸지만 늙으신 지금까지 항상 천거하는 자를 얻지 못하셨다는 것은 들어서 알고 있습니다. 무릇 번영과 쇠락에 자재함은 분수 안에 갖춰진 것입니다. 소양이 풍부함에도 불구하고 시세가 불리하고 쓰임새가 합당치 못했던 것이 어찌 장석만의 일이겠습니까? 그 옛날 이름난 철인들에게도 역시 그런 경우가 많았으니, 필연적인 일임을 이로써 알 수 있습니다. 아, 그 사람됨이 넉넉한들 넉넉지 못한들 어떠리오!

감히 여쭙겠습니다. 서사에서의 기거는 한결같이 고루 빼어나시고, 일상생활에서 보이는 말씀과 행동에 취할 바가 많아 윗사람들에게 알려지고 아랫사람들에까지 미치시는지요? 계오는 어린 시절 불교 집안에 의탁한 몸입니다. 타 버린 장작의 식은 재처럼 공하고 고요하게 만 가지 움직임을 쉬어 남은 정이라고는 전혀 없습니다. 그저 한결같이 힘쓰는 일이라면 생멸인가 불생멸인가 여부로 귀결하는 것뿐입니다. 이런 제가 어찌 정성스런 마음으로 사물의 이치를 추구해 지식을 넓히는 학문을 함께 논하기에 충분하겠습니까? 일찍이 영취산의 철喆 선사가 계오의 쓰임새가 대략 어떤지도 모르면서 근거도 없이 세 치 혓바닥으로 떠든 외람된 칭찬으로 인해, 장석께서 혹 책자의 허실에서 얻으신 바가 있을 수도 있습니다. 하지만 계오의 마음에는 천부당만부당한 일입니다.

삼가 보내신 편지를 읽고 저도 모르게 머리를 조아렸습니다. 게다가 여러 줄의 먹의 향기가 그 빼어난 능력을 단박에 전달해 주어 이 노승으로 하여금 빛나는 태양 아래의 수놓은 비단 주머니 속으로 당장 뛰어들고 싶게 하더군요. 축 늘어져 숨어 살던 곳을 불쑥 벗어나고 싶지만 저는 또 그러지도 못하는 자입니다. 도학자께서 사시는 마을이 조금은 멀고 나이도 점점 많아져 만남을 약속하기 어려우니, 암담할 뿐입니다.

奉候龍潭社崔斯文【溘】書

慶於彥間。地理一連。人事相淼。故十年前。聞知丈席文章早擅。而迄今老上常不得擧者。大凡榮枯自在。分內所具。假使贍足。時之不利。用之不合。豈獨在丈席然乎。古昔名哲。亦多有之。必然之事。以此可知。吁。其爲人優不優何如也。敢問書社中起居。一向均勝。日用間云爲多所獲。上達下逮不。悟幼日托浮屠家底狀。猶如薪盡灰死。空空寂寂。萬箇動息。了無餘情。一功歸於生滅不生滅與否耳。此何足與論誠意格物致知之學歟。丈席嘗因鷲山人喆禪師。不知悟之功用彷彿。而無端掉三寸舌濫稱。或可有所得於册子上虛實。然悟之心。萬不當之。謹讀來書。不覺作而頓踣。又況數行墨香。賁達精銳以來。使老僧。杳然投入朱陽錦綉囊中。欲挨出彈避。而又不得者乎。道里稍敻。年齒漸耄。逢着例難。黯然。

답장을 첨부한다

이름만 듣고 직접 뵙질 못하는군요. 한 납자가 취서산鷲栖山[116]에서 편지와 시를 소매에 담아 왔는데, 편지로 뜻을 담고 시로 뜻을 표현했더군요. 오랫동안 사랑하고 음미하자 보배 구슬을 얻은 것만 같았습니다. 그저 상쾌함만 받들고 칭찬하니 실로 허물이라 해야겠지만, 허무를 숭상하는 불도의 말에 해당하니 또한 옳다고 해야 할까요? 웃기 좋을 만한 편지를 보낸 후 올해도 다 가고 추위가 더욱 심해질 듯합니다.

다시 여쭙겠습니다. 수양하는 처소는 청정하고 몸은 건강하신지요. 거슬러 위로하는 마음 더하기만 합니다. 쓸모없는 저는 반평생을 분주히 풍진 속에서 내달리다가 만년에 이 산으로 깊이 들어와 안개와 구름, 물고기, 새들과 함께 하루하루를 보내고 있습니다. 70이 다 된 늙은이에게 남은 날이 얼마나 되겠습니까? 이른바 해는 저무는데 가야 할 길은 아득하다는 탄식 그대로입니다.

보내신 편지를 자세히 살펴보니, 표현이 아득하고 뜻이 지극하더군요. 완전히 유가의 법도를 사용한 것이지, 이포새伊蒲塞[117]의 기운과 맛이 아니었습니다. 시 역시 원활하고 청아해 마치 구름과 노을을 두른 듯한 언어였지, 또한 나물과 죽순만 먹고 사는 사람들의 입 냄새가 아니었습니다. 스님이 그 이름은 묵가이면서 행실은 유자라는 자입니까? 애석합니다. 머리를 돌리고 발길을 돌려 일찌감치 유가에 종사해 공명의 사업을 법도에 맞게 시행하였다면 이 정도에 그치진 않았을 것입니다. 하지만 스님 역시 늙었으니, 분명 참회하는 마음이 있을 것이라 생각됩니다.

저로 말씀드리자면 쓸모없고 엉성하며 낙담한 채 살아가는 자입니다. 어려서부터 유학을 업으로 삼았다지만 남을 위해 도모할 겨를이나 있었겠습니까? 근원에서 일러 주신 편지의 말씀은 현묘한 도리를 끄집어내고 그윽한 이치를 눈을 크게 떠서 본 것이니, 오직 안락한 조사이실 따름입니다. 진실로 세상을 경영하는 학문이 아닌데, 어찌 쉽게 말할 수 있겠습니까?

철晢이 저를 따라 노닐면서 겨우 1년을 배웠는데, 지척도 나아가지 못하고 한없는 쓴맛과 덤덤함만 진탕 맛보아야 했습니다. 재주야 둔한 근기이지만 그 근면함이 가상했는데, 내년 봄 호계의 삼소로 돌아가겠다고 고하니 도리어 갈림길에서 눈물짓게 되는군요.

어쩌자고 가산은 저리 아득하답니까? 그곳까지 갈 힘이 없군요. 스님이 저보다 10년은 젊으시니, 호젓하게 행각을 나서면 백 리 길도 거뜬할 것입니다. 화창한 봄에 날이 따뜻해지거든 철과 함께 나란히 지팡이를 짚고 적막한 물가로 저를 찾아 주십시오. 그렇게 못 하신다면 편지라도 서로 통해 회포를 전해 주십시오. 그러신다면 얼굴을 대신할 밑천으로 삼기에 또한 충분할 것입니다. 하지만 오가는 인편이 없어 이 또한 기약하기가 쉽질 않으니, 써 놓은 편지 굽어보며 어찌 슬픔과 암담함이 없을 수 있겠습니까? 다 쓰지 못합니다.

附答

只聞其名。不見其人。一衲自鷲栖。袖書若詩至。書以寄意。詩以言志。愛玩久矣。如獲拱璧。但推許爽。實稱謂過。當佛道尙虛无言。亦稱是耶。好笑信後。歲行且盡。寒事料峭。夏問。修養啓居淸健。盆庸溯慰。拙半世奔走風埃。晚莫深入此山。烟雲魚鳥。爲度日之資。年迫七耋。餘日幾何。信所謂日莫程遙浩歎。細看來書。辭邈意至。全用儒家法尺。不是伊蒲塞氣味。詩亦圓活淸雅。如帶雲霞語。又不是蔬筍人口氣。師其墨名儒行者乎。惜乎。回頭轉脚。早從事於儒家。穀率功名事業。不止於此。而師亦老矣。想應有懺悔之心。如余空踈落託者。從少業儒。而尙不免醉生夢死。而暇爲人謀乎。根窟之喩。鉤玄頤幽者。惟安樂祖師而已。苟非經世學。安能容易道哉。哲也。從吾遊才一季學。無只尺進。而喫盡無限苦淡。才若鈍根。而其勤勵可尙。將以明春。告歸虎溪笑。反作歧路泣。奈何伽山逖矣。無力可致。師則少於我十年。蕭然行脚。能辦百里行。竢春和日暖。與哲聯筇。訪我於寂寞之濱耶。不然則書尺相通。遵達懷緖。亦足爲替面之資。而偵便無路。此亦未易期也。臨書烏得無悵黯底懷。不宣。

호운 대사에게 답하다

지난날 민旻 스님이 찾아와 귀하가 있는 곳의 풍경을 알게 되었네. 들어 보이는 한쪽 모서리에서 나머지 셋을 파악하건대[118] 암송하면서 음미할 만한 형상들이 있겠더군. 이곳 적막한 산속 재실에는 단풍과 국화가 부질없이 살아가는 나를 위해 스스로 소생하여 환하게 빛나고 있다네. 하지만 볼 만한 풍경이라 할 수는 없으니, 어디에 깃들고 머물겠는가?

편지의 말에 따르면 『논어』 1부의 뜻과 이치가 심오해 수십 번을 읽어도 완벽하게 이해할 수 없는 부분이 많다고 하였는데, 이게 무슨 말인가? 저 앎과 행실이 천성적으로 편안하셨던 분도 오히려 가죽 끈을 세 번이나 끊었는데[119] 하물며 힘들게 노력해야 실천할 수 있고 알 수 있는 자이겠는가? 조용히 침묵하고 백 번 천 번 반복하면서 폐가 타서 문드러지도록 문장을 힘써 살펴보게. 그렇게 한다면 뚫고 깨뜨려 가까워지고 쉬워지는 경지의 실마리가 어찌 없을 수 있겠는가? 성현의 골수는 황홀하게도 우리의 방촌에 있다네. 이를 얻는다면 상쾌하고 화창하며 조리가 있을 것이네.

아, 수십 번을 읽었다고 하는구나. 요즘 학자들은 다들 경전의 기름진 맛은 음미하질 않고 속히 알음알이의 효과를 보려고 해 천리만리 아득히 멀어지니, 나는 이를 옳다고 보지 않네. 우리 스님은 농락한 문서가 대궐로 나아가기에 충분하고, 또한 법도에 맞춰 글을 짓는 솜씨도 보통 사람을 뛰어넘네. 진정 이는 조금씩 닦아 가며 조금씩 깨달아 가는 선가의 방편이라네. 그렇게 함으로써 힘을 운용하고 공을 세울 수 있으니, 노력하고 또 노력하게나.

아비와 자식 사이, 스승과 제자 사이에는 더더욱 책선責善[120]하지 말아야 한다네. 지난날의 광장匡章[121]이 오늘날의 호운顥雲이니, 친구 사이의 책선도 심하면 의를 상하는데 하물며 친애하는 사사로운 관계에서 용납

되겠는가? 진실로 지나쳐서는 안 되겠지.

 무릇 하늘의 이치는 곧게 서면 주인이 되고 가로 누우면 노예가 되며, 참되면 내가 되고 거짓되면 사물이 된다네. 노예가 주인이 되고 사물이 내가 되었다는 소리를 나는 들어 본 적이 없네.

 술주정 덕담도 오래 하면 질리는 법인데 내가 선하지 못한 짓을 했군. 해 저물어 집으로 돌아왔다면 또한 내 말도 근심거리로 삼지 말게. 군더더기는 생략하겠네.

答灝雲大師

去日雲師來。得貴界爻象。擧一隅反三。仍諳做味有相。而此中寂歷山齋。楓菊自爲浮生蘇朗。而未景風槩。于何捿泊乎。承喩。一部論語義理深奧。讀去數十遍。多不能通曉者。是何言也。盖知行生而安。而猶三絶韋編。而況困勉行知不。從容沉默。千回百復。討尋章句。焦爛肺臟。而安有無端透破近易處。聖賢膈髓。悅爾在吾方寸。而也得。快暢條理去乎。噫。數十遍了。近日學者。皆不咀嚼經典膏腴。而欲速效知解。萬萬迂濶。吾不見是處尒。吾師文書籠絡。足以趏進閫域。又製作規行。出凡超例。政是禪家漸修漸悟方便。可以運力樹功。懋哉懋哉。父子之間。師弟子之際。甚非責善之地。前日匡章。今時灝雲。朋友之責。瀆則傷義。況親愛之私。可以容乎。愼勿過矣。大凡天理。直爲主。橫爲奴。眞爲我。假爲物。吾未聞奴爲主而物爲我也。酗德久猒。作善外事。日暮還家。又勿以爲憂也。切跂。

주

1 퍼덕대기만 할 뿐(能翶翔) : 고상翶翔은 높이 날아오르지 못하고 낮은 가지나 오르내리는 것을 말한다. 메추라기(斥鷃)가 구만리 창공으로 날아올라 남쪽 바다로 가는 붕새를 비웃으며 "저건 대체 어디로 가려는 걸까? 내가 힘껏 날아올라 보았지만 몇 길을 넘지 못하고 내려와 쑥대밭 사이에서 퍼덕거릴 뿐이었으니, 이것이 날 수 있는 한계이다. 그런데 저건 또 어디를 간단 말인가?(彼且奚適也。我騰躍而上。不過數仞而下。翶翔蓬蒿之間。此亦飛之至也。而彼且奚適也。)"라고 하였다. 『莊子』「逍遙遊」.
2 우통수于筒水 : 강원도 평창군 진부면 오대산 장령봉 밑에서 나는 샘물. 태백시 금대봉에 있는 검룡소儉龍沼와 함께 한강의 발원지로 알려진 곳이다.
3 강회江淮 : 중국의 양자강揚子江과 회수淮水를 말한다.
4 양장羊腸 : 산서성山西省에 판도坂道인 양장판羊腸坂이 있는데, 비탈길이 마치 양의 창자처럼 꼬불꼬불하고 매우 험난하다고 한다. 흔히 험난한 세로世路를 비유한다.
5 우물 청소하고 베갯머리에서 우니(井渫枕顚鳴) : 자신을 알아주지 않는 세상을 한탄하는 표현이다. '정설井渫'은 우물 바닥의 오물을 깨끗이 퍼내듯 스스로 몸가짐을 깨끗이 한 것을 뜻한다. 『周易』「井卦」구삼효九三爻에 "우물 청소했는데도 먹는 사람이 없어 내 마음 슬프게 한다.(井渫不食。爲我心惻。)"라고 하였다.
6 동중서董仲舒 : 한 무제漢武帝 때의 재상. 유교가 중국의 국교이자 정치 철학의 토대가 되는 데 크게 기여하였다. 유교 철학과 음양 철학陰陽哲學을 통합하였고, 국가 교육 기관인 태학太學을 설립하였다.
7 임술년 : 1802년으로 스님의 나이 만 29세 되던 해이다.
8 저 가을~않은 탓이지요(不吊彼秋旻) : 불운을 한탄하는 표현이다. 공자孔子가 죽었을 때에 노魯나라 애공哀公이 내린 조사弔辭에 "하늘이 나를 불쌍히 여기지 않는구나. 나라의 원로를 조금 더 세상에 있게 하여 나 한 사람을 도와 임금 자리에 있게 하지 않는구나.(旻天不弔。不憖遺一老。俾屛余一人以在位。)" 하고 탄식한 구절이 있다. 『春秋左氏傳』「哀公 16년」.
9 은공 원년 봄(隱公元年春) : 공자가 노나라로 돌아온 해는 애공哀公 11년(B.C. 484), 공자 나이 68세 때였다. 아마도 『春秋』의 편찬 기년을 공자의 귀환 년으로 오인한 것으로 보인다. 『春秋』는 노나라 은공隱公 원년(B.C. 722)부터 애공哀公 14년(B.C. 481)까지 242년간의 역사를 기록하고 있다.
10 멈춰야 할~줄 알았으니(於止知所止) : 『詩經』「小雅」〈綿蠻〉에 "꾀꼴꾀꼴 꾀꼬리가 언덕 모퉁이에서 멈추네.(綿蠻黃鳥。止于丘隅。)"라는 말이 나오는데, 공자가 이 시를 해설하면서 "꾀꼬리도 멈춰야 할 곳에서 멈출 줄 아는데, 사람이 새보다 못해서야 되

겠는가.(於止知其所止。可以人而不如鳥乎。)"라고 한 말이『大學章句』에 나온다.

11 안 씨의~어기지 않았지 : 공자가 "안회는 그 마음이 석 달 동안 인을 떠나지 않았다. 그 나머지 사람들은 하루나 한 달 동안 유지될 뿐이다.(回也。其心三月不違仁。其餘則日月至焉而已矣。)"라고 하였다.『論語』「雍也」.

12 예문을 읽으면서(讀禮) : '독례讀禮'는 거상居喪을 뜻한다.『禮記』「曲禮 下」에 "장사 지내기 전에는 상례를 읽고, 장사 지낸 뒤에는 제례를 읽는다.(未葬讀喪禮。旣葬讀祭禮。)"라고 한 말에서 유래하였다.

13 조룡祖龍 : '조祖'는 시始의 뜻이고, '용龍'은 임금을 상징하는 말이다. 즉 시황始皇을 가리킨다.『史記』권6「秦始皇本紀」의 "금년에 조룡이 죽을 것이다.(今年祖龍死)"라고 한 예언에서 비롯되었다.

14 호지滈池 : 서주西周의 서울인 호경鎬京에 있던 못 이름으로, 지금 중국의 섬서성陝西省 서안시西安市 서쪽에 위치한다. 진시황이 죽던 해인 기원전 210년에 관동關東 지방에 나갔던 사자使者가 수신水神을 만났는데, 옥을 주면서 "이것을 호지군滈池君께 넘겨주시오. 금년에 조룡祖龍이 죽을 것이오."라고 예언하였다. 호지군은 주 무왕周武王을 뜻하며, 무왕 같은 인물인 유방이 나타날 것을 예언한 말이다.

15 풍패(豊) : '풍豊'은 풍패豐沛를 뜻한다. 한 고조漢高祖 유방劉邦이 처음 군사를 일으킨 곳이다.

16 융중에서도 제갈량은 통했고 : 융중隆中은 제갈량諸葛亮이 출사出仕하기 전 농사를 지으며 은거하던 곳이다. 이후 유비劉備가 삼고초려三顧草廬하자 군사軍師가 되어 촉한蜀漢을 건국하였다.

17 위수에서는 여망도 궁색했지 : 여망呂望은 태공망太公望 즉 여상呂尙을 가리킨다. 강태공은 위수渭水 가의 반계磻溪에서 낚시질이나 하며 세월을 보내다가 문왕文王을 만나 사부師傅로 추대되었고, 문왕의 아들 무왕武王을 도와 천하를 평정하였다.

18 낭관 풍당(郞馮) : 풍당馮唐은 한漢나라 안릉인安陵人으로 고제高帝 때 하관말직인 낭관郎官이 되었고, 현사였음에도 불구하고 혜제惠帝를 거쳐 문제文帝 때 이르러서야 겨우 발탁되어 낭중서장郎中署長을 거쳐 차기도위車騎都尉까지 이르렀다.『史記』권102「馮唐列傳」.

19 긴 끈을 청했던 종군(請纓終) : '종終'은 한 무제 때 사람 종군終軍을 가리킨다. 종군은 문학과 언변이 뛰어나 약관弱冠의 나이로 간의대부諫議大夫로 발탁되었다. 남월南越에 사신으로 가기를 자청하면서 "긴 밧줄 하나만 주시면 남월왕을 꽁꽁 묶어 대궐 아래에 바치겠습니다.(願受長纓。必羈南越王而致之闕下。)"라고 하였고, 사명使命을 받들고 가서 남월왕南越王을 설득해 천자로부터 큰 은총을 받고 명성이 천하에 떨쳤다. 하지만 곧 남월왕의 재상인 여가呂嘉의 반란으로 그곳에서 죽고 말았는데, 그때 그의 나이 20세였다.『漢書』권64「終軍傳」.

20 사방 한 치(方寸) : 방촌方寸은 사방 1촌이란 뜻으로, 마음의 별칭이다. 『列子』에 "내가 자네의 마음을 보니 방촌方寸만 한 곳이 텅 비었다."라고 한 말에서 유래되었다.
21 붕거鵬擧 : 월하 대사의 자字.
22 뽕나무밭(桑田) : 상전벽해桑田碧海에서 나온 말로 덧없는 세상을 뜻한다.
23 몸이 마음을~슬퍼만 하랴 : 도잠陶潛이 〈歸去來辭〉에서 "스스로 마음을 몸의 노예로 부려 먹었지만 어찌 서글프게 슬퍼만 하리오.(旣自以心爲形役。奚惆悵而獨悲。)"라고 하였다.
24 갈강葛强 : 진晉나라 정남장군征南將軍 산간山簡의 부장이다. 호기가 넘쳤지만 술을 너무 좋아해 항상 산간과 술자리를 함께하였다고 한다.
25 산대가 터질~구름의 깃발 : 산대가 터질 듯하다(山竹欲裂)는 것은 두견새 소리의 처량함을 표현하는 말이다. 두보杜甫의 〈玄都壇歌寄元逸人〉에 "두견새 밤에 울어 산대가 터지고, 서왕모 낮에 내려와 구름 깃발 번득이네.(子規夜啼山竹裂。王母晝下雲旗翻。)"라고 하였다.
26 무하유지향(無何鄕) : 무하유향無何鄕은 무하유지향無何有之鄕의 준말로 아무것도 없는 끝없이 펼쳐진 적막한 세계를 말한다. 장자莊子가 설한 이상향이다. 『莊子』「逍遙遊」에 "그대가 큰 나무를 갖고서 아무 쓸모가 없다고 걱정하고 있는데, 어찌하여 그 나무를 무하유지향의 광막한 벌판에 심어 두고서 하릴없이 그 곁을 서성이거나 그 밑에 누워 소요해 볼 생각은 하지 않는가."라고 하였다.
27 푸른 학(靑鶴) : 학은 천 년을 묵으면 푸른색이 되고, 2천 년을 묵으면 검은색이 된다고 한다.
28 저 연도에서~쏟아 내시게나 : 협객 형가荊軻의 고사에 의거하였다. 울분을 토할 길 없던 형가가 연나라 시장 술집에서 술을 마시다 고점리高漸離를 만났는데, 두 사람이 뜻이 통하여 고점리는 축筑을 불고 형가가 노래하며 함께 즐거워하였다고 한다. 『史記』「荊軻傳」.
29 군말(瀆告) : 독고瀆告는 번거롭게 두 번 세 번 자꾸 고하는 것을 말한다. '독瀆'은 모욕하다라는 뜻으로 『周易』에 "두 번 세 번 말하면 모독하는 것이다."라고 하였다.
30 침허 대사枕虛大師 : 월하 대사의 계사이다. 1803년(순조 3)에 수일守一과 함께 석남사를 중수하였다는 기록 외에 특별히 알려진 것이 없다.
31 월파 대사月波大師 : 사명 대사의 8세손으로 법명은 천우天有. 경남 밀양의 무안면 중산리 웅동熊洞에 있던 표충사表忠祠를 영정사靈井寺로 이건하는 일을 주도하였다.
32 홍직필洪直弼(1776~1852) : 조선 후기의 학자. 초명은 긍필兢弼, 자는 백응伯應·백림伯臨, 호는 매산梅山. 병마절도위 상언尙彦의 증손으로, 할아버지는 현감 선양善養, 아버지는 판서 이간履簡이다. 재능이 뛰어나 7세 때 이미 문장을 지었다. 17세에 이학理學에 밝아 성리학자 박윤원朴胤源으로부터 '오도유탁吾道有托'이라는 찬사를

받았다. 1810년 돈녕부 참봉에 제수된 것을 시작으로 익위사 세마翊衛司洗馬, 장흥 고봉사, 황해도 도사, 군자감정, 공조 참의, 성균관 좨주, 대사헌, 지돈녕 부사, 형조 판서 등에 제수되었으나 모두 사양하고 나아가지 않았다. 월하 대사에게 보낸 이 편지는 또한 『梅山先生文集』 권26에 「答戒悟上人」이란 제목으로 수록되어 있다. 제목 옆에 '甲戌(1814)'이라 표기되어 있다. 그의 나이 만 38세에 쓴 편지이다. 당시 월하 대사는 만 41세였다.

33 현도玄度: 동진東晉의 명사 허순許詢의 자字. 승려 지도림支道林과 교유하면서 청담淸談으로 일세를 풍미하였다. 유윤劉尹이 그를 "맑은 바람 밝은 달을 대하노라면, 문득 현도가 생각난다.(淸風朗月。輒思玄度。)"라고 평한 말이 유명하다. 『世說新語』 「言語」.

34 지둔支遁: 진晉나라 고승高僧으로 자는 도림道林. 25세에 출가하여 세상에 나와 불법의 미묘한 뜻을 널리 펼쳤다. 또한 사안謝安·왕흡王洽·유회劉恢·은호殷浩·허순許詢·극초郗超·손작孫綽·환언표桓彦表·왕경인王敬仁·하차도何次道·왕문도王文度·사장하謝長遐·원언백袁彦伯 등 일대의 명사들과 널리 교유하며 명망을 떨쳤던 것으로 유명하다. 세상에서는 그를 지공支公, 또는 임공림公이라 칭하였다.

35 『남화경』첫~토론하는 것: 『南華經』은 『莊子』를 말한다. 이는 사실 현도와 지둔 사이에 있었던 고사가 아니라 유계지劉系之와 지둔 사이에 있었던 고사이다. 지둔이 백마사白馬寺에 머물 때 유계지 등과 『莊子』 「逍遙遊」 편에 대해 담론하였다. 그때 유계지가 "각기 성품에 따라 살아가는 것이 '소요逍遙'이다."라고 주장하였다. 그러자 지둔이 이렇게 말하였다. "그렇지 않습니다. 저 폭군 걸왕과 도척은 생명을 해치는 성품을 타고났습니다. 만약 성품 따라 살면 된다고 한다면, 그들 역시나 소요한 것이 됩니다." 지둔이 자리에서 물러나 「逍遙遊」 편에 주석을 썼는데, 수많은 석학과 유생들이 그것을 읽고 탄복하지 않는 자가 없었다. 『高僧傳』 권4 「支遁」(T50, 348b).

36 경거瓊琚: 보배 구슬인데 훌륭한 시문을 뜻한다. 『詩經』 「衛風」 〈木瓜〉에 "나에게 목과를 주거늘 경거로써 갚는다.(投我以木瓜。報之以瓊琚。)"라고 한 것에서 유래하였다

37 온갖 것을~받아들이는 것(羣動而納萬境者): 만물의 근원 즉 마음(心)을 뜻한다.

38 불교의 해로움은~묵적보다 더하다: 『近思錄』 「辯異端」에 나오는 정명도程明道의 말을 인용한 것이다. 양주는 철저한 이기주의자로 "내 몸의 털 하나를 뽑으면 천하를 이롭게 한다고 해도 하지 않겠다.(拔一毛而利天下。不爲也。)"라고 하였다. 묵적은 박애주의자로 "이마에서 발끝까지 부서진다 해도 천하를 이롭게 한다면 그렇게 하겠다.(摩頂放踵。利天下。爲之)"라고 하였다. 유교에서는 이 둘을 철저히 배척하였다. 대표적인 예로 맹자는 "양씨는 나만을 위하니 이것은 임금이 없는 것이며, 묵씨는 모두를 사랑하니 이것은 아버지가 없는 것이다. 아버지가 없고 임금이 없는 것은 금수이다.(楊氏爲我。是無君也。墨氏兼愛。是無父也。無父無君。是禽獸也。)"라고 하였다. 『孟子』

「滕文公 下」.
39 상법象法 : 불법을 뜻한다.
40 명교名敎 : 유교儒敎는 명분名分을 중시하므로 명교名敎라 한다.
41 분전墳典 : 삼분오전三墳五典의 준말. 옛 전적을 통칭하는 말로 쓰인다. 삼분三墳은 삼황三皇의 글, 오전五典은 오제五帝의 글이다.
42 옛 현인 : 불교에 대한 이상의 비판은 남송南宋의 주희周熹와 여조겸呂祖謙 등이 편찬한 『近思錄』「辯異端」에 수록되어 있다. 횡거 선생橫渠先生 장재張載가 불교를 비판하면서 "완전히 밝힐 수 없자 천지天地와 일월日月이 환상처럼 허망한 것이라며 거짓말을 하면서 그 작용을 작은 일신으로 가리고, 그 뜻을 큰 허공에 빠뜨린다. 이것이 큰 것을 말하건 작은 것을 말하건 어디론가 자취도 없이 사라지고 중도를 잃게 되는 이유이다.(明不能盡。則誣天地日月爲幻妄。蔽其用於一身之小。溺其志於虛空之大。此所以語大語小。流遁失中。)"라고 하였고, 또 "영재나 간기間氣들이 태어나면서부터 눈과 귀를 편안히 하는 일에 빠지고 자라서는 세속적인 유자들이나 숭상하는 말을 배우게 하여, 결국 멍청하게 부림을 당하게 한다.(使英才間氣。生則溺耳恬習之事。長則師世儒崇尙之言。遂冥然被驅。)"라고 하였다.
43 인재는 얻기~그렇지 않습니까 : 『論語』「泰伯」에서 공자께서 "인재는 얻기 어렵다고 하였다. 그렇지 않은가?(才難。不其然乎)"라고 하였다.
44 백곡白谷(1617~1680) : 조선 후기 승려로 법명은 처능處能, 자는 신수愼守, 백곡은 호이다. 15세에 출가하여, 지리산 쌍계사雙磎寺 각성覺性 회하에서 23년 동안 수학하였다. 1674년(현종 15)에 김좌명金佐明의 주청으로 팔도선교십육종도총섭八道禪敎十六宗都摠攝이 되었다. 「諫廢釋敎疏」를 올려 조선 승단을 대변해 호불간쟁護佛諫諍에 앞장섰다. 조선 승가에서 보기 드문 문장가로 평가받고 있다. 저술로 『白谷集』 2권과 『任性堂大師行狀』 1권이 전한다.
45 인악仁岳(1746~1796) : 조선 후기의 승려로 이름은 의선義宣, 자는 자의字宜, 호는 인악. 의첨義沾·의침義砧이라고도 한다. 당시 불교계에서 교학敎學의 대강백大講伯으로 편양문파鞭羊門派의 선승이기도 하다. 당대의 고승인 연담 유일蓮潭有一과 쌍벽을 이루었는데, 유일은 호남 지방에서, 그는 영남 지방에서 각각 불교학의 거장으로 이름을 떨쳤다.
46 명성明誠 : 월하 대사를 밝음(明)과 진실함(誠)을 추구하는 사람, 즉 유교의 도에 참여한 사람이란 뜻에서 붙인 호칭이다. 분명히 아는 것을 명明이라 하고, 마음에 거짓이 없고 지극히 진실한 상태를 성誠이라 한다. 『中庸章句』제21장에 "성誠으로 말미암아 밝아지는 것을 성性이라 하고, 명으로 말미암아 성해지는 것을 교라 이르니, 성하면 밝아지고 밝아지면 성해진다.(自誠明。謂之性。自明誠。謂之敎。誠則明矣。明則誠矣。)"라고 하였다.

47 명협 두 포기(二莢) : 요堯임금 조정의 뜰에서 명협蓂莢이란 풀이 자랐는데 초하루에 한 잎이 나고 매일 한 잎씩 늘었다가 16일부터 매일 한 잎씩 떨어져서 그믐이면 다 졌다고 한다. 이것을 보고 달력을 만들었다 한다. 따라서 역초曆草라고도 한다. 여기에서는 명협의 의미가 분명치 않다. 글자 수가 28자인 칠언절구 두 수, 또는 60자로 된 오언고시를 뜻하는 것이 아닐까 추측된다.

48 오동잎 : 오동나무 잎에 쓴 시란 뜻이다. 두보杜甫의 〈重過何氏〉에 "돌난간에서 비스듬히 붓에 먹을 찍어, 앉아서 오동잎에 시를 쓴다.(石欄斜點筆。桐葉坐題詩。)"라고 하였다.

49 삼공三空 : 삼해탈문三解脫門 또는 삼삼매三三昧라고도 한다. 해탈을 얻는 세 가지 방법으로 공해탈문空解脫門・무상해탈문無相解脫門・무원해탈문無願解脫門을 말한다.

50 십지十地 : 보살의 열 가지 수행 계위이다.

51 색동옷 입고 춤추는 일(舞彩) : 부모를 성심껏 모시는 일을 뜻한다. 춘추시대 초楚나라 사람 노래자老萊子가 일흔 살의 나이에 색동옷을 입고 어린아이처럼 춤을 추어 부모님을 기쁘게 해 드린 고사에서 유래하였다. 『小學』「稽古」.

52 바로 집대성이요, 금성옥진입니다(謂集大成。金聲玉振) : 상대를 공자의 덕에 견주어 칭찬한 것이다. 맹자가 이르기를 "공자는 말하자면 모든 성인의 지덕을 모아 크게 완성하신 분이시다. 집대성集大成이란 바로 음악을 연주할 때 금속 악기로 발성을 시작하여 옥의 악기로 소리를 거두는 것과 같은 것이다. 쇠로 소리를 낸다는 것은 시작의 조리요, 옥으로 거둔다는 것은 마침의 조리이다. 시작을 조리 있게 하는 것은 지혜의 일이요, 마침을 조리 있게 하는 것은 성인의 일이다.(孔子之謂集大成。集大成也者。金聲而玉振之也。金聲也者。始條理也。玉振之也者。終條理也。始條理者。智之事也。終條理者。聖之事也。)"라고 하였다. 『孟子』「萬章 下」.

53 가난뱅이가 옷~것만 같고 : 『法華經』「五百弟子授記品」에 부유한 친구가 가난한 친구의 옷섶에 값을 헤아릴 수 없는 보배 구슬을 넣어 두었으나 가난한 친구가 그 사실을 몰라 여전히 궁상을 떨고 살았다는 비유가 나온다.

54 높은 나무(喬木) : 교목은 몇 대에 걸쳐 크게 자란 나무라는 뜻으로, 누대에 걸쳐 경상卿相을 배출한 명가名家를 비유할 때 쓰는 말이다.

55 유 중서劉中書 총 대사聰大師 : 중서시랑中書侍郎 유병충劉秉忠(1216~1274)을 지칭한다. 유병충은 서주瑞州 사람으로 자는 중회仲晦, 초명은 건侃이다. 그는 본래 승려였고, 법명이 자총子聰이었다. 원元 세조世祖를 만나 문서를 총괄하는 업무를 담당하며 20여 년을 보필하였고, 광록대부태보참예중서성사光祿大夫太保參預中書省事에 올랐다. 그는 세조에게 참언하여 점령하는 고을에서 살상을 금하게 하였고, 세조의 총애로 신하로서 최고의 지위에 올랐지만, 평범한 거처에서 거친 음식으로 자족하면서 평생 승복을 벗지 않았다. 1274년 11월 8일에 붓을 찾아 "나는 세상을 등지지 않았고

세상도 나를 등지지 않았네. 한세상 살아온 나는 물속의 어린 달이요 허공에 핀 꽃이로다. 이제 꽃이 떨어지고 달도 지니, 이것이 무엇인가? 쯧."이란 게송을 남기고 가부좌한 채 서거하였다. 『五燈全書』 권61(X82, 260b).

56 소성 거사少性居士 : 원효 대사元曉大師의 호칭이다.

57 포정 씨庖丁氏의~들어갔던 것처럼 : 포정庖丁은 백정으로서 『莊子』에 나오는 수많은 주인공 중 한 명이다. 문혜군文惠君이 소를 잡는 백정의 솜씨가 유난히 빼어난 것을 보고 그 까닭을 묻자 "소의 뼈마디에는 틈새가 있지만 칼날에는 두께가 없습니다. 두께가 없는 것을 틈새가 있는 곳에 넣으므로 칼날을 휘두르는 데에 반드시 여유가 있는 것입니다."라고 대답하였다. 『莊子』「養生主」.

58 치우치고 방탕한 대법(詖淫大法) : 불교를 비판적으로 지칭한 표현이다.

59 검은 수레 덮개(皂盖) : 지방 관원을 뜻하는 말이다. 지방 관원은 행차할 때 수레 위에 검정 비단을 쳤다고 한다.

60 허현도가 일찍이~비판했던 일 : 지둔支遁이 만년에 산음山陰에서 『維摩經』을 강설하게 되었다. 그때 지둔이 법사法師가 되고 허순都講이 도강都講이 되었는데, 지둔이 한 가지 뜻을 명쾌하게 설명하면 대중들 모두 "허순도 비판할 길이 없겠구나." 하였고, 허순이 한 가지를 비판하면 대중들이 역시나 "지둔도 명쾌히 설명하지 못하는구나." 하였다. 이렇게 강의가 끝날 때까지 두 사람의 설명과 비판이 쉴 새가 없었다고 한다. 『高僧傳』 권4「支遁」(T50, 348b).

61 밤기운으로 윤택해진다는~못하고 있습니다 : 유가에서는 밤사이에 생겨나는 천지의 맑은 기운 즉 야기夜氣를 흔히 사람의 양심良心에 비겨서 중하게 여긴다. 그런데 외물을 접하기 이전의 청명한 새벽에는 이런 마음이 남아 있다가 낮에 선하지 못한 행위들로 인해 그 양심이 점점 사라지게 된다고 한다. 『孟子』「告子 上」에서 "제齊나라 동쪽에 있는 우산牛山에는 원래 나무가 많았는데, 큰 도읍 곁에 있던 까닭으로 사람들이 나무를 자꾸 베어내고 그나마 밤사이에 돋아난 싹을 또 가축들이 뜯어 먹으니, 결국은 민둥산이 되고 말았다. 사람이 가지고 있는 인의의 양심도 마찬가지이다. 자꾸 어긋나는 행위를 하게 되면 양심이 상하게 되지만, 밤사이에는 기욕嗜慾이 가라앉고 양심이 다시 자라나게 된다. 그러나 낮에 다시 어긋나는 행위를 하여 자꾸 쌓이게 되면 결국은 우산의 나무와 같이 양심이 모두 없어져 금수와 같게 된다."라고 하였다.

62 도 태위陶太尉가~경하하며 칭송하였고 : '도 태위陶太尉'는 동진東晉을 중흥한 명장 도간陶侃(259~334)을 가리킨다. 자는 사행士行. 형주荊州·강주江州·양주梁州·옹주雍州·교주交州·광주廣州·익주益州·영주寧州 등 8주의 군사도독軍事都督으로 반란을 평정하고 빈틈없이 성실히 직무를 처리하였기에 백성들의 칭송이 자자하였다.

63 정절 선생靖節先生 : 도연명陶淵明(365~427)을 지칭한다. 도연명은 도간陶侃의 손자

이다. 동진東晉이 망하고 유송劉宋이 서자 정절靖節을 지켜 율리栗里에 은거하였다.

64 유리由吏 : 수령의 해유解由에 관한 일을 맡아 보는 아전, 즉 지방 고을의 이방을 말한다.

65 무릇 마음이란~해서야 되겠습니까 : 이상 마음에 관한 설명은 범준范浚의 〈心箴〉에서 인용하였다. 〈心箴〉에서 "이 몸의 미미함이 큰 창고 속의 낟알과 같건만, 참여하여 삼재가 됨은 오직 마음 때문이라 하겠다. 과거·현재·미래에 누가 이 마음이 없겠냐마는, 마음이 몸의 노예가 되면 마침내 금수禽獸가 되니, 이는 오직 입과 귀와 눈과 수족手足과 동정動靜이 그 사이에 침투하고 틈을 벌려서 그 마음을 병들게 하기 때문이다.(是身之微。太倉稊米。參爲三才。曰惟心爾。往古來今。孰無此心。心爲形役。乃獸乃禽。惟口耳目。手足動靜。投間抵隙。爲厥心病。)"라고 하였다.

66 『동서명東西銘』 : 횡거 선생橫渠先生 장재張載의 저술이다.

67 『경재잠敬齋箴』 : 주희의 저술이다. 주자朱子는 본당의 왼쪽 방을 경재敬齋라 칭하고, 오른쪽 방을 의재義齋라 칭하였다.

68 『근사록近思錄』 : 남송南宋의 주희周熹와 여조겸呂祖謙 등이 공동 편찬한 성리학 해설서.

69 정언正言 허 공許公 : 허형을 지칭한다.

70 사군使君 : 지방 행정관의 별칭.

71 설루雪樓 : 양산 관아에 있던 누각인 춘설루春雪樓의 준말로 곧 양산현감을 뜻한다.

72 허현도許玄度 : 허형許珩을 동진의 명사 허순許詢에 빗대어 표현한 것이다. 현도는 허순의 자字이다.

73 이학규가 보낸 이 편지는 그의 『洛下生集』 권 15에 「與釋戒悟」라는 제목으로 수록되어 있다. 신사년辛巳年(1821) 그의 나이 만 51세에 보낸 편지이다. 당시 월하 대사는 48세였다.

74 생공生公 : 남북조시대의 고승 도생道生(?~434) 법사를 말한다. 축법태竺法汰에게 출가하였고, 여산에 들어가 혜원慧遠과 함께 7년 동안 경학을 연구하였으며, 장안長安으로 구마라집을 찾아가 다시 교학을 연구하였다. 409년(의희 5) 청원사에서 돈오성불頓悟成佛·천세성불闡提成佛 등을 주창하다가 빈척당하였다. 그 후 평강平江의 호구산虎丘山에 들어가 바위들을 청중으로 삼아 『涅槃經』을 강설하면서 "천제闡提도 성불한다."라고 하자, 돌들이 끄덕였다는 이야기가 전한다.

75 임평의 연꽃 구절 : 송나라 때 소식蘇軾과 친분이 두터웠던 시승詩僧 참료자參廖子의 절창絶唱을 뜻한다. 그의 〈臨平道中〉이란 시에 "바람이 부들 잎을 하늘하늘 희롱해, 잠자리 앉고 싶어도 맘대로 되질 않네. 5월이라 임평 땅 산 아랫길로, 무수한 연꽃이 물가에 가득하구나.(風蒲獵獵弄輕柔。欲立蜻蜓不自由。五月臨平山下路。藕花無數滿汀洲。)"라고 하였다. 임평은 지명이다.

76 비흥比興 : 시를 지을 때 사용하는 표현 수법인 '육의六義' 가운데 비比와 흥興의 병칭이다. 比比는 비유법이고, 興興은 특정 사물을 먼저 거론하여 말하고자 하는 내용을 연상시키는 것이다.

77 곤궁과 영달은~기쁨을 맡긴다 : 〈삼가 해려께서 보내온 '남호'의 운을 따라(謹次海廬所送南湖韵)〉에서 인용하였다.

78 향엄香嚴 : 위산 영우潙山靈祐 선사의 제자로 법명은 지한智閑(?~898). 향엄은 어머니 뱃속에서 나오기 이전의 본분사本分事를 묻는 위산 스님의 질문에 말문이 막혀 평생의 공부가 헛되었음을 느끼고 남양南陽 혜충 국사慧忠國師의 유적지에 은거하였다. 그곳에서 하루는 풀을 베다가 기왓장 조각을 주워 던졌는데, 그 기왓장 조각이 대나무에 부딪쳐 나는 소리를 듣고 크게 깨달았다.

79 도오道吾 : 『傳燈錄』에 도오로 지칭되는 인물이 여러 명인데, 누구를 지칭한 것인지 명확하지 않다. 깨달은 인연이 가장 유사한 분은 관남 도상關南道常 선사의 법을 이은 양주襄州의 관남 도오關南道吾 선사이다. 관남 도오 선사는 어느 시골 교외를 지나다가 무당이 귀신을 즐겁게 하면서 "식신識神은 없다."라고 하는 말을 듣고 홀연히 깨달았다. 『景德傳燈錄』 권11(T51, 288c).

80 연지 주굉蓮池袾宏(1535~1615) : 명明나라 4대 고승 중 한 분. 속성은 심沈씨, 자는 불혜佛慧, 호는 연지蓮池. 운서산雲棲山에 오래 주석하여 흔히 운서 주굉이라 칭한다. 31세의 늦은 나이로 성천 리性天理 선사 문하에 출가하여, 유암柳庵의 송암 득보松庵得寶에게 참구하였고, 초서譙棲에서 북소리를 듣고 깨달음을 얻었다. 융경隆慶 5년(1571)인 37세 때 운서산에 절을 짓고 머물렀다. 저서로 『禪關策進』・『緇門崇行錄』・『自知錄』 등이 있다.

81 일전어一轉語 : 상황을 일거에 변화시킬 전기가 되는 언구, 공부에 큰 비약을 가져오는 핵심적인 가르침을 뜻한다.

82 반고盤古 : 천지가 개벽할 때 가장 먼저 나와 세상을 다스렸다는 중국 신화 속의 인물이다. 최초의 인간인 동시에 세상을 창조한 조물주이다. 일명 혼돈씨混沌氏라고도 한다.

83 아촉씨阿閦氏 : 아촉阿閦은 Aksobhya의 음역이다. 동쪽 아득한 곳에 계신다는 부처님 이름으로 흔히 동방東方 아촉불阿閦佛이라 칭한다.

84 우임금이 도끼질을 하건 말건 : 황하黃河가 산간 지대에서 평야 지대로 나오는 곳인 하남성河南省에 우문禹門이라는 협곡이 있다. 고대에 우임금이 도끼로 쪼개 물을 통하게 했다는 전설이 있다. 잉어가 이 폭포를 거슬러 오르면 용이 된다고 하여 용문龍門이라고도 한다.

85 영인에게 도끼를 휘두르건 말건 : 『莊子』 「徐无鬼」에 "영郢 지방 사람이 코끝에 백토를 파리 날개만큼 묻혀 놓고 장석匠石을 시켜 그것을 깎아 내게 하였다. 그러자 장석

이 바람을 일으키며 도끼를 휘둘러 마음대로 깎아 내기 시작하였는데, 장석은 백토를 다 깎고도 코를 다치게 하지 않았고 영 지방 사람은 조금도 동요하지 않고 그대로 서 있었다."라고 하였다.

86 왕량王良 : 춘추시대 진晉의 대부 조간자趙簡子의 마부로 말을 잘 알아보고 잘 길렀던 사람이다.

87 조보造父 : 주周 목왕穆王의 마부이다.

88 두찬杜撰 : 조리와 근거가 희박한 말과 글을 뜻한다. 두찬에 대해서는 여러 가지 설이 있다. 그 중 하나로 『野客叢談』에서 "두묵杜黙이 시詩를 지었는데 율律에 어울리지 않는 것이 많았다. 그러므로 일이 격에 맞지 않은 것을 들어 두찬이라 한다."라고 하였다.

89 색항色巷 : 술집과 사창가를 뜻한다. 일부 선사들이 불음계不淫戒와 불음주계不飮酒戒 등을 파하면서까지 자유자재로 교화를 펼친 사례들이 있다.

90 황벽黃蘗의 작은 삿갓 : 남전南泉 선사가 황벽 희운黃檗希運을 산문에서 전송하면서 그의 삿갓을 들어 올리고 "장로의 몸은 헤아릴 수 없이 큰데, 삿갓은 대개 작군." 하자 황벽이 "그렇지만 삼천대천세계가 몽땅 이 속에 들어갑니다."라고 하였다. 그러자 남전 선사가 말하였다. "이 왕 노사도?" 『景德傳燈錄』 권9(T51, 266a).

91 단하丹霞의 풀 매기 : 단하 천연丹霞天然 선사가 석두石頭 선사 회상에서 행자로 지낼 때였다. 하루는 석두 선사가 대중에게 "내일은 불전 앞의 풀을 매자."라고 하였다. 다음 날 모든 대중이 삽과 호미를 들고 와 풀을 매는데, 스님만 홀로 대야에 물을 담아 머리를 감고 석두 선사 앞에 합장하고서 무릎을 꿇었다. 석두 선사가 이를 보고 웃으면서 곧바로 머리를 깎아 주었다. 이어 계를 설해 주려고 하자 단하가 곧장 귀를 막고 나가 버렸다. 『景德傳燈錄』 권14(T51, 310b).

92 석공石鞏의 사슴 쫓기 : 석공 혜장石鞏慧藏 선사는 본래 사냥꾼이었다. 사슴을 쫓다가 마조馬祖 선사를 만나 크게 참회하고 출가하였다. 훗날 그는 석공산에 주석하며 학인이 찾아오면 항상 활을 팽팽히 당겨 겨누고서 "화살을 보라."라고 소리쳤다. 『景德傳燈錄』 권6(T51, 248b).

93 반산盤山의 장거리 떠돌기 : 진주 보화鎭州普化 선사를 빈신 보적盤山寶積 선사로 오칭誤稱한 것이다. 보화 선사는 반산 보적 선사의 제자인데, 미친 척하며 장거리와 무덤가를 돌아다니면서 요령을 흔들고 "밝음이 와도 때리고, 어둠이 와도 때린다."라고 하였다. 『景德傳燈錄』 권10(T51, 280b).

94 섣달그믐 : 죽는 날을 뜻한다.

95 진나라 사안(晉安) : 안安은 사안謝安의 약칭이다. 최남복崔南復을 동진東晉의 명사 사안謝安에 빗대어 칭한 것이다. 최남복이 사안처럼 바둑을 매우 좋아했던 것으로 추측된다.

96 서사書社 : 울주군 두서면에 있던 백련서사白蓮書社를 말한다.
97 상란喪亂 : 사람이 죽는 재앙.
98 연꽃이 우거진 곳 : 백련서사白蓮書社를 뜻한다.
99 사리闍梨 : ācārya의 음역인 아사리阿闍梨의 준말로 제자를 가르치는 모범적인 승려를 뜻한다.
100 도 처사陶處士와 한 형부韓刑部 : 산림에 은거했던 도잠陶潛과 형부시랑刑部侍郎을 역임했던 한유韓愈를 지칭한다. 도잠은 여산의 혜원 법사와 교류하였고, 한유는 조주자사潮州刺史로 좌천되었던 시절 태전 선사와 교류하였다.
101 난야蘭若 : 아란야阿蘭若의 준말이다. 교외의 한적한 수행처인 공한처空閑處를 뜻하는데, 후대에는 수행자들의 처소를 통칭하는 말로 쓰였다.
102 나비 : 계오戒悟 자신을 비유한 말이다. 인생을 한바탕 꿈속 나비의 나들이로 표현한 『莊子』「齊物論」에서 인용한 표현이다.
103 뽕밭에서 하룻밤 묵었던 빛 : 전생에 불가와 인연이 있었다는 뜻이다. "승려는 애착을 끊기 위해 비록 뽕나무 아래라 할지라도 사흘을 묵지 않는다.(浮屠不三宿桑下)"라는 고사에서 비롯된 표현이다.
104 애통해하며 상례를 치르는 중이다(有期功之慘) : '기공期功'은 기복期服과 공복功服의 병칭으로 곧 상례喪禮를 뜻한다. 기복期服은 1년 동안 입는 복장이고, 공복功服에는 또 9개월 동안 입는 대공大功과 5개월 동안 입는 소공小功이 있다.
105 두 더벅머리 아이(二豎) : 병마病魔를 뜻한다. 춘추시대 진 경공晉景公의 꿈에 병마가 더벅머리 두 아이(二豎)로 변해서 고황膏肓으로 들어갔는데, 결국 병을 고치지 못하고 죽었다는 고사에서 유래하였다.
106 오신五辛 : 오훈五葷이라고도 한다. 향과 맛이 강한 자극성 음식이나 양념으로 마늘(大蒜)·부추(茖葱)·파(慈葱)·달래(蘭葱)·흥거興渠를 말한다.
107 비공費公의 갈피용葛陂龍 : 비공費公은 비장방費長房을 지칭하고, 갈피葛陂는 하남성河南省 신채현新蔡縣에 있던 늪의 이름이다. 후한 때 비장방이 시장에서 약을 팔던 노인을 따라 호리병 속에 들어갔는데, 그 속에 별천지가 있었다. 그곳 화려한 집에서 좋은 술에다 맛있는 안주를 실컷 먹고 돌아가려 하자 노인이 대지팡이(竹杖)를 하나 주면서 "이것만 타면 저절로 집에 갈 수 있다."라고 하였다. 지팡이를 타자 순식간에 홀연히 집에 도착하였고, 비장방이 그 지팡이를 갈피 속에 던져 버리자 청룡青龍으로 변했다고 한다. 『後漢書』 권82「方術列傳」'費長房'.
108 먼저 베푸는~능숙하지 못했는데 : 자기가 먼저 초대하지 못했다는 뜻이다. 『中庸』 13장에서 공자가 "친구에게 바라는 것을 내가 먼저 베푸는 일에 능숙하지 못했다.(所求乎朋友. 先施之. 未能也.)"라고 하였다.
109 기상期喪 : 1년 동안 입는 상복.

110 족제비나 다니는~우거진 길 : 아주 깊은 산중에서 외로이 지내는 것을 의미한다. 『莊子』「徐无鬼」에 "텅 빈 골짜기에 숨어 사는 사람은 명아주와 콩잎이 족제비의 길마저 막고 있기에 빈 골짜기에서 홀로 걷다 쉬다 하다가 사람의 발자국 소리만 들어도 기뻐한다.(逃空虛者, 藜藋柱乎, 鼪鼬之逕, 踉位其空, 聞人足音, 跫然而喜.)"라고 하였다.

111 신독身毒 : Sindhu의 음역으로 인도를 지칭한다.

112 색을 관하고~선사의 오묘함 : 배불론자였던 한유가 조주자사로 좌천되었을 때, 기생 홍련紅蓮을 형산衡山 축융봉祝靈峰에 거주하는 태전에게 보내 유혹하게 하였다. 태전은 유혹에 넘어가지 않았고, 홍련이 벌을 두려워하자 치마폭에 "10년을 축융봉에서 내려가지 않고, 색을 관하고 공을 관했더니 색이 곧 공이네. 어찌 한 방울 조계의 물을, 붉은 연꽃 잎사귀에 떨어뜨리겠는가.(十年不下祝靈峰, 觀色觀空卽色空, 如何一滴曹溪水, 肯墮紅蓮一葉中,)"라는 시를 써서 돌려보냈다. 이에 감복한 한유가 직접 태전 선사를 찾아왔고, 작별하면서 자신의 의복을 남겼다고 한다.

113 이단을 배척하고~노자를 물리치는(觝排攘斥) : '저배양척觝排攘斥'은 '저배이단觝排異端 양척불노攘斥佛老'의 준말이다. 한유의 「進學解」에 "이단을 배척하고 부처와 노자의 주장을 물리쳤으며, 틈새와 물이 새는 곳을 보완하고 오묘한 이치를 펼쳐서 밝혀 놓았다.(觝排異端, 攘斥佛老, 補苴罅漏, 張皇幽眇.)"라는 말이 나온다.

114 직언하지 않으면~꾸미지 않겠다 : 『孟子』「滕文公 上」에 "不直則道不見. 我且直之."라 하였다. 여기서는 '直'을 '實'이라 하였으나 뜻은 동일하다.

115 장석丈席 : 학문과 덕망이 높은 사람.

116 취서산鷲栖山 : 경상남도 양산에 소재한 영취산靈鷲山을 지칭한다.

117 이포새伊蒲塞 : '이포새伊蒲塞'는 원래 upāsaka의 음역인 우바새優婆塞의 와전된 표기로서, 사부대중의 하나인 재가의 남자신자를 뜻한다. 하지만 여기에서는 불교를 믿는 사람, 즉 불제자라는 의미로 사용되었다.

118 들어 보이는~셋을 파악하건데(擧一隅反三) : 말이나 글을 깊이 헤아려 그 다양한 의미를 파악하는 것을 말한다. 『論語』「述而」에 "한쪽 모서리를 들어 보였을 때 그 나머지 세 모서리를 헤아려 대답하지 못하면 더 이상 말해 주지 않는다.(擧一隅, 不以三隅反, 則不復也.)"라고 하였디.

119 가죽 끈을~번이나 끊었는데 : 공자孔子가 말년에 『周易』을 좋아하여 많이 읽은 탓에 책을 엮은 가죽 끈이 세 번이나 끊어졌다고 한다. 『史記』 권47 「孔子世家」.

120 책선責善 : 상대방에게 선행을 하라며 질책하고 권면하는 것이다. 『孟子』「離婁 下」에 "책선은 친구 사이에 적용되는 도리이다. 부자가 책선하는 것은 은의恩義를 해치는 것 가운데 큰 것이다.(責善, 朋友之道也. 父子責善, 賊恩之大者也.)"라고 하였다.

121 광장匡章 : 광장은 전국시대 제齊나라 사람이다. 당시 온 나라 사람이 모두 그를 불효자라 칭했지만 맹자는 그를 예우하였다. 공도자公都子가 맹자에게 그 까닭을 묻자,

맹자가 "광장은 부모에게 불효했다고 할 만한 실상이 전혀 없다. 다만 부자간에 서로 잘하라고 책망을 하다가 사이가 나빠진 것일 뿐이다."라고 하였다.『孟子』「離婁 下」.

가산고 제4권
| 伽山藁 卷之四 |

신흥사[1] 대웅전 단확기

거대한 산악이 구불구불 서리고, 푸른 바다가 넓고 아득하며, 울창한 숲이 회오리처럼 솟구치고, 거대한 골짜기가 적막한 허공 같구나. 그 높고 탕탕함이 험절하여 바라보아도 그 끝이 보이질 않고, 그 이치를 궁구하고 싶지만 엇비슷한 모습조차 짐작할 수 없어 거의 반쯤 왔다가 물러났던 자가 삼사三舍[2]뿐만은 아닐 것이다. 나도 동산東山에 올라 층층의 파도를 바라본 적이 있는데, 힘차게 솟구쳤다 허공에서 뒤집히며 하늘과 땅 끝에서 끝없이 쌓였다 무너지고 있었다. 그래서 감탄하며 이렇게 말하였다.

"웅장한 기운이로다. 사물이 그 사이에서 이 기운을 하나로 모은다면 반드시 용이 꿈틀거리듯 기이하고 신비할 것이며, 사람이 그 사이에서 이 기운을 하나로 모은다면 반드시 체구가 장대하고 성품이 강직하리라."

아, 석씨釋氏께서 태어나기는 동방에서 출현하지 않으셨지만 멸도하신 후 그 법은 신라에서 비로소 대성하였고, 그를 따랐던 무리인 저 화쟁 국사 원효元曉[3]와 의상義湘, 김생金生,[4] 자장慈藏 같은 분들이 서로 계승하여 가람과 선찰을 건립하고 안개와 넝쿨, 달과 노송나무, 옥탑과 단청이 곳곳에서 서로를 바라보게 만들었으니, 이것이 어찌 석씨가 먼저 그 기운을 얻어 크게 소리친 것이 아니겠는가!

홍유후 설 선생弘儒侯薛先生,[5] 문창공 최 선생文昌公崔先生[6]이 나란히 신라에서 태어나 풍부하게 쌓은 문장과 빼어나고 큰 덕업으로 동국에 유풍을 드날렸으니, 이것이 어찌 또 그 기운을 얻어 크게 소리친 것이 아니겠는가!

(유가에서는) 그 후로도 이익재李益齋,[7] 최예산崔猊山,[8] 이제정李霽亭,[9] 김초옥金艸屋[10] 등이 학문과 지조와 절개에 힘을 쏟고 시와 논쟁에 능하여 그런 울음으로써 소리쳤던 자가 거의 끊어진 적이 없었다. 하지만 석씨의 무리에서만큼은 그런 울음이 아직 들리질 않는구나. 아, 옛날에는 그런 울음으로 크게 소리쳤건만 이젠 더 이상 소리칠 자가 없단 말인가? 도道란 이것저것 논할 것 없이 같은 것이고, 역易이란 고요하여 움직이지 않지만 느끼게 되면 마침내 천하의 일에 통하는 것이다.[11]

해가 뜨는 동쪽 산마루의 신흥사 승통께서 편지를 보내 나에게 이렇게 부탁하셨다. "저희 절은 법당의 단청이 벗겨지고 떨어졌으며, 손질한 흙벽도 갈려져서 그냥 보고 지나칠 수 없을 정도였습니다. 승려들은 모두 병들고 늙은 자들뿐이었는데, 이름을 밝히지 않는 아무개 아무개가 이렇게 말했습니다. '우리는 늙고 또 병들었다. 만약 대웅전이 새로워지는 것을 보고 죽는다면 죽어도 썩지 않으리라.' 그러자 중년자로서 절의 규율을 높이 받들면서 절의 소임을 맡아 보던 자들, 말하자면 동악실東岳室의 윤화閏花와 전 승통 금휘錦輝의 무리가 이 일에 뜻을 함께하고 모의하며 두루 일을 주관하였습니다. 그래서 지난 병자년(1816) 8월 어느 날 서로 만나 계획을 시설하고는 병오 갑계甲契의 종잣돈 1천400전과 기실청의 종잣돈 1천 전의 4, 5년 치 이자를 이 일에만 쓰도록 따로 정해 두었습니다. 그리고 지금의 승통 정홍定弘이 200전을 내놓아 금년 4월 어느 날 준공하게 되었으니, 옛날에 배 시중裵侍中이 월주의 탑을 건립하면서 두 생애에 걸친 일임을 확인했던 것처럼[12] 대단히 기이하게 마무리되었습니다. 우리 스님께서 문장으로 이 일을 소중하게 만들어 주시면 어떻겠습니까?"

나는 그 무렵 서쪽 움집으로 물러나 이런 저런 병을 몸에 달고 살면서 낮밤으로 들볶으며 번민하고 있었다. 그래서 글을 쓴다는 것은 전생에 했던 일과 다름없어 붓을 적셔야 하는 과업을 수행할 수가 없었다. 하지만 억지로 질병을 견디면서 일전어一轉語를 주어 승려를 돌려보냈다. "저 우뚝 솟은 산악과 검푸른 바다의 아득한 하나의 기운은 혼돈의 양陽과 음陰일 뿐이다. 그 평등함을 통달하여 넓게 관찰한다면 가슴속이 깨끗이 씻겨 광풍제월光風霽月과 같고, 억누르고 드날리기를 반복하는 조급함·포악함·분노·처량함이 일어나더라도 중심을 얻어 절도가 있게 된다.[13] 모든 것이 이 기운에서 비롯되는데, 어찌 한없이 드넓고 휑하여 사람과 사물을 받아들이지 않는 상태로만 있겠는가? 자연히 그 기운이 피어올라 새로이 흥성하는 법이다.

신흥新興이란 절이 새로 흥성한 것이 아니라 기운이 새로 흥성하였다는 것이다. 왜 그런가? 그 옛날 불국佛國의 선찰禪刹과 비보사찰인 천룡사天龍寺·법광사法光寺 등도 거의 모두 공허한 폐사가 되어 버렸다. 하지만 그대들의 작은 모퉁이 외로운 절은 깨진 그릇에 담긴 물과 같다고 해야 마땅한데도 능히 이와 같이 크게 떨치고 일어섰다. 분명 아무개 아무개가 피를 토하는 심정으로 절을 돌보면서 군영의 문지방과 부府의 무기 앞에서도 강력한 제압을 피하지 않고, 칼날의 숲마저 평탄한 길처럼 보았을 것이다. 그러니, 그 도덕을 논하자면 옛사람보다 못하지 않고, 그 공덕을 논하자면 또한 부끄럽지 않구나.

절에서 한 일은 나의 문장으로 중요해질 수 없다. 그리고 저 천지의 기운이 절의 흥폐에 간여하여 하나의 기운과 더불어 끝까지 머물게 하는 것도 내 붓으로 할 수 있는 일이 아니다. 만 분의 일도 불가능하다. 내 비록 절에 공은 없지만 이 축언으로 절을 도울 수는 있을까? 우스운 소리다."

新興寺大雄殿丹雘記
太嶽盤囷。滄海浩渺。鬱葱扶搖。鴻洞沉寥。險絶峻蕩。望之不見其涯涘。欲窮其理。而不能彷彿。幾半塗而退下者。不啻三舍。余嘗登東山。望見層濤。噴薄飜空。乾坤端倪。汗漫崩積。欸曰。壯哉氣也。物於其間。鍾此氣者。必蜿蜒怪秘。人於其間。鍾此氣者。必魁梧骯髒也。嗚呼。釋氏生。不出現于東方。滅度後。其法始大于新羅。爲其徒者。如和諍元曉義湘金生慈藏。相繼以作。建寘伽藍禪刹。烟蘿月檜。玉塔金碧。處處相望。是豈非釋氏先得其氣而大鳴者乎。弘儒侯薛先生。文昌公崔先生。並生于羅朝。文章縕藉。德業勝大。振東國儒風。是豈非又得其氣而大鳴者乎。其下李益齋崔猊山李霽亭金艸屋。力學志節。能詩頡頏。以鳴其鳴。蓋不絶。而但釋氏之徒。未聞其鳴者。噫。誰昔大鳴其鳴而無餘鳴者邪。道者。無論彼此同。易也。寂然不動。感而遂通天下之故邪。日東嶠新興寺僧統折簡。要余曰。寡寺法宇。丹艧脫落。墁圬縫裂。不合瞻過。僧侶皆病老。銜某某曰。吾等老且病。如見大雄殿之新而死。死且不朽。中齒。擎寺之規橅。捧寺之權務者曰。東岳室閏花。前僧統錦輝輩。爰始爰謀。周爰執事。去丙子八月日相會。設施措略。丙午甲殖泉一千四百錢。記室廳殖泉一千錢。別定任正四五季息子。而時僧統定弘所殖二百泉。今年四月日竣功。政如昔日裵侍中。建越州塔。見二生事。大奇以終。惟吾師以文重事何如耳。余方蟄退西窩。身上多少一箇病字。晝宵煎瀝。鈜槊間無異前生。課不克染翰。然强扶疾以付一轉語歸僧曰。彼崧高維嶽絶險。溟渤之鴻濛一氣。混沌二儀者已。使達齊博觀。襟期洒落。如光風霽月。抑揚反復。躁暴忿悽。發得中節也。於乎是氣也。胡爲乎浩汗中空不涵人物邪。自然薰蒿乎新興。蓋新興非寺之新興。乃氣之新興。何者。古之佛國禪刹。天龍法光等裨補。擧皆空廢。爾繫小陬孤寺。應如破器盛水。而能如是大振者。必某某子。血心看寺。營梱府牙。不避彊禦。視劍樹如平坦。論其道德。於古人不可跲。論其功勞。又不愧矣。寺之事。不能以余文重。而至如天地之氣。氽於寺之廢興。而與一氣終留者。匪余之筆。不可萬一。余雖無功於寺。其祝言可以補寺乎。好笑。

통도사 석종기

통도사가 우리나라에서 유명한 까닭은 산이 맑고 물이 아름다워서가 아니다. 특별히 석사자의 영골사리[14]를 탑에 보관하고 있기 때문이다. 석종의 설치에 대해 말해 보자면, 대개 중국 5종의 여러 산에 있는 청묘淸廟를 예로 삼아 만든 것이다. 하지만 그 제도를 상고할 수는 없다. 다만 확인할 수 있는 것은 강릉江陵 오대산五臺山 중대中臺 위쪽에 있는 것이다. 그곳은 한없이 기다란 용 한 마리가 머리를 들락 말락 망설이고 꼬리를 순하게 흔들면서 몸을 숨길 듯 드러낼 듯 알 수 없는 형세로 내려오다가 동해를 돌아보면서 갑자기 힘차게 솟구친 곳이다. 그곳에 옛 탑의 제단을 만들고 적멸궁을 안치하고는 마치 태산의 거친 돌무더기 모양새로 단단한 돌들을 쌓아 놓았다. 이것은 바로 하늘의 힘에 맡기고 사람의 공력을 탐하지 않은 것으로서 황홀하여 측량하기 어렵고, 마음과 눈을 시원하게 씻어 주는 것이다. 반면 통도사 석종은 사람의 공력이 하늘의 힘을 능가한 것이다. 이것과 저것 가운데 어느 것이 낫고 못한지 가리기가 어렵고, 계파 능桂坡能 대사[15] 이전에 어떤 모습이었는지도 알 수가 없다. 만약 저 중수하고 시설한 연기年紀의 대략이라면 채 상국蔡相國의 비[16]가 세워진 지 오래이니, 진실로 저 승사僧史에 군더더기를 붙여서는 안 된다.

예전에는 석단 아래로 전후와 좌우에 계단이 있어 궁전의 오르고 내리는 곳과 완전히 같았기에, 영남 영곤營梱의 장수들과 여러 품계의 장리長吏들이 거리낌 없이 제단에 오르곤 하였다. 비록 금지하는 비를 세워 보았지만, 어떻게 할 방도가 없어 절의 뜻있는 사람들이 모두 이를 병통으로 여긴 지 오래이다. 그래서 도광 2년(1822) 임오 겨울에 대선사 홍명공鴻溟公께서 분연히 일어섰고, 그때 종백宗伯이신 도암度庵·우계友溪·구룡九龍과 아무개 등이 크게 부합하고 메아리처럼 응하여 경주·상주·안동·진주의 네 지역 여섯 곳의 사찰에서 두루 모연하였다. 그리고 도광 3

년(1823) 계미 봄에 공사를 시작하여 돌을 다듬고, 옛 계단을 없애고, 가로 세로를 정확히 맞추고, 그 벌어진 틈새를 봉합하고, 등롱 1좌를 세웠다. 드디어 여름에 준공하자 아사리들이 구름처럼 모이고 무수한 천룡들이 기뻐하며 달려왔으니, 성대하도다! 그 공덕이여.

그해 겨울, 공께서 운문동雲門洞으로 사람을 보내 나에게 기문을 맡기셨다. 나는 복이 없어 그 일을 직접 보지 못하였지만, 참여하지 못한 것이 한스럽고 이것도 역시 인연이라 피하지 않고 기술하게 되었다. 하지만 주변에 문장을 숭상하는 자가 있다면 그들에게 웃음거리가 될지, 또한 알 수 없는 노릇이다.

通度寺石鍾記

度刹非以山明水麗。名於域內。特以釋獅子靈骨舍利。塔藏은 也。曰若稽于石鍾。蓋以中州五宗諸山淸廟之例爲之。而厥制不可攷。但見江陵五臺山中臺上。一龍夋夋然。頭慳擡。尾婉掉。勢若潛若見而來。睠顧東海。忽噴薄騰怒處。隱封古塔壇壇。實寂滅宮。而積纍頑石。如泰山中磢礌狀。此乃任於天力。不貪人功。怳惚難測。快洗心目。度刹之石鍾。人功勝於天力。彼此不揀紫黃。而桂影[1]能師之前所作。未知如何。若夫重修施設年紀大略。蔡相國碑。立之久矣。寔不可贅彼僧史。而石壇下前後左右面有梯砌。完如宮殿陛降處。嶺之南營梱之帥。有品長吏。無憚登封。雖立禁牌。亡可奈何。寺下有志之人。皆病之久。道光二年壬午冬。大禪師鴻溟公。奮然起。于時宗伯度庵友溪九龍。與某某子景附響應。周募慶尙安晋四界六鎭之寺刹。三年癸未春始役。鐫治石。捐其梯。逼宜橫竪。合其縫缺。樹燈籠一座。徂夏竣功。闍梨濟濟雲集。龍天振振驪趨。懋哉功也。是年冬。公走伻于雲門洞。屬余記文。余以寡祜。未叅見厥事。嗟惋不豫。是亦緣也。不避以述。傍有崇文者之用哂。亦不可知也。

---

1) ㉠ '影'은 '坡'의 오자인 듯하다.

석골사 위쪽 함화암 중창기

그대는 보지 못했는가? 비로자나부처님께서 연화대에 걸터앉아 계시지만 육계도 검푸른 머리카락도 없고, 얼굴도 눈과 귀도 없다네. 하물며 고요하고 조급한 말과 행동이랴! 또 보지 못했는가? 유소씨有巢氏[17]가 나무를 엮고 흙을 파서 집으로 삼았지만 앞과 뒤도 칸살의 규격도 없고, 기둥·두공·인방·가름대도 없었다네. 하물며 두공의 산 모양 조각과 동자기둥의 마름 문양이랴![18] 또 보지 못했는가? 곤계鵾鷄가 붕새로 변해 날개를 윙윙 휘저어 회오리바람을 박차고 떠나갈 때는 남북도 동서도 없고, 안과 밖도 위와 아래도 없다네. 하물며 마음속 수치를 밑바닥에서 긁어냄이랴!

평소 늙은 내가 함화산含花山에 올라 굽어볼 때면, 언어로 제멋대로 독점하던 자리가 끊어지고 사량으로 계산하고 비교하던 자리가 끊어지는 것이 앞에 줄줄이 엮어 놓은 말들과 같았다네.

대형【만월滿月 스님】이 두 차례에 걸쳐 힘들여 일하면서 몇 년 몇 월 며칠에 기둥을 세우고 들보를 올린 것, 몇몇 사찰과 암자 몇몇 군읍과 촌락에서 조금씩 모았던 곡식과 옷감과 돈 등 각 건에 대해서는 창힐蒼頡[19]에게 부절[20]을 보내 아이로 삼으시게나. 태사씨太史氏[21]가 잉태되기 이전의 일이라면 내 적극 협조하리다. 쯧쯧, 대형이여.

石骨寺上含花庵重刱記

君不見。毘盧遮那。踞蓮花臺藏乎。無肉髻翠髮。無頭面目耳。況靜躁云爲。又不見。有巢氏構木穴土爲居乎。無向背間架。無柱樗楣楯。況山節藻梲。又不見。鵾化爲鵬。奮輪翅搏扶搖以去乎。無南北東西。無中外上下。況卑渫奧辱。平日老我。登臨含花境上。言語龍斷處斷。思量計較處斷。如上項絡索。大兄【即滿月師】之二次執勞中。某年月日字。豎柱上梁。幾處寺刹庵堂。幾處郡邑村落。俱具鳩合底。粟米麻絲貨泉等各件。寄剳付蒼頡爲兒。太史氏未胎前事。甚協可。咄咄。大兄。

성주 쌍계사[22] 청암 명진당 중창기

우박·싸락눈·서리·이슬·바람·눈은 기운의 급격한 변화이지만, 만물이 이로 인해 견고해진다. 질병·전염병·굶주림·궁색·곤궁·초췌는 시운의 급격한 쇠락이지만, 사람이 이로 인해 지혜로워진다. 지금 청암青巖 명진당明眞堂의 병신년(1836) 봄 화재도 운수의 하나가 아닐까? 그리고 암자가 이렇게 복원되었으니, 이것은 소양 무제蕭梁武帝가 칭했던 마귀[23]가 아니라 바로 천·지·인 삼재 사이에 왕복하고 순환하는 이치이다.

나의 선사이신 회당 노인께서는 화엄종의 거장이시며, 동국 불가의 태양이요, 서천축 법의 깃발이셨다. 그런데 이런 재앙을 당했으니, 어찌 천지의 대운이 깊이 관여한 것이 아니겠는가? 그런가, 그렇지 않은가? 또 빼어난 선비인 장씨 문잠張氏文潛[24]에게서 한마디 들었는데 "한평생 안락하게 사는 것은 사람의 복이 아니고, 바람과 서리에도 부서지지 않는 것은 또한 요물이다."라고 하였다.

아, 이 제사를 주관하면서 온갖 업무로 정신없이 바쁘던 문손 포봉공苞峰公[25]은 이 참담한 일을 겪자 해와 별이 빛을 잃고 산과 강이 한순간 평지가 된 것만 같았다. 이에 강의 동쪽 서쪽으로 날아올랐던 법의 친척들이 눈물을 흘리면서 온 힘을 다해 기울어진 것을 바로 세웠고, 오래지 않아 공사를 끝내게 되었다. 포봉공이 이때 팔다리의 힘을 다 바쳐 얽히고설킨 비밀스러운 전각을 예전의 법도대로 만들었으니, 곧 이것이 복잡하게 뒤엉킨 사태에서 포봉공이 공덕을 드러낸 점이다. 이를 미루어 논하건대, 앞에서 넌지시 지시했던 말들이 또한 부끄럽지 않도다.

계오는 무술년(1838) 윤달에 행장을 꾸리고 300리 길을 걸어 허겁지겁 이곳에 와서 갖가지로 위로하고 갱장羹墻의 그리움[26]을 잠시 그곳에 담았다. 당시 나이가 예순여섯이라 죽을 날이 얼마 남지 않았으니, 내일 죽어도 영광이라는 것이 오늘의 소원이었다. 그런데 별장의 용악龍岳 스님이 새로 기문을 지어 줄 것을 부탁하였다. 이에 계오가 글 솜씨가 부족하다며 이를 사양하지 않고, 글 짓는 과업을 단번에 수락한 것은 동일한 연원을 한결같이 믿고 의지하기 때문이다.

星州雙溪寺靑巖明眞堂重刱記

夫雹霰霜露風雪。氣之一變。而物於是堅。疾疫飢窘困悴。時之一衰。而人於是智。今靑巖之明眞堂。丙申春灾。運之一否。而庵於是復。此匪蕭梁武帝之所稱魔也。是天地人三才間。往復循還之理也。我先師晦堂翁。華嚴宗鉅擘。東國佛日。西竺法幢。則當此厄會。豈非天地大運所關棙者。然乎。抑否乎。又聞一說於上士張氏文潛。曰逸樂終身者。非人之福也。風霜不敗者。又物之妖也。夫噫。門孫苞峰公。主於斯幾祀。百務鞅掌。見此慘怛。日星無曜。川岳如坦。騰變江左右法戚涕洟。逐力扶傾。功濟早晚。公於是竭手足力。秘殿輪囷。制祟前軌。則此公之見功於盤根錯節處也。推此以論。上項風旨。又無忸怩。戒悟維戊戌歲。月潤裒足。治三百里程。匍匐來此。慰勞種種。以寓羹墻之慕。時年六十有六。死亡無日。今日所願。明日爲榮。別業龍岳師丈。以新刱記文囑。悟不以文詞不足而辭之。唯諾書課者。一怙同淵源也。

하동부 칠불선원[27] 중창기

저 칠불원七佛院에서 지난 경인년(1830)에 화재가 발생했으니, 이는 선가의 마귀였다. 팔방에서 "망했구나. 상교像敎[28]가 시들고 파괴되는 것이 이렇게 혹독하단 말인가" 하며 다 함께 들끓듯 탄식하였다. 이때 우리의 종백이신 금담金潭 노장께서 그곳에 거주하고 계셨다. 그는 늙은이의 앙상한 뼈와 거센 불길에 타고 남은 혼으로 사지를 주섬주섬 수습하고는, 이를 회복할 계획에 본인이 앞장서겠다며 나서셨다. 이에 여러 도인들이 함께 달려들어 이듬해인 신묘년(1831)에 창설하였는데, 예전 규모와 한 치 한 척도 어긋나질 않았다. 그래서 가까이에서 직접 보아서 알고, 멀리서 들어 알게 된 자들이 처음에는 통곡했다가 마지막에는 기뻐하면서 흥분을 감추지 못하였다. 어느 날 금담 노장의 상족인 대은공大隱公께서 계오에게 들렀다가 기문을 부탁하며 이렇게 말하였다. "지금 본 선원이 옛 모습을 회복하게 된 것은 온 나라가 힘을 합한 것이지 아무개 아무개만의 공이 아닙니다. 일을 진행하면서 힘써 노력한 공로는 차이가 없이 똑같다고 해야 옳습니다. 혹 먼저와 나중으로 앞서거니 뒤서거니 한 점은 있겠지만, 그들이 수행한 일의 경중에 있어서는 피차에 조금도 차이가 없습니다. 이것 역시 짐작하시겠습니까?"

계오가 벌떡 일어서며 말하였다. "그렇습니다. 계오는 선과 교의 한결같은 맛에 있어서 쭉정이와 같은 자입니다. 대사의 부탁을 감당할 수 없습니다. 어찌 감히!"

그러자 대은공이 말하였다. "우리 집안에 책상 위에서 힘쓰는 일이라면 스님 말고 누가 하겠습니까? 사양하지 마십시오."

계오는 피할 수 없음을 알고 잠시 나무꾼의 얘기를 들어 보고 나서[29] 다음과 같이 말하였다. "저 옛날 역易의 도를 살펴보자면, 복희씨伏羲氏 치세에는 하수河水에서 용마龍馬가 그림을 지고 나와 그 형상을 본떠 팔괘八

卦를 그렸고, 그 후로 황제黃帝가 이를 배워 해와 달과 별자리를 관찰하였
으며, 대우씨大禹氏[30]는 강과 토지를 평탄하게 개간하였습니다. 낙수洛水
에서 글이 나와[31] 수水·화火·목木·금金·토土가 운행하게 되었고, 희주姬
周[32] 초기에 문왕文王으로 인해 단象[33]이 있고, 주공周公으로 인해 상象[34]이
있고, 그 중간에 공자孔子로 인해 서序[35]가 있고, 대 송나라에서는 정자程
子와 주자朱子로 인해 전傳[36]에 대한 해설이 있게 되었습니다.

우리의 도 역시 마찬가지입니다. 석가모니釋迦牟尼께서 세상에 출현해
백 년의 세월도 누리지 못한 채 죽어 하늘로 올라가시자 가섭迦葉이 종통
을 계승하여 아난에게 전하였고, 아난으로부터 27대를 전해 달마達摩 대
사에 이르렀습니다. 달마 대사는 서방에서 태어났지만 중국에서 교화를
펼쳐 혜가惠可가 이를 계승하였고, 혜가 이후로 4대를 거쳐 혜능惠能에게
이르렀으니, 그가 육조六祖가 됩니다. 그는 죽은 후 동국의 칠불선원 탑에
봉안되었으니,[37] 이는 온 천하가 다 아는 사실입니다."

성장과 소멸은 영원하지 않고, 가고 돌아옴도 운수에 따른 것이다. 이
제 화재로 사라졌다가 다시 이를 회복하니, 금담 노장과 대은공께서 이
일을 주관하셨다.

河東府七佛禪院重翃記

於乎七佛院。去庚寅灾。是禪家魔也。八埏咸沸嘆曰。滅矣。像敎殄悴。其
如是酷邪。時吾宗伯金潭老居斯。袞耄殘骨。爆烟餘魂。甫拾四肢。而爲回
復圖。本道居先。諸道同赴。越明年辛卯。翃設制。依前規。寸尺弗式。邁以
見知。遐以聞知者。始也哭之慟。終也謹而躍。日老之上足大隱公。過悟以
記屬。乃言曰。今本院之復古。一國之協力。匪某某之已功。就中勞勤之異。
齊則也。或有先却之早晩。而於其受執之輕重。少無彼此而已。斯亦斟勺
不。悟起曰。然。悟於禪敎一味。置之糠秕。不皮[1)]於大師之請。敢乎。公曰。
吾家冊子上用力。非師誰爲。毋辭。悟知避不得。蹔倩蒭蕘已曰。若稽古易

之道。伏羲世河出龍嵒。[2] 象以畫之八卦。是繇黃帝受之。見日月星辰。大禹氏平刊水土。洛出書。水火木金土是行。至姬周之初。以文王象。以周公象。中以孔子序。大宋以程朱子繹傳。吾道亦然。牟尼氏見世。享年未百歲陟方乃死。迦葉繼承宗統。傳阿難。阿難傳廿七。而至達摩。達摩生西。化于中。惠可嗣之。惠可之後。歷四世。而至惠能。是爲六祖。卒塔于東七佛之。通知天下以也。消長不常。往復在數。今火已又復之。金潭老大隱公主之。

---

1) ㉠ '皮'는 '被'인 듯하다. 2) ㉠ '嵒'는 '圖'인 듯하다.

영정사 남계료 중창기

응천부凝川府 도호사都護使 홍 공洪公께서 도호사로 부임하시고 3년째 되던 해[38]에 재약산載藥山 영정사靈井寺 남계료南溪寮가 화재로 소실되었던 상황을 절에 사는 사람들이 낱낱이 고하였다. 그러자 공께서 근심하시다 약봉藥峯과 기암奇岩 두 대사를 오라 명하고, 이렇게 말씀하셨다. "양나라 황제는 동태사同泰寺에 9층의 부도를 만들고,[39] 위후魏后는 영녕사永寧寺에 십만 칸의 승방을 건립했다[40]고 들은 적 있습니다. 탑묘塔廟의 흥성은 보시로 인해 조성되는 법인데, 저만 그렇게 하지 않아서야 되겠습니까? 게다가 제 관할 지역 안에 예속된 절입니다." 이에 약봉에게는 일을 감독하라 하고, 기암에게는 화주를 맡으라 하면서 문장을 지어 이를 고하였다. 그러자 가까이로는 관료에서부터 멀리로는 여염집에 이르기까지 일제히 기뻐하며 보시하였다.

아, 약봉공이 절의 안위에 한 몸을 바친 지가 20년이다. 절이 비운을 만나 승려들은 병들고 재물은 바닥났으니, 이런 시절에 만약 대사가 아니었다면 절이 계속 절이었을지 알 수 없는 노릇이다. 기암 대사는 어린 시절에 이곳으로 출가하여 약봉공과 행불행을 함께하였고, 서로 본받아 응하고 기운을 같이해 따랐던 분이다. 적마赤馬 유화流火[41]에 요사가 화재로 소실되었을 때, 거주하던 승려들이 넋을 놓고 풀 죽어 있자 두 현자께서 눈물을 흘리며 이렇게 말씀하셨다고 한다. "우리가 무지하여 재앙을 미리 방지하지 못했습니다. 지금 불행하다고 우리가 장차 어디로 가겠습니까? 즐거움이 극에 달하면 근심이 닥치고, 괴로움이 극에 달하면 좋은 일이 생기는 법입니다."

이 말에 대중이 모두 크게 감동하여 비로소 다시 살아야겠다는 의지를 품게 되었다고 한다. 이에 약봉공이 그 일을 감독하고 기암 대사가 그 화주를 주관하여 흑원黑猿[42](1812) 1월에 공사를 시작해 12월에 마치니, 대지와 목재가 높고 넓어져 그 규모가 예전의 배는 되었다.

　어느 날, 기암 대사가 가산伽山을 찾아와 나에게 이 사실을 기록해 달라고 요구하기에 내가 붓을 잡고서 그 경위를 더듬어 보았으니, 즉 앞에서 기술한 것들이다. 그리고는 붓을 던지고 꿇어앉아 마주하고서 이렇게 말하였다. "두 현자께서는 바야흐로 이 절이 위태로운 시기에 태산처럼 안정시켰으니, 가히 큰 공덕을 갖춘 법사라 하겠습니다. 대부이신 홍이간洪履簡[43] 공께서는 자신의 관할 사찰이 파괴되어 사라지는 걸 차마 두고 볼 수 없었고, 또 그 요사가 잿더미가 된 것을 가엾이 여기셨습니다. 아, 염계濂溪와 낙양洛陽의 여러 철인들[44]은 석씨의 도에 대해 (자신들의 도와는) 물과 불처럼 (상극이라) 여겼지만, 매번 시승詩僧과 명찰名刹을 볼 때마다 감탄하면서 시를 남기지 않은 적이 없었습니다. 대개 어진 사람의 마음은 비록 겉으로는 멀리해도 안으로는 은밀히 자비심을 품는 법이니, 지금 이분도 마찬가지이십니다. 그러니 홍 공께서 절에 베푼 공을 복전福田을 바라거나 불자들을 이롭게 한 것으로 여긴다면 그건 공의 의도가 아닙니다."

　절이 처음 창건된 연기年紀는 축융祝融의 사신에게 물어보라.[45]

靈井寺南溪寮重刱記

凝川府都護使洪公。爲都護之三年。載藥山靈井寺南溪寮灾。寺之人具狀。公悶悶。命招藥峯奇岩二大師曰。甞聞梁皇。作同泰寺十[1)]九層浮屠。魏后建永寧寺十百間僧寮。塔廟之興。由施以造。余獨不然。況隷於境內。曰藥峰董事。曰奇巖爲化。作文喩之。近自官僚。遠至閭閻。齊歡舍施。嗚呼。藥峰公。以身係寺之安危者。二十餘年。寺丁否。僧嬴財匱。於是時也。若非師。寺之爲寺。未可知也。奇巖師。小少剃染于斯。與藥峰公同休戚。殼比則應。氣同則從也。赤馬流火寮火。居僧蒼皇失勢。兩賢泣下曰。吾徒無知。禍不預防。今不幸。吾將安之。樂極則憂。苦極則甘。衆皆感奮。始有更生之志。於是藥峰公。董其事。奇巖師。主其化。黑猿月元始役。月姤告訖。土木峻宏。制倍前度。日奇巖師詣加山。索余記其事。余操觚而探其經始。則云云。乃投筆跽對曰。兩賢方其寺危殆之時。而屠泰山之安。可謂有大功德法師。大夫洪公履簡氏。不忍其屬寺之殘微。而又郵其此寮之煨燼。吁。濂洛羣哲。於釋氏之道若水火。而每見韻釋名刹。未甞不留詩以嘆。盖仁人之心。雖外絶而。內含悲隱。今之人如。以公之功於寺。爲要福田。利益於佛氏者。非公之意也。寺之初翅年紀。問於祝融使。

---

1) ㉙ '十'은 오기이거나 편집 과정에서 잘못 삽입된 글자인 듯하다. 삭제해야 마땅하다. 『佛祖統紀』 권37(T49, 350b) 등에서 양 무제가 동태사同泰寺에 9층의 부도를 건립한 것으로 기록하고 있다.

표충사 이건기

국가의 학교나 상서庠序⁴⁶는 그 땅이 마땅치 않고 그 건물이 기울어지려 하면 하루빨리 자세히 수습해 이를 옮기고 이를 다시 세워야 한다. 전적이 구차하지 않고 위의가 비루하지 않게 한 뒤에야 품격과 격식을 갖추었다고 할 수 있다. "밀주密州 표충사表忠祠⁴⁷는 산이 주변보다 높지도 않고 샘이 자주 마르며, 숲의 나무가 땔감으로 잘려 나가고 소와 양들이 들어와 풀을 뜯는 지경이니, 옮기는 것이 합당하다."

예전에 이런 말들이 시작되어 떠돈 지가 오래되었다. 이런 얘기를 듣고 이를 모의하여 비록 많은 이들이 결심하기는 했지만 혼자서 도모하려는 자만 많고 결행하려는 자는 적었으니, 대개 산남山南 사람들이 다들 "우리가 표충의 고향이다."라고 했기 때문이다.

도광道光 17년⁴⁸(1837) 정유丁酉에 이건하자는 논의가 다시 나오자, 서원書院 사람들이 이를 좌지우지하며 헌체獻替⁴⁹를 정탐하게 되었다. 그러다 무술년(1838) 봄, 뜻하지 않게 밀양부의 동쪽에 있는 영정사靈井寺가 폐사되자 온 읍의 선비와 서민들이 다들 말하였다. "표충사는 이미 이건하기에 충분하다. 옥절玉節을 그곳으로 옮기는 게 옳다."

부의 주인인 사또께서 이를 들어서 알고는 서원의 유사有司와 주지를 비롯한 여러 스님을 불러 좌석을 베풀고 이렇게 다짐하였다. "옥절이 저 영취산⁵⁰ 한 모퉁이에 있으니, 평범한 산줄기가 감당할 수 없이 무거운 짐을 지고 있는 형국입니다. 죽어서 돌아갈 근본 땅에 신령한 우물이 차갑고도 시린데, 절이 폐허가 되고 사람이 없어 오래된 동종 소리만 구슬프더군요. 때마침 '(표충사 신위를) 어디에 모셔야 할까?' 하는 논의가 나왔으니, 기이하군요. 서원의 일이여! 아름다운 시절이 저절로 찾아왔으니, 저는 성심을 다해 의지할 생각입니다. 아, 그대 불자들이여. 이건 계획을 빨리 도모하십시오. 화살을 쏘아 박살내고⁵¹ 나중에 수습해야지, 기회가 물러가면 다시 얻기 어렵습니다."

월파月波52 등 여러 스님들은 진심으로 기뻐하며 절하고 물러났다. 이에 서원 전체가 한마음 한뜻으로 내외감內外監은 아무개, 전곡감錢穀監은 아무개, 역감役監은 아무개, 공감供監은 아무개가 맡아 노인들은 마음으로 애쓰고 젊은이들은 힘으로 애썼다. 토목의 역사는 무술년(1838) 겨울부터 시작해 기해년(1839), 경자년(1840)에 이르기까지 3년이라는 긴 세월 동안 쉴 틈 없이 진행되었다고 한다.

오호, 당시 불법을 외호한 심씨沈氏는 그해 무술에 함흥咸興으로 옮겨가서도 일을 말끔히 처리하고 끝까지 잘 마무리하셨다. 아쉽도다! 자신에게 주어진 임무를 자기 몸보다 소중히 여긴 분이고, 월파 대사가 태양이라 칭송한 분이었다.

월파 법장 및 주지 우공愚公께서 편지를 쓰고 여러 차례 사람을 보내 계오에게 이 사실을 기록해 달라고 부탁하였다. 계오는 지금 늙은 나이라 만사를 그만둔 지 이미 오래고, 타 버린 재와 땔감에 얹힌 송장이나 마찬가지니 사양하는 게 좋았을 것이다. 하지만 후회할 일을 저지르면서 거칠게나마 한두 마디 서술해 보겠다.

계오는 어린 시절에 「원주학기袁州學記」53를 얻어 옛 문장에서 스스로 마음을 가라앉히고 문자를 배운 힘을 추모한 적이 있었는데, 이제 표충사 학기表忠祠學記를 짓게 되었다. 저 옛날 범양范陽 조씨祖氏54는 학문을 중요히 여겨 원주 지사袁州知事로 있을 때 상서를 개설하였고, 영천潁川 진씨陳氏55는 도모하길 좋아해 통판通判으로써 그 공을 도왔으며, 우강盱江 이씨李氏56는 멋진 문장으로 이 사실을 기록해 대중에게 고하고 가르침을 실천하면서 통솔하고 교화했다고 한다.

아, 오늘의 심씨가 옛날의 무택無擇이고, 오늘의 월파가 옛날의 진신陳侁이며, 오늘의 계오가 옛날의 이구李覯이니, 그 저반 사정과 역량이 어쩌면 이리도 비슷하단 말인가! 심씨는 밀주 도호부사密州都護府使로 휘는 의

복宜復이다.

表忠祠移建記

國之若學若庠序。厥地不宜。厥宮比歆。逐日仔拾。移之蒐之。使典籍不苟。威儀不鄙。而後可以爲品式在。維密州表忠祠。山齒於眷屬。泉隷於貪涸。林木斧斤。侵牛羊牧。移之可也。自前流言。來之久矣。聞之謀之。雖多決之。欲獨謀者多。決者少。盖由山南之人皆曰。我表忠故也。道光十六[1]年丁酉。移議又出。院人左之右之。偵攛獻替。戊戌春。偶於府東靈井寺永廢。混邑士庶人皆曰。表忠祠旣熟移。節移於彼可也。主府使道聞知之。召院有司及住持諸釋。賜之座。乃誓之曰。節彼靈鷲一堨。凡岡負不乘矣。亡歸本地。冽冽靈井。寺廢人亡。哀哀銅翁。于何捿止。異哉院事。休期自臨。予心誠賴。嗟汝釋子。亟圖移謨。矢破後拾。機退難得。月波諸釋心說之。拜退。一院齊心。內外監某。錢穀監某。役監某。供監某。年多者心勞。年少者力勞。土木之役。自戊戌年冬。至己亥庚子。三年之距日。不暇給云。嗚乎。當時外護法沈氏。其年戊戌。遷咸興。判鮮克終。可惜。負戴之任。尤重於身者。以月波稱日者。月波法丈及住持愚公注牘。伻寛來請悟以記事。悟今耄年。廢閑已久。死灰登薪然。好箇辭讓。事涉悔吝。粗述一二曰。悟幼年得袁州學記。於古文。自潛心。追慕學字力。今於表忠祠學記。諸昔者。范陽祖氏。重學知袁州。改設庠序。潁川陳氏。好謀以通判。協贊厥功。盱江李氏。才記謐于衆。履敎率化云。吁。今日沈氏。前日無擇。今日月波。前日陳侁。今日戒悟。前日李覯。這畔力量。何如是酷似邪。沈氏。密州都護府使。諱宜復也。

---

1) 옮 '六'은 '七'의 오기인 듯하다.

염화실기

 말로 표현하기 어렵구나! 성인께서 전수하신 심결이여. 나는 예전에 『염송念頌』을 보다가 (부처님께서) 영취산 최후 회상에서 꽃을 들어 대중에게 보이신 대목에 이를 때마다, 『논어』를 읽다가 공자께서 "나는 말하고 싶지 않구나. 하늘이 무슨 말을 하더냐." 하던 대목에 이를 때마다, 책을 덮고서 길게 한숨을 내쉬지 않은 적이 없었다. 이 두 가지는 모두 성인의 언어와 문자를 떠난 소식이었다. 요임금은 이것을 순임금에게 전하고, 순임금은 이것을 우임금에게 전했다는데, 전한 것은 과연 어떤 일일까? 석가모니께서는 이것을 가섭에게 전하고, 가섭은 이것을 아난에게 전했다는데, 전한 것은 과연 어떤 일일까? 아, 말로 표현하기 어렵구나!

 월생산月生山 아래 백련사白蓮舍가 있고, 백련사 속에 염화실拈花室이 있으니, 앞뒤로 그곳에 발을 디뎠던 강백은 그 숫자를 알 수 없을 정도이다. 그리고 하나의 등불로 천 개의 등불을 밝히면서 옛 부처와 조사로부터 전해진 심인心印이 일체종지一切種智의 광명을 드러내기 때문에 염화실이라 하며, 또 조실祖室이라 칭한다. 오호, 세상에 강림하셨던 성인께서 가신 지 오래라 사람들의 품성이 고르질 못하도다. 따라서 이런 이름을 붙인 뜻을 밝히자면 '존귀하신 분'이라는 의미 정도라고 할 수 있겠다.

 아, 신미년(1811) 봄의 화재로 앞 사람의 기록이 불행히도 사라져 버렸다. 이에 당시 염화실 주인이셨던 황파 대사黃坡大士께서 이를 중창하셨다. 하지만 미처 수리와 장식을 끝내지 못한 상태에서 그해 겨울 그곳을 떠나 호계虎溪 심원동溪深源에 깃드셨으니, 혜원공慧遠公의 고사를 따른 것이었다. 그러자 암자의 승려 덕희德希·유점有沾·승윤勝玧 등 두세 명이 분연히 그 뜻을 계승하여 이듬해 임신년(1812) 봄에 공사를 마무리하였는데, 집의 짜임새가 멋들어져 예전보다 사치스럽다고들 하였다.

 어느 날, 유점 스님이 가산으로 나를 찾아와 내 손으로 편액과 기문을 써 달라고 요구하였다. 가만히 생각건대, 선대의 법왕이신 고 서악공西岳 公께서 일찍이 이곳에 석장을 세우셨던 고사가 있으니, 절의 나이 많으신 분들은 이를 알고 있다. 법사이신 고 지智 노스님께서 또 이곳에서 발우 를 씻었던 일이 있으니, 예전에 나도 까마득히 어린 제자로서 비록 스승 의 뜻에 미치지는 못했지만 욕되게도 입실하여 친견한 적이 있었다. 그래 서 사랑의 그리움이 뭉클뭉클 솟았으니, 만약 나의 문장을 그 방에 남긴 다면 두 세대의 명승을 계승할 행운을 얻는 것이었다. 앞뒤로 두 차례의 창건에, 그래서 감히 문장의 졸렬함을 핑계로 사양하지 않고 기꺼이 기문 을 짓게 되었다.

拈花室記

難言哉。聖人之傳授心訣也。余甞看頌。至靈鷲山末后會拈花示衆。讀語。 至子曰。予欲無言。天何言哉。未甞不閒卷長喟。此兩處。皆聖人之離言句 消息。堯以是傳之舜。舜以是傳之禹。所傳者何事。釋迦以是傳之迦葉。迦 葉以是傳之阿難。所傳者何事。吁。難言哉。月生山下。有白蓮舍。白蓮舍 中。有拈花室。先後講伯之接踵者。不知其數。而一燈引千燈。自古佛祖所 傳心印。發明種智。故曰拈花室。亦稱祖室。嗚呼。世降聖遠。人品不齊。所 以命名之義。可謂尊者而已。噫。辛未春灾。前人之記不幸。時室主黃坡大 士。重刱之。未畢修粧。而其年冬。辭寓虎溪深源洞。依遠公故事。菴之僧 德希有沾勝玧等二三子。奮然繼其志。越明年壬申春。工告訖。室之制潤 焉。於古有侈云。日沾師訪余于伽山。索余之筆爲扁額。而兼以記。窃惟先 法王考西岳公。曾於此卓錫之古事。寺之人耆老者。知之。法考智翁。又於 此洗鉢之事。曩者而余小弟种薉。雖不及。忝見其室。而愛慕之心。油然而 興。若以文留之於室。則幸以繼兩世之名。於前後之刱。故不敢以文辭之拙 辭避。而樂爲之記。

화곡집 후서

사람이라면 누구나 그 태어남이 풀·나무·새·짐승과 다르다. 하지만 그 죽음이 풀·나무·새·짐승과 다른 자는 영 없지는 않을 정도이다. 그 믿을 만한 것은 성인에게 있으니, 전傳에서 "사람에게 썩지 않는 것이 세 가지 있으니, 덕德이 하나요, 공功이 하나요, 말씀(言)이 하나이다. 요임금·순임금은 덕을 성취했고, 우왕禹王·탕왕湯王·문왕文王·무왕武王은 공을 성취했고, 이윤伊尹[57]·여상呂尙[58]·주공周公[59]·소공召公[60]·중니仲尼[61]·맹가孟軻[62]는 말씀을 성취했다."라고 하였다.

오호, 사람이 이와 같은 뒤에야 삶과 죽음이 곧 풀·나무·새·짐승과 다른 것이다. 따라서 옛사람들 가운데도 이를 사모하고자 한 자들이 있었으니, 성한成侃·안연顔淵·공명고公明高[63]가 바로 그들이었다. 그 다음으로 믿을 만한 것을 거론한다면 문사文詞에 있다고 하겠다. 굴자屈子의 「이소離騷」[64] 태사 씨太史氏의 『한서漢書』[65] 한 문공韓文公의 「원도原道」[66] 이백李白·두보杜甫·유종원柳宗元[67]이 내뱉은 노래와 들이쉰 논의가 방에 넘치고 벽을 쓰러뜨렸으니, 이들이 그 대가라는 자들이다.

아, 우리 집안에도 덕을 성취한 분들이 분명히 계셨고, 공을 성취한 분들이 분명히 계셨고, 말씀을 성취한 분들이 분명히 계셨고, 그 다음 (문사를 성취한 분들) 역시 계셨다. 그리고 시詩로 세상에 이름을 떨친 분으로는 근래에 화곡 대사花谷大士가 계셨다. 이분의 이름은 계誡이며, 천성이 밝고 부지런하셨다. 일상생활의 여가에 당시唐詩를 모범으로 삼아 시를 크게 성취하였고, 그의 잡저雜著는 난해하고도 복잡하니, 후세까지 전해지리란 건 의심의 여지가 없다.

어느 날, 원산圓山 남쪽 봉일암捧日庵을 지나가는데 나의 벗 남봉공南逢公이 말하였다. "나의 선사이신 화곡 대사께서 시집을 남기셨는데 오탈자를 교정하고 서공徐公의 서문까지 받아 놓고도 여태 판각하지 못한 것이 한스럽네. 내가 선사의 뜻을 완성하고 싶던 차에 다행히 그대의 한마디를 얻게 되었구려."

내가 말하였다. "다행이라면 다행이지. 스님의 시는 맑고도 빼어나니, 백 그루 소나무의 노래를 채집한 것이요, 천 명의 성인의 골수를 호흡한 것이라네. 그분께서 지난날 남기신 썩지 않을 말씀들을 논하자면 비연秘演[68]이나 문창文暢[69]과 어깨를 나란히 한다고 하겠네. 그러니 한창려韓昌黎나 구양자歐陽子[70]가 아니면, 어떻게 그의 재능을 표현하면서 '불교에 은둔하였다'는 소리를 하고, '우리의 도로 들어오지 않은 게 한스럽다'는 소리를 할 수 있겠는가? 감히 그럴 수 없지."

그러자 남봉이 말하였다. "자네는 법의 친척이니, 그분의 시와 문장에서 분명 느끼는 바가 있을 것이야."

그래서 내가 말했다. "알겠네. 이 문집이 세상에 유행한다면 스님의 삶과 죽음이 또한 썩어 문드러져 가뭇없이 사라지는 풀·나무·새·짐승과는 다르겠지. 그리고 또 차례로 그분의 덕을 언급하고, 공을 언급하고, 말씀을 언급하게 되겠지. 게다가 스승에 대한 자네의 정성이 이처럼 지극한데, 나의 붓이 감히 사양하겠는가?"

이로써 서문을 삼는다.

花谷集後序

凡人之生。異於草木鳥獸。而其死。異於草木鳥獸者。不幾希。其所恃者。在聖人乎。傳曰人之不朽。有三。德一。功一。言一。堯舜曰德。禹湯文武曰

功。伊呂周召仲尼孟軻曰言。嗚呼。人而如此然後。生死即異乎艸木鳥獸
也。是故古之人。有欲慕之者。成侗顏淵公明高是也。抑爲其次所恃者。在
文詞乎。屈子之離疏。[1] 太史氏之漢書。韓文公之原道。李白杜柳之暢詠歟
論。溢室頹壁。此其大者也。噫。吾之家。必有德焉者。必有功焉者。必有言
焉者。其次亦有乎。以詩名於世者。而近曰花谷大士。其人乎。名誠。天性
明勤。於日用暇。於詩大率法乎唐。於其雜著。聱牙屈曲。流之後世也無惑。
曰過圓山陽捧日庵。吾友南逢公曰。吾先翁花谷大師詩。正於睡螯。徐公以
序。恨未入梓。吾欲成先志。幸得君一言乎。余曰。幸則幸矣。師之詩淸秀。
采撮百松之韻。呼吸千聖之髓。論其向所謂不朽之言。並肩秘演文暢。而如
非韓昌黎歐陽子。則何以形其才。而曰隱於浮屠。而曰恨無贈吾家道乎哉。
不敢也。公曰。子有法戚之分。於其詩與文。必有所感乎。余曰。諾。此集行
之於世。則師之生死。亦異乎艸木鳥獸之糜爛澌盡。而又次乎。曰德。曰功。
曰言也。且公之誠於師。如此其隆。吾之筆敢辭乎。以是序。

---

1) ㉗ '疏'는 '騷'인 듯하다.

신선루 서

아, 절이 금강산의 요로에 있어 편히 다다르는 땅이라 할 수 있으니, 서울에서 유람 온 천신薦紳[71]의 선비들치고 이 절을 경유하지 않는 자가 없었다. 따라서 이를 지탱할 수가 없어 집안 살림살이라고는 사방의 벽뿐이고, 거주하던 승려들은 뿔뿔이 흩어지게 되었다.

지난날 당백棠伯이신 윤사국尹師國[72] 공께서 부임해 이 강원도를 다스리자 도의 백성들이 그로 인해 편안해졌다. 또 그는 산수와 서적을 좋아하여 두 사씨謝氏의 풍류[73]가 있었다. 그분이 금강산의 승지일 것이라 짐작했다가 장안사長安寺가 패퇴한 것에 당황하고는, 단번에 도모하여 회복하고 하루도 되지 않아 이를 완성하셨다. 오호, 공의 은택을 석자의 무리들이 그래서 잊지를 못하는구나!

그 옛날 오월의 왕 전씨錢氏[74]의 비가 표충관表忠觀에 있고, 장 익주공張益州公[75]의 화상畫像이 정중사淨衆寺에 모셔져 있고, 신라 시대 경순왕敬順王의 영정이 은해사銀海寺에 최초로 안치되었고, 고려 시대 최제안崔齊顔[76]과 김시습金時習 두 분의 화상은 천룡사天龍寺와 매월당 영당梅月堂影堂[77] 등지에 모셔져 있고, 지금 이곳에도 노 고성盧高城[78]의 화상이 또한 유점사楡岾寺에 모셔져 있다. 그렇다면 옛날부터 사람들은 다들 이렇게 할 줄 알았던 것이다. 아, 그런데 윤 공의 진영은 왜 장안사에 없단 말인가!

나는 퇴암退庵이 서둘러 그 힘을 다하지 않고, 그저 손쓸 수 없는 시운의 변화만 두려워한 것이 한스럽다. 그렇긴 하지만 떠난 것은 반드시 돌아오고, 비루했던 것은 반드시 넉넉해지는 법이다. 무릇 그 공덕이 세상에 드러나는 것이 왜 꼭 당시에만 있겠는가. 아, 공께서 절에 베푸신 공덕이 이처럼 위대하니, 비록 지금 사람이 재빨리 그에 보답하지는 못했지만 뒷시대 사람들을 기다려 봐야 마땅하리라.

오호, 훗날 장 공의 공덕을 사모하는 익주의 백성이 있어 그의 화상을 그렸고, 노천老泉의 기록[79]을 얻었도다. 세월이 흘러 대 송나라 시대에 전씨錢氏의 공덕을 아름답게 여기는 자가 있어 그의 사당을 건립하였고, 미산眉山의 비[80]를 얻었도다. 찬란한 오늘, 장안사 스님들이 윤 공의 공덕을 차마 잊지 못한다면 화상을 모셔도 옳고, 비석을 세워도 옳으리라. 이에 나의 말로 만분의 일이나마 보탬이 되고자 할 따름이다.

神仙樓序

吁。寺在金剛之要路。可謂便達之地。自京洛間。薦紳之士。來遊者。莫不由寺焉。故不能支之。家徒四壁。居僧散渙。徃者棠伯尹公師國氏。來鎭一道。道民以息。又娛山水文籍。有兩謝風流。斟酌金剛之勝。慌然長安之敗。一謀以復。不日成之。鳴乎。公之澤也。釋子輩所以難忘焉。昔者吳粤王錢氏之碑。在表忠觀。張益州公像。留淨衆寺。羅朝敬順王影幀。初安銀海寺。麗朝崔齊顔金時習兩像。在於天龍梅月等處。今玆盧高城之像。又在楡岾寺。則自古人皆能爲之。噫。尹公之眞影。烏不在於長安乎。余恨退庵之未逮其力。而但恐無操時之變也。雖然徃者必有復。否者必有泰。凡功之顯於世者。何必當時乎。噫。公之功於寺。如此其大。而其報雖不速於今人。而宜有待乎後時者歟。鳴乎。異日有如益州之民。思張公之功者。畫其像而得老泉記。垂後大宋之世。嘉錢氏之功者。建其堂而得眉山碑。曜今長安之僧。不忍忘尹公之德者。像亦可也。碑亦可也。以余之言。爲萬一之補云尒。

소은암 서

아, 선비가 은둔하는 것은 임금에게 쓰이지 못하거나 혹은 때를 만나지 못해서이다. 가만히 살펴보면 그들의 절개는 꿋꿋하고 맹렬했으며, 그들의 기상은 우뚝하고 단도직입이었으며, 그들의 음성은 맑게 멀리 퍼졌으며, 그들의 말은 격렬하고 절박한 것이 마치 그리운 바가 있는 것 같았다.

아, 대장부로서 때를 만나지 못한 자가 한 행동이여! 그들은 공후公侯의 지위도 헌신짝처럼 버리고 장상將相의 지위도 똥오줌처럼 여기면서 큰 뜻과 높은 기상으로 세상을 버리고 떠났었다. 하지만 찬란하게 빛나 해와 달처럼 밝고, 우뚝 솟아 태산처럼 높았던 자는 거의 드물었다.

당우唐虞 시대에는 소보巢父와 허유許由[81]가 있었으니, 이들이 이른바 기양箕陽[82]의 드높은 절개라는 자들이다. 하夏 시대에는 이윤伊尹[83]이 있었으니, 이 사람은 가능성을 보고 은둔했던 자이다. 상商나라 때에는 백이伯夷[84]가 있었으니, 이 사람은 아무것도 하지 않음으로써 실천했던 자이다. 주周나라에는 거친 음식을 먹던 자들이 있었고, 진秦나라에는 도원桃源에서 살던 자들[85]이 있었으니, 이들은 모두 재앙을 피해 은둔했던 자들이다. 한나라 시대에는 엄광嚴光[86]이 동월東粵에 은거했으니, 이는 자신이 선택할 바를 몰랐기 때문이다. 당나라 시대에는 이원李愿[87]이 반곡盤谷으로 돌아갔으니, 이 사람은 낚시꾼으로 이름난 자였다. 송나라·원나라·명나라 이후로도 은둔한 자들이 비록 끊이지 않았지만, 모두 임금에게 선택되지 못해 세상에 알려질 수 없었을 따름이다.

지금 학산鶴山에 소은암小隱庵이 있고, 태호太湖에 일엽편주가 있으며, 여청정餘淸亭 반 칸에는 맑은 바람이 있으니, 참으로 처사處士들이 흥취를 깃들일 만한 곳이다. 세 개의 산봉우리에는 구름이 한가롭고, 두 갈래 강가 모래밭엔 하얀 갈매기가 있으니, 바로 처사處士들이 담소를 약속할 장소이다. 적선謫仙의 금릉 나들이[88]요 자미子美의 동정호 노래[89]라, 또한 처사들이 악기를 연주하기에도 알맞은 곳이다.
　이곳이 은둔처로서 비록 기양보다 높이 드러나고 고야산姑射山[90]보다 못하지 않지만, 유신有莘에서처럼 농사를 짓거나[91] 수양산首陽山에서처럼 굶어 죽는다면[92] 좁은 기량으로 교만을 떠는 것이리라. 진나라 한나라 이후의 은신처들이야 어찌 비교나 할 수 있겠는가? 그럼에도 불구하고 '소은小隱'이라고 이름을 붙였으니, 장차 세상에 크게 쓰이고 싶어서 잠시 이 암자에 은거한다는 뜻이다.

小隱庵序

於戲。士之爲隱。或不用於君。或不遇於時。窃觀其節亢厲。其氣嶄截。其聲淸遠。其言激切。如有所思。噫。大丈夫不遇者之所爲歟。其間屨公侯糞將相。而倔儻離倫。昭昭乎。日月之明。嵬嵬乎。泰山之高者。幾希。唐虞之世。有巢由。此所謂箕陽高節。夏之世。有伊尹。此見可之隱。商有伯夷。此無所爲而爲者也。周有惡飯。秦有桃源。此皆避禍者也。漢之時嚴光。隱於東粤。是不知其所操也。唐時李愿。歸於磐[1])谷。是釣名者也。宋元明以來。隱雖不絶。皆不見用於君。不得知於世而已。今鶴山有小隱庵。太湖上有一扁孤舟。餘淸亭半間淸風。眞處士之寓興。三山頂閒雲。二水洲白鷗。乃處士之談盟。謫仙之金陵遊。子美之洞庭詠。亦處士之管弦稱。此以隱雖高出乎箕陽。姑射不下。而有莘之耡。首陽之餓。慢以隘。泰漢後所隱。何足比乎。雖然以小隱名。將欲大用於世。而姑此小隱於庵乎。

---
1) 〔역〕 '磐'은 '盤'인 듯하다.

상량문
上樑文

보광전 상량문

삼가 생각건대, 대술大術⁹³의 태 가운데 백옥의 코끼리 발굽 원만하고, 무우수 아래에 황금 수레바퀴 그림자가 층층이 아롱지니, 삼승三乘이란 소가 끄는 수레, 양이 끄는 수레, 사슴이 끄는 수레요, 일미一味가 곧 제호醍醐와 소酥와 낙酪입니다. 이에 영취산靈鷲山에서 꽃을 들어 보이시고, 쌍림雙林에서 태양이 기울었습니다.

저 중화에서는 나라를 이루어 이제二帝와 삼왕三王⁹⁴이 번갈아 다스렸고, 우리 조선도 창업하여 오경五經과 육예六藝⁹⁵를 돈독히 숭상하였으니, 주나라 백대의 의관을 계승하자 조정과 만백성이 하나로 통일되었고, 공자와 맹자와 여러 성현의 방책을 시행하자 인의仁義와 예악禮樂이 성대히 일어났습니다.

따라서 우리 세존께서 청량산淸凉山 보대寶臺에 그 형상을 나타내고 동해의 수승한 땅에 그 뼈를 묻으셨으니, 살아서는 두 나라에 덕을 베풀지 못하셨지만 죽어서는 오히려 만년 세월에 영험을 떨치신 것입니다. 인륜을 어지럽혔다 말하지 마오, 한창려韓昌黎와 호치당胡致堂⁹⁶의 망발이로다. 사납게 해치려는 뜻이 없다 하며, 한나라 영평永平과 양나라 보통普統⁹⁷ 때 성대히 보시하셨습니다.

양주의 통도사라. 두 마리 오리가 노닌 못이요,⁹⁸ 아홉 마리 용의 집⁹⁹이었으니, 계림의 고니와 소나무들이 남긴 자취 아득하고, 발우 모양 연꽃에 살대를 얹은 현묘한 기술이 당당합니다. 하나의 기둥으로 우뚝 치솟으니 나무 사자와 돌짐승들이 돌아보고, 높다란 층층 건물이 훌쩍 날아오르니 달님이 걸린 처마에서 풍경 소리가 쨍그랑 쨍그랑.

하얀 연꽃 우거진 동산이요,[100] 밝은 구슬 같은 사리가 숨겨진 집이로다. 만조의 아라한들께서 모두 청정한 공양을 받고, 모든 불보살님께서 함께 청정한 단으로 부임하십니다. 그러나 선객들이 마음을 관조할 당이 없는 게 한스러워 그저 청신사가 공덕을 구할 날이 있기만 바랐으니, 경상도와 충청도의 준걸들이 모두 뜻은 있었지만 옛날이나 지금이나 건물을 짓는 자는 한 사람이었습니다.

호명 대사湖溟大士는 부처님께서 멸도하신 후 3천 년 경에 태어나 천축국에서 거의 만 리나 떨어진 곳에서 살지만 월주의 탑이 회복되길 바라던 두 생애의 노력을 마무리하였고, 낙읍洛邑[101]의 경영을 끝맺지 못한 선대 철인의 마음을 완수하셨습니다. 이에 여래의 부촉이 세차게 흘러 지금까지 이어지고, 자장 율사의 공덕이 면면히 이어져 그 후대까지 진동하는군요.

계오는 보잘것없는 말석의 초학이요, 아득한 후예이고, 못난 자손입니다. 복숭아, 자두 높다란 마을[102]에서 홀연히 재능이 뛰어나다며 추천해 주시니, 낮은 언덕에 작은 기량이오나 복종하는 마음으로 천리마에 붙어 갈 생각입니다. 갈고羯鼓를 연주해 꽃을 재촉한 것을[103] 하늘나라 조물주의 연주라 불러 주시니, 영郢의 도끼와 아촉국阿閦國의 목재를 멀리 우임금께서 손수 하시는 공사에 바칩니다.

두 번 절하고 청개구리 노래로 육위송六偉頌[104]을 불러 제비처럼 축하드리오니,[105] 그 가사는 다음과 같습니다.

    들보를 동쪽으로 던지세.[106]
    불법은 부상扶桑[107]의 외국에서도 같나니

어찌 인간세계에서 전수한 일만 말하리오.
옥함 속 천 개의 두루마리가 용궁에서 나왔다네.[108]

들보를 서쪽으로 던지세.
석가모니께서 사셨던 가비라[109]는 어딜까.
보배 어금니 치솟는 불빛에 물고기 눈 휘둥그레
독룡의 아홉 족속이 두려워서 정신을 못 차리네.

들보를 남쪽으로 던지세.
자장 율사의 위대한 힘은 선남자 선재善財[110]와 같아라.
산처럼 쌓인 꼴 무더기를 황금 소가 포식하나니
하늘이 아낀 땅 사람이 차지하자 귀신도 탐내지 않네.

들보를 북쪽으로 던지세.
우리 임금님 성스러운 덕을 어디에 견줄까.
남산의 고죽을 붓 삼고 동해의 파도를 먹 삼아도
승려들 입히고 먹이신 은혜는 묘사하기 어려워라.

들보를 위쪽으로 던지세.
노년에도 혈기 왕성하신 호명 어르신
하늘에서 몰래 파견해 여래를 보호하게 하니
여섯 무리 선객의 집안이 오늘부터 시작이로다.

들보를 아래쪽으로 던지세.
지장보살의 서원이 샘물처럼 쏟아지네.
저승 가면 인간세계 돈일랑 소용없다오.

염불하고 간경해야 진짜 귀하고 값지다오.

 삼가 바라오니, 상량한 후에는 임금님의 수명이 하늘처럼 길어지고, 법의 운수가 땅처럼 두터워지게 하소서. 천신天神과 지기地祇가 함께 보호하사 사방의 요상한 기운이 융화하여 맑게 빛나게 하시고, 경사와 상서가 모조리 찾아들어 먼 지역의 선사들까지 바큇살처럼 몰려와 나란히 예배하게 하소서.

普光殿上樑文

伏惟大術胎中。玉象之蹄圓滿。無憂樹下。金輪之影層瀦。三乘曰牛羊鹿車。一味則醍醐酥酪。於是花拈靈鷲。日頰雙林。繁華夏之爲邦。二帝三王之迭代。粤朝鮮之創業。五經六藝之敦崇。襲姬周百世之衣冠。朝廷萬民之壹正。著孔孟羣賢之方冊。仁義禮樂之蔚興。故我世尊。留像淸凉之寶臺。瘞骨東海之勝地。生未行德於二國。死猶鎭靈於萬年。莫道亂倫。韓昌黎胡致堂之妄發。無害暴義。漢永明[1]梁普統之舍施。梁州通度寺。雙鳧之池。九龍之宅。雞林鵠松之陳迹杳杳。鉢蓮架箭之玄術桓桓。寫一柱而崢嶸。木狻石獸之顧眄。聳層廈而騰踔。月簷風磬之玎璫。芬陀羅尼華園。舍利明珠幽宅。萬祖羅漢之咸受淨食。諸佛菩薩之同赴淸壇。第恨無禪客觀心之堂。只爲有信士要功之日。而嶺而湖之俊髦皆意。于古于今之結構一人。湖溟大士。生於佛滅度三千年間。住於天竺國幾萬里外。畢二生之力。越州之塔待還。遂先哲之心。洛邑之營未果。如來之託。滾滾流於今乎。慈藏之功。緜緜振其後也。戒悟。末葉初學。遠裔房孫。桃李高村。忽推脫穎之薦。部婁小器。靡念附驥之心。羯鼓催花。喚作天工之奏。郢斤閃[2]木。邀呈禹手之功。再拜螻吟。六偉燕賀。其詞曰。抛梁東。佛法扶桑外國同。何說人間傳授事。玉函千軺出龍宮。抛梁西。迦毘何處釋迦棲。寶牙光燹魚珠奪。毒龍九族讐魂迷。抛梁南。慈藏力等善財男。束芻山積金牛飽。人破天慳鬼不貪。拋梁北。吾王聖德於何側。南山觚竹墨東波。難寫僧民絲粒力。拋梁上。桑榆未晚湖溟丈。自天陰遣護如來。六侶禪家今日刱。拋梁下。地藏誓如檻泉瀉。冥間不用人間錢。念佛看經眞貴價。伏願。上樑之後。聖曆天長。法運地厚。神秖同護。四堁妖氛之和融淸光。慶祥畢臻。遠方禪師之輻湊齊拜。

---

1) ㉘ '明'은 '平'인 듯하다. 2) ㉘ '閃'은 '閼'인 듯하다.

통도사 사리각 중수 상량문

삼가 생각건대, 구담瞿曇[111]께서는 서천축에 출현하여 도덕을 유독 높이셨고, 대성大成[112]께서는 중화에 임하여 인의仁義에 크게 힘쓰셨습니다. 그래서 이미 갖가지 음식을 갖춰 정성껏 제사를 올리고 있고, 또한 많은 향과 꽃을 바쳐 보답하고 있습니다. 이렇게 보궁을 중수함으로 말미암아 재차 옥 같은 편액을 다니, 용과 봉황이 앞다퉈 상서를 나타내어 천지의 기운이 울창하고, 새들의 합창이 북소리처럼 울려 음양의 형상이 겉으로 드러나는군요.

자장 율사의 신비한 유적을 말해 보자면 임진년(1592)에 타 버렸고, 송운 대사의 아름다운 공적을 생각해 보면 신축년(1601)에 계승했나니,[113] 당나라 정관貞觀 12년(638)[114]과 명나라 만력萬曆 연간의 행적[115]은 고금과 전후의 문장에 일관된 기록이고, 왕족·귀족·선비·서민의 분주한 방문으로 알려진 사실입니다. 이렇게 낮과 밤이 항상 변화하듯이 우리 도는 흥성했다가 재앙을 만났고, 성상星霜이 수없이 바뀌듯이 이 절도 무너졌다가 다시 높이 솟았습니다.

우운友雲 대사[116]께서 다시 세우자 층층의 용마루가 이리저리 뒤엉켰고, 응암凝庵 노장[117]이 단청을 올리자 채색한 문과 분 바른 벽이 찬란하게 빛났지요. 등불과 촛불을 휘황하게 밝히면 범천에서 지혜의 달이 길이 밝았고, 종과 북이 쟁쟁하게 울리면 연화대의 현묘한 바람이 저절로 불어왔으며, 구름다리 위에서 도인과 석자들이 편안히 노닐고, 내리는 꽃비 속에서 법의 열락이 높이 휘날렸습니다. 그리고 다시 150년의 세월이 흘러 기둥이며 서까래, 들보의 목재가 썩고 파손되자, 영인의 읍[118]에서 훌륭한 장인을 찾고, 단월의 집에서 좋은 인연을 모집하였지요.

기이하구나, 문수의 신통한 점이여. 어떻게 통도사를 알았을까? 오호, 석가모니의 보배로운 뼈를 영취산 기슭에 안장하려 하셨네. 온갖 나라를 거치면서도 가로막는 자 없었으니, 신비한 용의 남모를 도움을 빌렸던 것이요, 수억 길의 연못을 메우고 사찰을 건립할 때에는 신령한 비둘기의 기이한 영험이 있었습니다. 성인께서 세상에 강림하신 것이 아득한 옛날인데도 보시하는 자들이 뛸 듯이 기뻐하였고, 명당자리에 중요한 사찰이 분명하다며 당시 사람들 쏜살같이 몰려들었습니다.

  그 자취의 탁월함을 살피고는, 이 불사도 어렵지 않으리란 걸 알았습니다. 과거는 흘러가고 현재가 왔으니 복희씨의 역[119]대로 회복된다는 걸 알겠고, 처음에는 힘들었지만 나중에는 성취하였으니 성인들의 깊으신 징험에 감탄하게 됩니다.

  백옥의 코끼리와 황금 수레바퀴가 비치는 마니구슬이요, 보배로운 깃발과 화려한 꽃다발이 나열된 제석천의 그물이로다. 비록 한 길에 불과하지만 이에 여섯 방위를 묘사하고자 하니, 그 가사는 다음과 같습니다.

    들보를 동쪽으로 던지세.
    바다를 노니는 붕새가 홀로 허공을 떠도니
    부상의 오랑캐 땅은 아홉 점의 연기요[120]
    그 사이를 배회하는 한 가닥 옅은 무지개로다.

    들보를 서쪽으로 던지세.
    푸른 절벽 하늘에 매달린 학의 둥지가 있었네.
    재악산 깊은 산중으로 다시 은사를 방문했더니
    신선 동자 저 멀리 하얀 구름사다리 가리키누나.

    들보를 남쪽으로 던지세.
    금정산 오동나무 달빛 아래 감실에는
    원효 노스님의 유적이 여전히 남아 있고

온 산에 소나무 계수나무 또 맑은 바람이로다.

들보를 북쪽으로 던지세.
자장 율사 고귀한 계보 신라의 왕족이요
천년의 옛날 업적이 예전 모습 그대로니
단 앞쪽 금석에 새긴 글 마음대로 읽어 보게.

들보를 위쪽으로 던지세.
넓고 넓은 푸른 하늘은 앞도 뒤도 없지만
고개를 까딱하는 순간 때때로 찾아와 보고 듣나니
아득히 멀어 우리가 속일 수 있겠다 누가 말하는가.

들보를 아래쪽으로 던지세.
늙으신 분 염라 세계에서 항상 눈물을 쏟네.
보배로운 책『금강경』을 수지하고 계시는가
아비지옥이 훌쩍 뒤집혀 도솔천이 된다네.

삼가 바라오니, 상량한 후에는 성군의 교화가 멀리까지 미치고, 부처님의 지혜가 두루 퍼지게 하소서. 두드리는 종소리와 치는 북소리가 저 멀리 구천까지 맑게 울리게 하시고, 밝히는 촛불과 사르는 향으로 네 가지[121]를 베풀어 주신 깊은 은혜에 보답하게 하소서.

通度寺舍利閣重修上樑文

伏惟。瞿曇現於西竺。道德維尊。大成泣於中華。仁義孔務。旣陳俎豆之品節。亦多香花之獻酬。由是重脩寶宮。再擧璿額。龍鳳爭瑞。天地之氣葱蘢。彙鳥革音。陰陽之象表裸。曰慈藏之神蹟。火於壬辰。惟松雲之懿功。繼於辛丑。唐貞觀之十二。明萬曆之始終。貫古今前後之文章。識公侯士庶之奔走。吾道休咎。晝夜之常易乎。此寺圮崇。星霜之屢改也。友雲師之開創。層甍危欄之輪囷。凝庵老之丹青。繡闥粉壁之照耀。燈燭煒惶。梵天之慧月長明。鍾皷鏗鏘。蓮臺之玄風自動。道釋優遊於雲渠之上。法樂掀振於花雨之間。年一百五十之往還。材棟柱椽梁之朽破。要良匠於郢邑。募善緣於檀家。異哉。文殊之神占。何知通度。於乎。釋迦之寶骨。欲鎭鷲栖。越萬國而無沮。借神龍之陰助。塡億丈而建利。有靈鴿之異奇。雖世降聖遠。而施者聳歡。必地明寺重。而時人驟驟。顧其跡之以卓。知此事之非艱。古徃今來。知義易之爲復。先難後獲。嘆聖人之深徵。玉象金輪之映照摩尼。寶幢華鬘之羅列帝網。聊敷一丈。爰寫六方。其詞曰。拋梁東。海上遊鵬獨運空。蠻日扶桑烟九點。俳徊一抹彩霓虹。拋梁西。蒼壁絕天鶴有棲。載藥深山還訪逸。仙童遙指白雲梯。拋梁南。金井梧桐月下龕。元曉老僧遺跡在。滿山松桂又晴嵐。拋梁北。慈藏璿系新羅國。千年古業更依然。謾讀壇前金石刻。拋梁上。浩浩蒼天無背向。聽視時臨俛仰間。誰云邈矣吾能詆。拋梁下。老人炎界涕恒瀉。金剛寶劵受持不。阿鼻翻成兜率也。伏願。上樑之後。聖化遠霑。佛慧彌暢。叩鐘打皷。憂淸韶於九天。執燭呵香。報深恩於四事。

불국사 극락전 상량문

삼가 생각건대, 천년의 고향은 흐르는 강물과 안개·구름이 남긴 자취이고, 8만 권의 대장경은 계율·선정·지혜와 이해에서 피어난 향기입니다. 저절로 귀의할 마음이 생기는데 갖가지 공양거리를 빠트릴 수 있겠습니까? 이런 까닭에 옛날이나 지금이나 한결같고, 궁궐 같은 방사에다 거주하는 이도 많습니다.

부처님 나라가 바로 동국의 가람이니 지나간 일들이 어제만 같고, 극락전을 오히려 서천축이라 부르겠으니 훗날 사람들은 지금 이것을 기준으로 삼을 것입니다. 중생을 제도하려는 원력이 이로써 깊어져 많은 사람이 무량수불을 염송하고, 어머니를 모시는 마음이 더욱 간절해져 김대성[122]이란 사람에게 한 통의 편지를 쓸 것입니다.

청운교와 백운교여, 산허리를 꽂아 길을 만들었구나. 왼쪽 회랑 누각과 오른쪽 회랑 누각이여, 벼랑을 잘라다 하늘에 따리를 틀었구나. 하늘거리는 안개 흩뿌리며 수양버들이 못을 에워싸고, 함박웃음 머금고 잠이 든 연꽃이 물 밖으로 나왔네. 크고 작게 울리는 한밤의 종소리 은은하고, 꽃 피는 2, 3월이면 하늘의 바람도 흐릿해지나니, 태사공太史公을 다그쳐 이를 기록하라 해도 말로 표현하기 어렵고, 용면龍眠[123]을 다그쳐 이를 그리라 해도 풍경을 그리지 못하겠네.

오호, 경계가 빼어나게 아름답지만 하늘은 견고해도 사람의 힘은 쉽게 퇴락하는군요. 세월이 이미 많이 흘렀으니, 땅이 아무리 두터워도 적각의 기둥은 또 기우는군요. 기와와 평고대의 틈이 벌어졌으니 거주하는 승려들 가벼운 외투로는 따뜻하질 못하고, 단청도 세월이 아득히 흘렀으니 신상의 자비로운 모습인들 어찌 편안하겠습니까.

단월들 가운데 청신사가 많았다는 것을 지금 알게 되었으니, 세찬 여울 아래에 깊은 못이 있다는 얘기를 들은 적 있지요. 한 척의 망치를 맞은 종처럼 신들이 감격해 함께 진동하고, 봄바람 지나간 뒤 초목처럼 사람들 마음이 모두 빛나는군요. 아찔아찔 위태로운 선들이 그리지 않아도 이어지고, 우뚝우뚝 거대한 건물이 다시 안색을 찾았습니다.

 이에 멋진 노래를 낭창하게 뽑아 손질한 들보를 드는 것을 거드나니, 그 가사는 다음과 같습니다.

> 들보를 동쪽으로 던지세.
> 울주 80리가 활짝 열렸구나.
> 머나먼 저 창해의 부상 위로
> 반쯤 솟은 붉은 태양 활처럼 굽었네.
>
> 들보를 서쪽으로 던지세.
> 산호봉 꼭대기에 풀이 우거졌구나.
> 저녁 물새 떠들썩 떠나고 함지咸池[124]는 캄캄
> 황혼에 달이 지니 두견새가 우는구나.
>
> 들보를 남쪽으로 던지세.
> 올빼미는 천년의 원기를 품었구나.
> 고개 돌린 청산에는 구름 한 점 없고
> 망부석과 푸른 허공이 한바탕 뒤섞였네.
>
> 들보를 북쪽으로 던지세.
> 시리도록 찬 신령한 샘물은 유리색.
> 내가 한 사발 떠서 금선金仙[125]에게 바치고
> 이씨의 나라 만년에 이어지길 축수하노라.

들보를 위쪽으로 던지세.
꿈틀대는 수많은 창생 상제께서 길러 주시네.
모든 신들과 약속하고 온갖 앙화 없애시니
천 리 땅 어디에서고 다들 아무 탈 없다네.

들보를 아래쪽으로 던지세.
봄날 연못에 햇살 비추자 말쑥한 남색.
저 자하문 밖에 백운교가 있어
존귀하신 분 간간이 찾아와 말을 세운다네.

삼가 바라오니, 상량한 후에는 우리 임금님 교화의 바람이 영원히 불고, 부처님 지혜의 태양이 다시 빛나게 하소서. 새 건물이 영롱하며 귀신이 보호해 편안하게 하시고, 옛 터전이 안정되며 건곤이 보호해 영광되게 하소서.

佛國寺極樂殿上樑文

伏以. 一千年故都. 流水烟雲之陳迹. 八萬卷大藏. 戒定慧解之現熏. 自有歸投之心. 可乏供養之具. 是故. 古今爲一. 宮室居多. 佛國乃是東伽藍. 往事如昨. 極樂猶曰西天竺. 後觀依今. 度生之願以深. 多人誦無量壽佛. 奉母之心尤切. 尺牘書金大誠[1]人. 靑雲橋. 白雲橋. 揷峰腰而擁路. 左經樓. 右經樓. 割雲根而蟠天. 楊柳裊烟雨而繞塘. 芙蓉恣笑眠而出水. 大小鳴半夜之鍾隱隱. 二三月上界之風濛濛. 驅太史而記之難言. 責龍眠而畫之莫狀. 嗚呼. 境則標爽. 天以固而人力易頹. 時已久延. 地雖厚而殿脚又蹇. 瓦栿岪缺. 不曖居僧之輕裘. 丹靑汗漫. 詎安神像之慈貌. 今知檀越之中多信士. 曾聞激湍之下有窮潭. 神感似鼓金迎尺槌而同振. 人心如艸木過春風而皆熙. 炭炭危絲. 不圖綴連. 歸歸巨廈. 更生顔色. 朗唱善頌. 助

擧脩樑。其詞曰。拋梁東。蔚州八十里開通。漫漫滄海扶桑上。半出紅輪曲似弓。拋梁西。珊瑚峯上草萋萋。暮鵑噪去咸池黑。月入黃昏杜宇啼。拋梁南。鵁鵲千年怨氣含。回首靑山雲影斷。望夫石與碧天叅。拋梁北。靈泉寒列玻瓈色。我將一椀奉金仙。祝壽萬年李氏國。拋梁上。蠢蠢蒼生帝育養。約束百神除禍殃。地方千里皆無恙。拋梁下。春池日映精藍寫。紫霞門外白雲橋。時有尊人來立馬。伏願。上梁之後。王風永扇。佛日再明。新宇玲瓏。護鬼神而安隱。古基鄭重。保乾坤之光華。

---

1) ㉠ '誠'은 '城'인 듯하다.

문슬헌 상량문

 하늘은 장막이요 땅은 돗자리라, 어딘들 이내 작은 몸 기탁하지 못할까. 음은 저울추요 양은 저울대라, 그윽한 경계는 반드시 점찍어 사들이는 사람이 있지. 더불어 흰 구름 사이의 신선이나 부러워하면서 그저 편안해하고, 동해를 떠돌면서 형邢 땅 주인의 손님 노릇이나 하였으니, 산수에 고질병이 깊은 선禪과 교敎의 술지게미로다. 그릇은 작으면서 뜻은 커 십만 가지 태도와 흉금을 경륜하였고, 지팡이 걸고 시로 노닐면서 봉래蓬萊와 영주瀛洲의 풍경과 호흡을 조망하였네.
 스승으로 삼을 만한 한마디는 '개는 불성이 없다'는 화두,[126] 저 부처님 분명히 속이지 않았음을 자손들은 알아야 하리라. 그러나 걱정스럽게도 법은 약하고 마귀는 강해 외로운 과부는 사나운 오랑캐를 제압하기 어려웠고, 창고가 높고 곳간이 가득하자 적미赤眉[127]와 황건黃巾[128]이 단속이 허술한 창고를 손쉽게 약탈해 버렸네. 망했구나, 어찌할꼬! 번뇌 속에서 왕래하자니, 고통이 공한 자가 머물 곳 그 누가 일러 줄까? 돌집의 흙 침상에서 메마른 나무처럼, 식어 버린 재처럼 지내리라. 그렇게 살다 죽으면 뒤에 남겨 둔들 무엇이 아까우랴!
 마침 함월산含月山 일대 새로 지은 사찰인 내원암[129]에 거주하던 상인과 인연이 있었네. 두 번 세 번 부지런히 초청해 주는 은혜를 입었으니 평소 안면이 있음을 잊지 않았던 것이요, 남은 세월이라 해 봐야 곧 예순인데 두서없는 사사로운 의론에 어찌 인색하게 굴겠는가. 하지만 별장이 눅눅하고 비좁아 수용하기 어렵기에 노승의 몸을 잠시 머물고자 문슬헌捫虱軒으로 시작해 미소실微笑室로 공사를 마무리하였네.
 바다 어귀가 문으로 연결되니 완전히 봉래산 신선의 항구요, 하늘 끝자락이 돗자리에 부딪치니 도솔천 구름의 거리와 똑같구나. 대나무 숲에 국화 우거지고 쓸쓸한 바람 너머엔 싸늘한 그림자, 패엽경 글자에다 옥 같은 게송 읊으며 조각조각 불단 앞에서 향이나 사르리라.

　달도 길하고 날짜도 좋아 장인들 기뻐하기에 애오라지 육위의 노래를 불러 몇 개의 들보 드는 일을 거드나니, 그 가사는 다음과 같다.

　　들보를 동쪽으로 던지세.
　　해 돋는 부상에 붉은빛이 백 척이로다.
　　10리의 안개 물결에 배를 띄운 외로운 나그네.
　　저녁나절에 용의 뼈를 끌고 와 창공에 걸어 놓네.

　　들보를 남쪽으로 던지세.
　　붕새가 회오리바람 타고 태양을 삼키누나.
　　바다 위로 신선 지나가는 건 늘 있는 일.
　　영주에서 방 한 칸 얻어 현담을 나눈다네.

　　들보를 서쪽으로 던지세.
　　가지산에 가을이 들어 가랑비가 흩날리네.
　　고개 돌리니 단풍 숲엔 서리 맞아 취한 잎들.
　　바가지 술로 근심 잊는 건 오래된 시제로다.

　　들보를 북쪽으로 던지세.
　　우리 임금님 만수를 누리며 대궐에 계시니
　　남훈전南薰殿[130]에서 늘어지는 오현금의 노래.[131]
　　구름과 별빛 흐드러지고 장인들도 기쁜 얼굴.

　　들보를 위쪽으로 던지세.
　　하늘이 태평한 마음에 임해 맑은 허공처럼 드넓구나.

대숲에는 바람 난초에는 달빛 세월은 가없이 흐르고
천태만상 혼연일체되어 함께 굽어보고 우러른다네.

들보를 아래쪽으로 던지세.
깊숙한 누각 달님을 안고 동쪽 창가에 누웠더니
하얀 갈매기가 날아와 설당雪堂¹³²의 옷고름을 채 가네.
청아한 밤에 쏟아지는 한량없이 맑은 정신이여.

삼가 바라오니, 상량한 후에는 용과 천신이 함께 보호하고, 옥루屋漏¹³³에 물러나 쉴 것을 고하게 하소서. 둥근 머리에 네모진 가사를 입고 촛불을 밝힌 높다란 불당에서 한 생각 한 생각이 정토이게 하시고, 주미麈尾를 휘두르고 주장자를 세우며 불조의 등불을 전하는 작은 방에서 한 글자 한 글자가 은장銀章¹³⁴이게 하소서.

捫虱軒上樑文

天幕地席。何處不寄寓此眇身。陰權陽衡。有人必買卜其幽境。與羨白雲間仙只寧。作東海上客邢主人。山水膏肓。禪敎糟粕。器小志大。經綸之千百態度冐襟。杖掛詩遊。登眺之蓬瀛風烟呼噏。一言可以爲師者。狗子話。彼佛必也無欺乎。兒孫知。第恐法弱魔强。孤阿寡婦之難制悍虜。倉崇廩實。赤眉黃巾之易掠慢藏。亡奈煩惱間往來。誰道苦空家栖止。土床石室。槁木死灰。守此以終。遺後何吝。秪緣舍月山一代新刹。內院庵上人時居。寵招再三之勤。弗諼顔面之有素。餘暑六旬之迫。奚斬私誼之無端。以別業之湫隘難容。爲老僧之形骸暫蹇。捫虱軒經始。微笑室爰終。海門連扃。十分蓬渤仙巷。天根抵席。一樣兜率雲衢。竹枝菊叢。騷騷風外寒影。貝字玉偈。片片壇前香灰。月吉辰良。工歡匠戱。聊唱六偉曲。助擧數隊椽。其詞曰。抛梁東。日出扶桑百尺紅。十里烟波孤客帆。夕拖龍骨掛層穹。抛梁南。鵬背淸飄白日含。海上尋常仙侶過。瀛洲一室寓玄談。抛梁西。伽智山秋細雨迷。回首楓林霜葉醉。匏樽無恙老詩題。抛梁北。吾王萬壽楓宸極。南薰殿上五弦歌。爛熳雲星工喜色。抛梁上。天臨泰宇淸虛曠。竹風蘭月刼无邊。萬象混然同俯仰。抛梁下。深樓抱月東窓臥。白鷗飛掠雪堂衿。無限精神淸夜瀉。伏願。上樑之後。龍天同護。屋漏告休。圓頂方袍之秉燭高堂。念念淨土。揮麈卓杖之傳燈小室。字字銀章。

연등암 영각 상량문

생각건대, 산허리에 절집이 우뚝하고, 가슴이 탁 트이는 창해로다. 참으로 동남방의 수승하고 아름다운 경계이기에 창공을 굽어보며 감실에 꺼져 가는 등불을 매달고서 부처와 조사의 심인을 펼쳤던 것이리라. 어찌 도량을 개창함에 그치랴, 반드시 향과 촛불이 길이 이어지게 해야 하리라.

주인 노릇 10년에 수없이 품었던 생각은, 항상 가슴과 뱃속에 품고 크게 흠모했던 여섯 스승께서 돌아와 의지할 만한 세 칸의 아름다운 건물을 지었으면 하는 것이었다. 마음은 이와 같았지만 신통한 방법이 없었고, 힘은 솟았지만 어디부터 손써야 할지를 몰랐다. 그러다 강개한 선비 경월공慶月公을 붙잡고, 협조할 사람 동파당東坡堂을 얻게 되었다. 그러자 드디어 삼태기로 흙을 나르고 바위를 쌓아 마당을 만들고 새장을 엮게 되었으니, 광나무도 알맞고 산뽕나무도 알맞았다. 벌목꾼을 부르고 목수를 초청해 서까래·들보·기둥·두공을 깎았으니, 짧은 것도 마땅하고 긴 것도 마땅하였다.

평소 사치스러운 건물을 바랐던 것이 아니라 진실로 높고 낮음이 몸집에 알맞기만 바랐으니, 나의 짧고 얕은 지식과 술수를 돌아볼 때 감히 이런 집을 지었다는 것이 뿌듯하기만 하다. 많은 이들이 함께 이를 도모하였으니, 삼가 많은 것이 적은 것보다 낫다고 들었기 때문이다. 시절 인연이 마침 도래한 것이니, 그래서 약한 것이 강한 것을 제압했으리라.

용상 대덕께서 예전처럼 풍광을 부드럽게 하시니, 가산이 이제부터 인물이 더 훤해지게 생겼다. 이에 애오라지 짧은 노래라도 불러 대들보 올리는 일을 돕나니, 그 가사는 다음과 같다.

들보를 동쪽으로 던지세.

남방 기후 후덥지근하고 태양이 붉었다.
종이 울리자 다들 모여 솥단지 음식 나눠 먹고
코끼리 권속 기린의 자손이 궁전을 나오는구나.

들보를 남쪽으로 던지세.
취서산에 비람풍[135] 휘몰아치네.
가섭이 전수하신 석가모니부처님의
사리를 간직한 부도와 옥함의 경전들.

들보를 서쪽으로 던지세.
함화산 꼭대기에는 구름사다리.
신선을 찾고 부처님께 기도하며 재계하나니
도를 듣고 신선이 된 벽계碧雞[136]가 있었다네.

들보를 북쪽으로 던지세.
맑은 단에서 대궐 향해 절을 올리며
재앙 소멸하고 복을 내려 주길 바라오니
일체 중생 너무나 고달프고 궁색하답니다.

들보를 위쪽으로 던지세.
힘껏 효제를 실천히면 마음이 넓어지네.
자신을 돌아보면 그렇지 못해 부끄럽기만.
그저 모든 걸 잊고서 고개만 들었다 떨구었다.

들보를 아래쪽으로 던지세.
아침저녁 어둠과 밝음의 변화로

오곡이 잘 여물어 올해도 풍년이라.
만인이 춤추고 노래하며 다 함께 경사로다.

삼가 바라오니, 상량한 후에는 우임금의 위의가 온당해지고 문인들이 이를 보존하게 하소서. 난야에 경사가 많아져 해와 달과 별들이 찬란히 빛나게 하시고, 비추苾蒭137들이 기뻐하며 몰려들어 정병과 발우와 가사를 받들어 지니게 하소서.

燃燈庵影閣上樑文

切以。脊立伽瑟。襟虛滄海。眞東南勝佳境臨層穹。龕懸殘燈。展佛祖心印。豈特道場之開敞。必借香火之永綏。主人十載。抱負多玆數。三架輪奐。六師依歸屬。每膺肚中丕欽。機若此而無便。力所出而罔措。攬慶月公慷慨士。得東坡堂協助人。于是焉。畚土築嚴。町畦籠樊。楨支合。榦支合。呼斧邀鉅。梲栾柱樽。短者宜。長者宜。素匪堂宇之富侈。實望崇坯之適體。顧短淺之知術。敢構堂之肯心。謀之僉同。伏聞衆者勝於寡。時乎方至。切料弱者制於强。龍象依前輒風光。伽山自此增顔色。聊引短唱。遂擧浮樑。其詞曰。抛梁東。蠻氛爛日輪紅。鐘鳴鼎食纔罷。象眷猻兒出宮。抛梁南。鷲栖山奮毘藍。釋迦佛受迦葉。舍利浮圖玉凾。抛梁西。含花山上雲梯。求仙祈佛齋戒。聞道有神碧雞。抛梁北。淸壇向拜宸極。消灾降福願心。一切衆生悠菴。抛梁上。力行孝弟心廣。反身愧怍如無。一向忘情俛仰。抛梁下。朝莫陰晴變化。五穀登場歲豊。萬人歌舞咸賀。伏願。上樑之後。禹儀妥已。門人保之。蘭若慶多。日月星宿照曜。苾蒭歡集。瓶鉢袈裟奉持。

표충 서원 이건사우 상량문

　삼가 생각건대, 충과 의의 도리는 인륜의 준칙이기에 성인과 현인들께서는 그 무거운 짐을 몸소 이고 지셨으며, 임금과 신하의 질서는 일을 수행하는 강유綱維이기에 하늘과 땅 사이에 높고 낮음을 크게 정하게 되었습니다. 국가는 이로 인해 흥성하고 쇠퇴하며, 백성도 이로 인해 흩어지기도 하고 풍성해지기도 하는 것입니다.
　살펴보면, 고금에 존재하고 망했던 세상은 한번 바로잡으면 한번은 혼란스러워졌고, 음과 양이 반복되는 양도 잠깐 짝수가 되었다가 금방 홀수가 됩니다. 그래서 하늘을 뒤덮는 홍수가 졌다가 지독한 가뭄으로 대지가 타들어가기도 하는 것입니다.
　우리 선조宣祖 치세 흑룡黑龍의 해[138](1592)에 이빨을 검게 칠한 도적떼[139]가 들이닥치자 어육魚肉이 된 백성들의 참혹한 시체가 온 도읍에 가득하였고, 임금의 가마가 피난을 떠나자 망국의 귀신이 텅 빈 성곽에서 울어야 했습니다. 이에 사나이라면 누구나 쓸개를 씹으면서 치욕을 씻으리라 다짐했으니, 야윈 승려인들 어찌 마음이 편했겠습니까?
　청허당淸虛堂[140] 대선사시여.
　선정과 지혜를 던져 버리고 작전 계획을 세워 팔난八難[141]을 해결할 책략을 발표하셨고, 의병들을 모집하고 승제承制[142]하여 삼군을 호령하는 목소리를 떨치셨으니, 푸른 청라 덩굴이 달님을 뿌리치고 벽유碧油[143]에서 대상기를 휘날린 것이었습니다.
　사명당泗溟堂 대선사시여.
　황금 사자의 웅변을 토하자 저 오랑캐 두목은 원수의 자리를 내놓았고, 황금 용이 끄는 최고의 수레를 타고서 해약海若[144]에게 배를 옹호하게 하셨으니, 저 왜놈들도 살아 계신 부처님이라 불렀던 공덕이 원만한 노스님이셨습니다.

기허당騎虛堂[145] 대선사시여.

모란봉에 꽃이 지자 해와 별도 모습을 감추고 빛을 잃었으며, 금성진錦城鎭에서 옥쇄하시자 저 산악도 찢어지며 푸른빛을 잃었습니다. 의롭게 한 번 죽는 것 영광이라 하겠으니, 구차하게 만 번 살기를 어찌 바라리오.

이에 10대의 잔약한 후손들이 음덕에 힘입어 곳곳에서 법계法階에 올랐으며, 일등 공신이라는 공훈의 보답이 내려졌으니 구절구절 공신책에 분명합니다. 그러다 옛 사당의 건물이 늑늑하고 비좁다고 고하는 본 서원 사람들의 말들이 이건을 계획하던 작년부터 들끓어 일이 반쯤 진행된 오늘날까지 이어졌습니다. 그때 마침 재약산 영정사가 폐사되어 비게 되었고, 그 산수의 빼어난 아름다움이 너무나 아까웠습니다. 그래서 90리 높고 험한 길에 차가워지는 날씨와 얼기 시작하는 땅을 참아 가면서 장인을 갖추고 목재를 갖추고 쇠와 돌을 갖추었고, 부에 품신하고 군영에 품신하고 예조에 품신하였습니다.

적절한 시기요, 적절한 시기니, 다시 오지 않을 것입니다. 사람이란 그저, 사람이란 그저, 한번쯤은 만나 봐야 또 마땅한 것이지요. 애오라지 정밀한 초상화를 공포하고 열사를 추모하는 짧은 노래를 부르오니, 그 가사는 다음과 같습니다.

들보를 동쪽으로 던지세.
종문의 산악 하늘을 찌르니 만고의 영웅이로다.
종처럼 큰 그릇이요 보통 물건이 아니셨으니
이곳에 표충사를 세우는 것은 예정된 일이었네.

들보를 남쪽으로 던지세.
낙동강 바라보고 북망산 등지니 지리도 뛰어나라.
스님께서는 동방의 거장이요 종백이셨으며

통도사에 인연이 있어 구담을 친견하셨다네.¹⁴⁶

들보를 서쪽으로 던지세.
슬픈 바람 쓸쓸하고 백양白楊¹⁴⁷이 처량해라.
갈까마귀¹⁴⁸ 매일 문안 인사를 드리니
지는 해에 날아와 돌계단에 고한다네.【사명 화상의 부모님 묘소가 서쪽에 있다.】

들보를 북쪽으로 던지세.
꼭대기 외로운 암자에 수많은 별들 드리웠네.
지난날의 충정이 하늘을 떠받치고 있나니
조선이란 나라 만년에 영원토록 보답하리라.

들보를 위쪽으로 던지세.
푸른 하늘 멀기만 하여 굽어보고 우러러보노라.
성인과 서민은 사람 따라 하는 일이 다르지.
사당에 절하자 황공한 마음 진실로 넓어지네.

들보를 아래쪽으로 던지세.
구름도 동구에서 낙성을 축하하네.
저 하늘과 나란히 신령한 거울이 있어.
온 나라가 태평하고 만복을 누리리라.

삼가 바라오니, 상량한 후에는 조정이 고요하고 재야가 조용하며, 계절이 조화로워 해마다 풍년이게 하소서. 문관들 편안하고 무인들 위엄이 넘치며 양심을 지켜 최고로 아름답게 하시고, 산마루 같은 제사상과 호수

같은 부유함으로 이곳을 찾는 분들을 안심시키는 데 사용하게 하소서.

表忠書院移建祠宇上梁文

伏以。忠義人倫之準則。負戴已重於聖賢。君臣職事之綱。高下大乂於天地。國家以之否泰。士庶幾於渙豊。觀夫世於古今存亡。一治一亂。易之陰陽徃復。才偶才奇。洚水滔天。火魃焦土。我宣廟黑龍之歲。漆齒入寇。魚肉慘於滿都。大駕蒙塵。杜鬼泣於空郭。酒男子其甞膽。縱枯僧而安心。清虛堂大禪師。抛之慧而運籌。發八難之餘策。募義旅而承制。奮三軍之呼聲。青蘿擺月。碧油飛幌。泗溟堂大禪師。動金獅之雄辯。彼蠻酋而授元。御黃龍之上乘。令海若而擁舸。倭奴曰生佛。功德之老師。騎虛堂大禪師。花落牧丹峰。日星潛而奪曜。玉碎錦城鎭。山嶽裂而退青。一死足榮。萬生奚願。於乎。十世僝孫之資蔭。處處登階。一等功臣之酬勳。章章明册。第控舊祠宇之湫隘。本院人之言騰。自前年之計中。迄今日之事半。偶於載藥寺空廢。惜水之麗山之明。九十里崎嶇。耐日方寒地方沍。具工具木具金石。禀府禀營禀禮曹。時乎時乎。再來不得。人只人只。一遭又宜。聊敷精絹。追列短曲。其詞曰。抛梁東。宗嶽衆天萬古雄。大器能鍾非常物。曾期於此建表忠。抛梁南。面洛背卬地道堪。師乃東方巨宗伯。因緣通度見瞿曇。抛梁西。悲風蕭瑟白楊凄。寒鴉每受平安否。落日飛來告石梯【泗溟和尙親墳在西】抛梁北。絕頂孤庵垂列宿。去日忠精在擎天。萬年永報朝鮮國。抛梁上。靑但遠乎仍俯仰。聖庶由人事異同。拜祠惶恐心誠廣。抛梁下。雲仍洞口落成賀。如存靈鑑彼天偕。一國太平之萬瑕。伏願。上梁之後。朝晏野靜。時和年豊。文恬武威。克嘉懿於夷秉。嶺奠湖富。庸綏和於來斯。

명인루 상량문

저는 삼가 들었습니다. 『논어』에 말씀하시길, "마을에 인후한 풍속이 있어야 아름답다 할 수 있다."[149] 하셨으니, 위魏는 삭막한 북방을 떠나 낙중洛中으로 이주하였습니다. 사람들이 말하기를 "그릇이 오래되면 새롭게 바꾸어야 한다." 하였으니, 반경盤庚은 경읍耿邑에서 박亳 아래쪽으로 천도하였습니다.[150] 역易의 도를 숭상해야 옳은데, 공자께서는 왜 "돌아가자."[151] 하며 탄식했을까요?

그래서 기이한 공훈을 계획하자 준마들이 신비한 갈기를 휘날려 작년에 표충사를 이건하였고, 금년 봄에는 명인루를 이어서 짓게 되었습니다. 영취산[152]은 평범한 구릉이라 해를 걸러 가뭄이 들고, 비에 젖고, 폭풍이 몰아쳐 꺾고 쓰러트리는 일이 많았습니다. 하지만 재약산은 대물이니 이곳은 산도 높고, 산마루도 길쭉하며, 숲도 우거지고, 대나무도 꼿꼿합니다.

뜬소문이 틀림없는 사실이 되었으니 이른바 시절 인연이 저절로 찾아온 것이고, 하나가 됨으로써 모의하지도 않았으니 다들 소문을 들었기 때문입니다. 하늘이 베풀 것이 있어 그리 되었겠지만 절이 비고 폐허가 된 것은 실로 불쌍히 여길 만하였습니다. 하지만 서원이 타당한 위의를 갖춰 흠향하길 바라기에 이르렀으니, 이 산의 불행 중 다행이라 하겠습니다.

노천 소老泉蘇[153]가 애석하게도 저보다 앞서 기회를 얻었군요. 진정 좇아야 할 것이 많지만 그 말씀 아래 한마디 붙이사면, 식객 모수毛遂도 남의 덕으로 일을 성취한 것입니다.[154] 왜냐하면 대부 심후大夫沈侯[155]께서 전대를 계승하여 후대의 잘못을 바로잡았고, 월파 천유月波天有 스님께서 옛 것을 고쳐 새롭게 했기 때문입니다.

대지 위의 강과 산이 같은 이름인데, 왕일소王逸少[156]가 감히 또 회계會稽에서만 나는 자손일까요? 하늘 아래 바람과 달이 한 빛깔인데, 소자첨

蘇子瞻[157]이 유독 적벽赤壁에만 그 모습을 잠시 깃들일까요? 오늘 영정사의 볼 만한 풍경과 그 옛날 술 빚는 샘가에서의 씩씩하고 상쾌했던 일들이라면 이미 누대에 아름답게 표현된 글이 있으니, 어찌 말과 문자를 더해 웃음거리가 되겠습니까?

이에 짧은 문장을 지어 마룻대를 던지는 일에나 쓰나니, 그 가사는 다음과 같습니다.

여보게들,[158] 들보를 동쪽으로 던지세.
보름달이 뜬 약사여래[159]의 궁전이로다.
파란색 유리 세계가 열 걸음 앞에 펼쳐지니
봄께서 철 따라 하시는 일 크고도 넓구나.

여보게들, 들보를 남쪽으로 던지세.
53선지식 순방한 선재 동자 계셨네.
저 아득한 110유순의 성 밖에서
오늘 무슨 말씀 하는지 알아야 하리라.

여보게들, 들보를 서쪽으로 던지세.
선서善逝 아미타부처님이시여.
집집마다 다 함께 염송하나니
천백억 화신을 일제히 나투소서.

여보게들, 들보를 북쪽으로 던지세.
인의를 숭상하는 나라 조선이로다.
아홉 번 예배하고 향 사르며 외치니
우리 임금님 만세를 누리게 하소서.

여보게들, 들보를 위쪽으로 던지세.
혼탁했던 기강이 단박에 밝아지네.
저 높은 곳에서 밑바닥 소리 들으시니
으슥한 방에서조차 속이지들 마시게나.

여보게들, 들보를 아래쪽으로 던지세.
좋은 일 정성껏 실천하면 내 마음 편안하네.
하늘과 땅과 사람의 일이 마땅히 그러하니
천만 가지 강목들이 모조리 거기서 나왔다네.

삼가 바라오니, 상량한 후에는 시방의 모든 부처님과 세 분의 대현사[160] 께서 우리의 명당에 복을 내리시고, 천신과 지기·기린·봉황·거북·용도 똑같이 상서로운 감응을 보이며, 금강반야金剛般若의 법사法事로 마하바라 밀다를 실천하게 하소서.

明禋樓上梁文

竊伏聞。語云里仁爲美。魏去幽朔趍洛中。人言器舊維新。盤自耿邑遷亳下。易之道也可尙。孔之歸與何嘆。是庸謨謀異勳。駿發神績。前年表忠祠移建。今春明禋樓承營。靈鷲凡岡。間年多旱枯雨濕。風摧挨撲。載藥大物。此地有山崇嶺峻。林茂竹脩。浮言實牢。所謂時乎自來。以合不謀。同得凭聞。天也有畀者當這。寺之空亡可矜本。院之妥儀暨庶假。山之不幸中乂侉。老泉蘇惜。先我得之。㝎從也多。言下一言。食客毛打。[1)] 因人成也。大夫沈侯之隨前蠱後。月波有師之革舊鼎新。江山地上同名。王逸少。敢且會稽別姓。風月天下一色。蘇子瞻。獨於赤壁寓形。今日靈井觀光。故事釀泉豪爽。旣有樓臺題品。何辭文字胡盧。爰寫短章。用拋上梁。其詞曰。兒郎偉拋梁東。月滿藥師之宮。靑色琉璃十步。春君浩浩時功。兒郎偉拋梁南。

五十三善財男。百十由旬城外。須知當日何談。兒郎偉抛梁西。善逝彌陀佛兮。戶戶家家同誦。百千萬億身齊。兒郎偉抛梁北。仁義崇朝鮮國。三三禮聲喝香。吾王萬歲壽域。兒郎偉抛梁上。混綱頓擧明壒。極高自聽極卑。闇室之中毋詑。兒郎偉抛梁下。履吉臨誠泰我。天地人事當然。千綱萬目悉寫。伏願。上梁之後。十方諸佛。三大賢師。祐我明堂。天神地祇。獜鳳龜龍。瑞應等彼。法事金剛般若。摩訶波羅蚤²⁾多。

1) ㉮ '打'는 '遂'의 오자인 듯하다. 2) ㉱ '蚤'는 '密'인 듯하다.

영산 대흥사[161] 대웅전 상량문

　기술해 보자면, 지사志士가 의를 취하고 삶을 버렸던 것은 단지 뜻한 마음이 시키는 대로 한 것일 뿐이요, 용맹한 자가 뜨거운 것을 쥐고도 씻지 않았던 것[162]은 오직 용맹한 힘을 유지하지 못하면 어쩌나 두려웠기 때문입니다. 주공周公이 대신 죽으려 했던 것[163]은 사랑의 이치를 어기지 않았던 것이고, 기신紀信이 초楚를 속였던 것[164]은 그저 한漢의 존립만을 위해 힘썼던 것입니다.

　우리 불교의 도 역시 마찬가지입니다. 처음 중국에 전해진 이래로 신라와 고려에 이르기까지 대대로 존숭하면서 위로는 왕공과 아래로는 선비와 서민들이 아낌없이 보시하였으니, 앞세운 것은 머리와 팔이요, 뒤따른 것은 황금과 돈이었습니다. 위후魏后는 요광사瑤光寺에 9층의 탑을 세울 때 땅을 파면서 공사를 시작하였고,[165] 양 무제梁武帝는 동태사同泰寺에 세 차례나 몸을 보시하면서[166] 법을 받들고 가지하였습니다.

　영산靈山 남쪽에 있는 대흥사大興寺라는 도량은 곧 이당李唐[167]과 주량朱梁[168] 때부터 전래된 곳이지만 문헌들이 이미 병화를 겪어 창건주를 확인할 수 없고, 원효 대사와 의상 대사께서 점지한 곳이지만 그 이름이 대부분 좀벌레가 우습게 여겨 갉아먹는 바람에 망실되었습니다. 그렇게 요사는 차례로 헐어 무너졌고, 법당만 아득한 세월을 겨우 버티면서 제비 새끼와 학 무리가 쉬어 가는 여관이 되고, 낙동강 상인과 영남의 장사꾼이 묵어가는 주막이 되었지요.

　다행히 덕암德庵의 늙은이가 있었으니, 영산읍靈山邑 자손으로 선대 조상의 묘소가 줄지어 있고, 대흥사 승려로서 전대 스승의 의발이 그에게 맡겨졌습니다. 어느 날 도팽택陶彭澤이 요구해 혜원慧遠 노장이 호계虎溪에서 세 번 웃었던 갑자甲子가 돌아왔고, 때맞춰 백태부白太傅[169]가 달려와 여만如滿 스님이 향산香山에서 한 차례 결사하던 기년紀年이 다시 찾아왔습니다. 현주縣主¹⁷⁰께서 사람들을 끌어 모으자 고금의 모든 이들이 빠짐없이 함께하였고, 법당을 옮겨 세우는 것 역시 예정된 운수에 우연히 맞아떨어졌습니다.

옛 터를 공허한 폐허로 그냥 둘 수 없어 새로운 암자로 장엄하고 싶은 생각을 잊은 적이 없었습니다. 아, 스님께서 선뜻 씩씩하게 나서신 것은 가슴속에서 뜻이 격렬하게 용솟음쳤기 때문이요, 절이 탈바꿈하여 편액을 걸게 된 것은 하늘의 시간을 따라 불도가 반복되기 때문입니다.

애오라지 짧은 노래를 불러 손질한 마룻대를 던지는 일에 쓰나니, 그 가사는 다음과 같습니다.

들보를 동쪽으로 던지세.
한 줄기 하늘의 향기 패궁貝宮¹⁷¹에 스미는구나.
흐드러진 봄 풍경에 계수나무 꽃 엉기니
표표히 나부끼는 금빛이 세상 영웅 뒤흔드네.

들보를 남쪽으로 던지세.
낙동강에는 구름과 비, 마을에는 아지랑이로다.
늙은 용이 천 길 물속의 험난한 집에서
붉고 하얀 빛나는 구슬을 만 개나 모았네.

들보를 서쪽으로 던지세.
칠보의 은빛 연못에 정토라고 쓰였구나.
호칭도 같고 이름도 같은 십만 억 부처님.
구품의 연지에는 꽃 속에 잉태된 아이로다.¹⁷²

들보를 북쪽으로 던지세.

우리 임금님 나를 살리니 백성이 천억이로다.
높은 하늘의 상제께서 이 나라에 강림하시니.
다툼이 없는 태평세월 인수의 영역[173]이로다.

들보를 위쪽으로 던지세.
우주와 인간세계를 함께 굽어보고 우러러보고
평상시 말하고 행한 좋고 나쁜 행동에 대해
찬양을 더하지도 말고 겸손을 더하지도 말게.

들보를 아래쪽으로 던지세.
『금강경』한 권을 사경해 두었다네.
하얀 불자 들고 구름 속 감실에 시체처럼 앉아
향의 재나 슬금슬금 줍고 촛불 심지 돋우노라.

삼가 바라오니, 상량한 후에는 천 개의 손과 천 개의 눈으로 장엄하신 관음보살께서 오묘한 주문을 펼치시고, 미세한 먼지처럼 수많은 세계와 미세한 먼지처럼 수많은 바다를 상호로 갖추신 노사나부처님께서 그 몸을 화현하여, 사부대중이 환희하며 달려와 세 곳[174]으로 회향하게 하소서.

靈山大興寺大雄殿上梁文

述夫。志士之就義捨生。只爲志心所使。勇者之執熱不濯。惟恐勇力靡持。周公之代身。弗咈乎愛之理。紀信之誑楚。徒事於漢之存。惟佛氏之道亦然。始通中國以來。及至羅麗。相代尊崇。上之王公。下之士庶捐施。先者頂臂。後者金錢。魏后之瑤光九級塔。掘地經始。梁武之同泰三捨身。奉法加持。靈山陽有大興寺道場。即李唐朱梁相傳。文獻已經兵火。不徵翊主。這元曉義湘所占。名氏盖蠹胡蘆以失。寮舍次第毀壞。法堂汗漫枝梧。燕子鷦羣簷廬。洛商嶺賈店幕。倖値德庵叟。靈山邑子。先人丘壠成行。大興寺僧。前師衣鉢迫託。日者陶彭澤之要。遠老虎溪三笑甲回。時乎白太傅之赴。滿公香山一社紀再。縣主之延攬。古今克偕。法宇之移成。期數偶合。莫以舊址空廢。難忘新庵之嚴莊。噫。師之夫壯奮身。志湧之激昂心肚。寺之革鼎楊[1]額。佛道之反復天時。聊唱短謌。用拋脩棟。其詞曰。拋梁東。一穗天香襲貝宮。爛漫春光凝桂子。飄颻金色撼世雄。拋梁南。洛江雲雨又村嵐。老龍險宅千尋下。赤白光珠萬顆擷。拋梁西。七寶銀塘淨土題。同號同名十萬億。蓮池九品華胎兒。拋梁北。吾王活我民千億。昊天上帝降臨之。無競太平仁壽域。拋梁上。宇宙人間同俯仰。日用云爲善惡儀。不加賛也不加讓。拋梁下。一部金剛經卷寫。白拂雲龕坐若尸。懶拾香灰丁燭炧。伏願。上梁之後。一千手一千眼莊嚴。觀音菩薩妙呪。微塵刹微塵海相好。盧舍那佛化身。四部懽趍。三處回向。

---

1) 㮂 '楊'은 '揚'인 듯하다.

경기도 광주 동쪽 칠성암 중창 상량문

삼가 생각건대, 삼륜三輪[175]에 평등하고 구요九曜[176]와 나란한 분을 소재장위덕존消災障威德尊이라 하며, 만 가지 복을 성취하고 천 가지 마장을 물리치는 분은 바로 치성광熾盛光이란 명호를 가진 부처님이십니다. 위에 매달려 빙빙 도는 건상乾象[177]을 우러러 관찰하고 떳떳한 양심인 인륜을 굽어 살피고자, 이에 보배로운 당堂을 새롭게 단장하니 신령한 터에 크고도 아름답군요.

돌아보면, 광주 관할 동남쪽 50리에 지척의 무릉도원이 있어 칠성암七星庵이라 부르며 안팎에 여섯 일곱 칸의 건물을 펼쳐 놓았으니, 옛날부터 지혜롭고 덕망 있던 고승들께서 지팡이와 신발을 쉬어 가던 곳이었고, 지금도 아름답고 의로운 판사께서 병들어 고단한 몸을 쉬고 있는 곳입니다.

슬프구나, 불도의 강령을 지키지 않는 것은 서울이나 지방이나 다름이 없군요. 좋구나, 승려들 계율의 전대가 이미 터져 버린 것은 먼 곳이나 가까운 곳이나 거의 같습니다. 폐단을 바꾸고 바로잡아 하루 만에 성취하였으니, 옛사람들이 수립했던 계획이 이제 회복되었습니다. 좀처럼 드문 일이 일어났다며 천 리에서 축하하였으니, 과거 왕조의 도량이 훤히 그 모습을 드러냈습니다. 푸른 산, 초록 강의 움직임과 고요함은 그 근원이 하나이고, 붉은 노을, 푸른 넝쿨의 모였다 흩어짐은 끝이 없습니다. 봄에는 꽃, 가을에는 달님이 고요히 비추니 환상과 같고, 모래밭 갈매기 안개 속 오리는 한가하기만 하니 도대체 무슨 마음일까요? 강후康侯[178]께서 은총을 입어 변방의 하늘에 먼지가 싹 가신 것입니다.

애오라지 짧은 노래를 불러 손질한 들보를 던지는 일에 쓰나니, 그 가사는 다음과 같습니다.

들보를 동쪽으로 던지세.

한 빛깔의 유리 세계 그 한가운데
부처님 여래 계시니 그 이름이 약사.
누구보다 존귀하신 큰 영웅이시라네.

들보를 남쪽으로 던지세.
만물이 형통하고 한 기운을 머금어
천 리 강토에 덕화의 바람이 가득하니
군신과 부자 사이에 의리와 사랑 퍼지누나.

들보를 서쪽으로 던지세.
자신 닦고 나라 다스리고 집안을 바로잡으면
창고와 곳간 바야흐로 풍부하고 넉넉해지리니
함영과 소호[179] 연주하며 기뻐하느라 정신없겠지.

들보를 북쪽으로 던지세.
대 명나라 문물을 본받은 조선이란 나라
요임금의 바람 순임금의 태양에 희황羲皇[180]의 세상.
만년 고도 서울 땅에는 임금님의 도와 덕이로다.

들보를 위쪽으로 던지세.
치솟은 봉황 서린 용이 함께 굽어보고 우러러보네.
높은 집 나는 용마루 까마득한 그 틈새에
상서로운 구름과 비가 희이希夷[181]의 형상이로다.

들보를 아래쪽으로 던지세.
빛과 채색을 감추고 아름다움 간직한[182] 자여.

군자의 나가고 물러남[183]은 기미가 은미해라.

육도六度[184]를 받들어 지키니 그 이름 반야로다.

삼가 바라오니, 상량한 후에는 비추들이 구름처럼 지나가고, 단월들이 비처럼 보시하게 하소서. 위로 하늘과 아래로 대지까지 국왕의 크신 은혜를 우러러 받들고, 성실한 뜻과 정성스런 마음으로 신하된 승려들이 개미떼처럼 황공해하며, 낮에도 정진하고 밤에도 정진하면서 주재자이신 칠성七星을 우러러 예배하고, 하늘이 보호하고 귀신이 도우시며 어진 나라의 만백성을 편안하게 돌보소서.

京畿道廣州東七星庵重翊上梁文

伏以。平三輪等九曜。曰消災障威德尊。成萬福禳千魔。是熾盛光名號佛。仰觀乾象之懸斡。俯察人倫之秉夷。是庸重新寶堂。輪奐靈址。顧乃。廣州治之東南。五十里尺武。七星庵之內外。六七間開鋪。自古明德高僧。居閒杖屨。于今嘉義判事。卒瘏形肪。[1)] 盡哉。佛道之綱領不提。京鄉無異。哿矣。僧徒之戒蠹已罅。遠近盖同。易廢來治一日成。古人之規畫[2)]需復。幾無還有千里賀。前朝之道場賁觀。靑山綠水之動靜一源。丹霞碧荔之聚散無盡。春花秋月之寂照如幻。沙鷗烟鷺之等閒何心。康侯寵恩。塞塵寥廓。聊唱短律。用拋脩梁。其詞曰。拋梁東。一色琉璃世界中。有佛如來藥師號。無雙尊貴大雄公。拋梁南。品物亨通一氣含。千里封疆風化滿。君臣父子義親覃。拋梁西。脩身治國又家齊。府廩囷倉方富實。咸英韶濩喜栖栖。拋梁北。大明文物朝鮮國。堯風舜日世羲皇。萬古部京王道德。拋梁上。躍鳳蟠龍同俯仰。峻宇飛甍縹眇間。祥雲瑞雨希夷狀。拋梁下。韜光晦彩含章者。君子行藏幾著微。奉持六度名般若。伏願。上梁之後。芘蒭雲行。檀越雨施。上天下地。仰戴王國鴻恩。誠志虔心。惶恐臣僧蟻行。晝精宵進。瞻禮眞宰七星。天保鬼佑。安養仁邦萬姓。

1) ㉥ '肋'은 '筋'인 듯하다. 2) ㉧ '畫'는 '劃'인 듯하다.

통도사 전등전 초창 상량문

　삼가 생각건대, 태초에 생겨난 백성의 마음자리와 천성은 고요하여 움직이지 않는 것입니다. 하지만 느끼게 되면 마침내 천하의 일에 통하기에 모든 부처님께서 세상에 출현하신 것입니다. 그 옛날 서역 땅에서의 훌륭한 덕행을 면면히 계승한 자는 누구입니까? 교화를 펼치고 끝까지 완수한 자는 달마의 등불을 전한 분들입니다.

　인연으로 생긴 법은 공하지만 하늘과 땅, 해와 달에다 만물이 무성하고, 은혜와 사랑의 길이 끊어졌지만 요임금·순임금·우임금·탕임금에다 수많은 관리가 있었으니, 지식과 이해가 빼어난 사리불舍利弗과 부루나富樓那도 멋대로 탄식하였고, 문자에 치우친 창힐씨蒼頡氏와 태사공太史公은 그 집에서 물러나야 했습니다.

　살펴보면, 우리 통도사는 불법의 으뜸가는 사찰이요 한 시대의 가람입니다. 의지할 만한 것은 곧 보광전普光殿과 백운암白雲庵에서 염송하는 공로이고, 여한을 남기는 것은 고승당古僧堂과 적묵궁寂默宮에서 참선하며 지내는 것이었습니다.

　구봉九鳳 사봉師封이라는 두타가 계셨으니, 힘을 모으리라 길이 맹세하고 초가라도 짓겠다며 마음먹었지요. 그러자 봄바람이 온갖 초목을 일으켜 세우듯이 원근의 단월들이 달려와 뜻을 따랐으며, 가을 달이 백 개의 시내에 비치듯이 이곳저곳의 신기들이 기뻐하고 즐거워하였습니다. 이에 절이 더욱 빛났으니 붕패朋貝[185]가 배나 값이 나가서만은 아니었고, 터가 상서로워졌으니 황금이 솟아나는 거미줄을 어찌 감당하겠습니까? 도량이 평안해 천신과 용이 모일 것이며, 사람들 분명 온화하게 어울려 하늘과 땅도 화평하게 따를 것입니다.

　계오戒悟는 이곳에서 자라고 이곳에서 늙으면서 불법에 투신하고 승가에 의지해 옷과 음식을 주는 시주를 받들었고, 이곳에서 죽을 먹고 이곳에서 밥을 먹으면서 문장을 뒤지고 구절을 수집해 문자를 도둑질한 죄인입니다. 선을 맛봄에 있어서는 쭉정이 정도도 못 되고, 도가에 있어서는 그저 돌아가 기탁하게 되리란 걸 믿을 뿐입니다.

 욕되게도 베풀어 주신 은혜에 미치고 싶지만 미흡하기만 하고, 졸렬한 솜씨로 낭간琅玕[186]을 이리저리 엮어 보았지만 어찌 보답이 되겠습니까? 지금 줄줄이 늘어놓은 문자들은 중고中古에서 전래된 것이지 성인의 전적에서 내려온 게 아니고, 최상승의 말씀을 지난날 꿰뚫은 적이 없어 그저 나름대로 세속의 이치로 살핀 것이며, 칠불원에서 이미 사용하고 대웅전에도 대부분 등재된 것입니다. 엉겨 붙어 정체된 것은 구속되었기 때문이고, 기러기발이 고정된 것[187] 역시 잘못이라 하겠습니다.

 이에 애오라지 육위송을 불러 네 개의 들보를 던지는 일이나 돕나니, 그 가사는 다음과 같습니다.

> 들보를 동쪽으로 던지세.
> 저 푸른 바다의 용궁이여.
> 보배 게송에다 황금 문자가 있는 곳이니
> 신령한 기운 끝없는 건 너무나 당연하지.
>
> 들보를 남쪽으로 던지세.
> 응양가의 법도로 얘기해 보자면
> 초산이면 풀이 해마다 푸르고
> 지축이면 달콤하지 않은 때가 없다네.
>
> 들보를 서쪽으로 던지세.
> 봉황이 취서산에 높이 날아올랐구나.
> 통도사의 광채가 태양의 볼기를 치고

환한 구름처럼 흥성한 예의 넘쳐흐르네.

들보를 북쪽으로 던지세.
만 길의 높은 봉우리 북극성을 감쌌구나.
성군의 교화 구름과 같고 비와 같아서
우리 백성 머리 숙여 나라 위해 축원하네.

들보를 위쪽으로 던지세.
텅 빈 우주의 천문을 굽어보고 우러러보게.
이 마음에 거짓 없으면 곧 청정한 세계이니
진실한 마음으로 길이 추구하는 게 좋다네.

들보를 아래쪽으로 던지세.
하늘의 마음 땅의 눈을 두려워해야 옳으리.
터럭 하나 취하고 주는 것도 사사로우면 안 되니
나의 잘못은 인간세계에서도 용서하지 않는다네.

삼가 바라오니, 상량한 후에는 초제招提의 황금 사발과 단구丹丘[188]의 옥 촛대가 동토를 에워싸 1만 8천 리 강토가 편안케 하시고, 옛터를 다시 다듬어 기린·봉황·거북·용이 찾아와 춤추게 하소서.

通度寺傳燈殿草刱上梁文

伏惟。厥初生民之心地性天。寂然不動。感而遂通則。諸佛出世。誰昔明德之西域中土。緜然相承。化而克終者。達摩傳燈。因緣法空。天地日月著著。恩愛路絕。堯舜禹湯官家。知解上舍利弗富樓那恣嗟。文字邊蒼頡氏太史公退舍。顧我通度寺。佛法宗利。一代伽藍。所賴則。普光殿白雲庵之念誦工勞。遺恨者。古僧堂寂默宮之衆禪捿止。曰有九鳳。師封頭陀。永矢募力。結茅爲心。遠近檀越之赴從。如春風之起萬卉。彼此禪家之懽樂。似秋月之印百川。寺之爲光。不翅朋貝之倍價。基之作瑞。何堪湧金之結綱。道場安平。龍神之安集。人必和應。天地之和隨。戒悟。長於斯。老於斯。投佛倚僧。歆施主以衣食。粥於是。饘於是。尋章摘句。偸文字之罪人。於禪味不止粔¹⁾糠。於道家惟恃歸寄。辱賜惠及之未達。拙搆²⁾琅玕之何酬。此等文字。中古所傳。不垂聖籍。上乘言語。前日無貫。徒窃世觀。七佛院已用。大雄殿例登。凝滯所拘。膠柱亦失。聊唱六衛。助抛四樑。其詞曰。抛梁東。滄海水之龍宮。寶偈金文攸在。也應靈氣無窮。抛梁南。陰陽家法以談。草山草之年綠。地丑無時不甘。抛梁西。鳳鳥高陽³⁾鷟栖。通度光如晈日。景雲興禮漫兮。抛梁北。萬丈峰高環極。聖化如雲如雨。吾民稽首祝國。抛梁上。寥廓天文俯仰。此心无妄則淸。旮以誠心長逞。抛梁下。天心地目可怕。一毫取與不惰。吾過人間莫貰。伏願。上梁之後。招提金甌。丹丘玉燭。環東土。萬八千里安晏。墅上墟。猶鳳龜龍來儀。

1) ㉮ '粔'는 '粃'인 듯하다. 2) ㉮ '搆'는 '構'인 듯하다. 3) ㉮ '陽'은 '揚'인 듯하다.

석남사 견역 유공비명 [병서]

　임금[189]께서 조정에 임하신 지 12년에 삼강三綱[190]을 떨치고, 오륜五倫[191]을 굳게 지키고, 육행六行[192]을 이끌면서 수신修身·제가齊家·치국治國·평천하平天下의 도를 부리시니 손바닥 안에서 저울과 자를 맘대로 놀리는 것 같았고, 주 성왕周成王·한 문제漢文帝·당 태종唐太宗·송 태조宋太祖의 정치를 불꽃처럼 펼치시니 치세는 다르지만 그 도는 같았습니다. 이에 우리 황제께서 옛 왕업을 천명하신다며 다들 입을 모았고, 우리 조종께서 남기신 덕이라며 시끌벅적합니다. 이런 시절이라 경기와 수도는 물론이고 외진 군읍의 향당 선비와 서민들조차도 퍼지는 풍문을 듣고 넘치는 영광을 바라본 자들은 모두들 기뻐하며 이렇게 말합니다. "태평세월 만세, 태평세월 만세."

　언산彦山 남쪽 읍[193]의 현후縣侯이신 김헌조金憲祖께서는 병오년(1846) 윤달에 수레에서 내려 부임하셨습니다. 그는 사랑과 용서를 몸소 실천하고 공평과 정직으로 백성을 다스리면서 홀아비와 과부들을 불쌍히 여기고 그 은혜를 숲속까지 미쳤습니다. 삼가 생각건대, 큰 정치를 펼친 어진 성군께서는 형벌과 덕행을 함께 유포하셨으니, 조정에서는 존중하고 모든 관아에서는 엄격하며 만백성과 더불어 즐거워하였습니다. 옛 노인은 "임금이 현명하면 신하가 직언을 한다."[194] 하였고, 가의 태부賈誼太傅는 "보좌하는 자를 얻으면 풍화가 아래까지 미친다."[195] 하였으니, 진실하구나, 그 말씀이여.

　외로운 이 절은 신라 시대에 세워진 옛 건물로서 오랜 세월이 흐르고 사람들도 떠나가 옛 모습이라곤 전혀 찾아볼 수 없습니다. 양쪽 암자가 마주 보고 서 있지만, 아침에도 서로 상의하지 못하고 저녁에도 뜻을 같이하지 못하는 형편입니다. 이에 관아의 주인께서 청렴한 아전을 파견해 사찰의 부역 21조를 정리해 오도록 명하셨고, 아울러 노승 두세 명을 불러 영을 기다리게 하셨습니다. 그리고 그 가운데 가장 고질적 병통이었던 획급劃給[196]을 영원히 없앴고, 그 나머지 역참驛站에서 사용하는 집기와 물품도 점검하여 삭제하였으니, 혹은 공급할 양의 절반을 감하기도 하고 혹은 3분의 1을 감하기도 하였습니다. 이렇게 새롭게 목록을 작성해 발표하고 그날부터 그대로만 요구하게 하였습니다.

아, 나이가 많은 사람들은 너무나 감격해 슬픔이 북받쳐 울음을 삼켰으며, 감히 하직 인사도 올리지 못했습니다. 젊은 사람들은 희희낙락하면서 저도 모르게 팔이 들려 덩실덩실 춤을 추고 발이 들려 펄쩍펄쩍 뛰는 것이 뜰이나 길거리의 광인이나 취객 같았습니다. 저 파란 것이 하늘이라 아득하기만 하지만, 또 멀지 않은 것이 하늘이니 지척이로다. 나를 낳아 주신 부모님은 돌아가셨지만, 나에게 은혜를 베푸는 부모님이 여전히 살아 계셨네.

송하노라.

이남二南[197]에 풍화 펼치신 분
고금에 오직 한 분이시라.
그를 읊고 그를 노래하니
자르지 말고 없애지 마소.

우리 태수님 청렴하시어
구슬에서 우유가 샘솟았네.
왜 이리 늦었냐는 노래에다[198]
한 줄기에 두 가닥 이삭이로다.[199]

어찌 옛날에만 칭송했으랴.
지금 눈으로 보고 노래하니

현명하신 부사 언양으로 와
어진 정사를 크게 베푸셨네.

언양의 백성들 근심을 풀고
절집 승려들 부처님 보았네.
저희 검은 옷 입은 자들이
사문께 깊이 감사드립니다.

石南寺鐲役有功碑銘【并序】

上之當宁一十有二年。振三綱。攝五倫。率六行。使脩身齊家治國平天下之道。運掌權度。燁然周成漢文唐宗宋祖之治。異世同道。噲噲我皇明舊業。嚚嚚我祖宗遺德。於是時也。畿甸都。鄙郡邑。鄉黨士庶。聞下風而望餘光者。皆忻忻然曰。太平萬歲。太平萬歲。夫彦山南斗邑也。縣侯金氏諱憲祖。維丙午閏月。下車洷知。行己以仁恕。治民以公直。務哀鰥寡。恩浹林泉。伏惟大行仁聖。刑德並流。朝廷尊。百司嚴。萬民樂。古老曰。主明臣直。賈傳曰。得佐下風。信矣言繁。孤利羅代舊物。年久人去。全匪古覩。兩庵對立。朝不謀。夕不意。官主命遣淸吏來。抄寺役二十一條。並招老僧二三名。使待令。其中疲癃者。劃給永罷。其他站用什物點削。或截半減給。或三分一減給。成節目出來。使爲日後實責。噫。年老者。感極哀生飮泣。不敢拜辭。年少者。喜喜樂樂。不覺不知。手之舞之。足之蹈之。若狂醉於庭衢。彼蒼者天邈矣。不遠者天尺地。生我父母死矣。惠我父母在矣。頌曰。二南風化。古今惟一。詠之歌之。勿剪勿伐。太守之淸。珠還乳出。何暮之謠。兩歧之實。豈徒前稱。目今可說。明府來彦。仁政之設。民人解憂。寺僧見佛。凡我緇流。感斯文曰。

문인 희겸에게

석면石眠【가산의 일명】이 노년에 접어들어서는 통 글을 쓰지 않았다. 그리고 나중에 문중의 여러 현사나 특별히 교류했던 분들이 "계오의 마음 씀씀이를 아느냐?"라고 묻거든, 대답하지 말거라. 그리고 그 사이 어쩔 수 없어서 대답이라고 했던 것이 두세 가지 있고, 잡서雜著 역시 마찬가지이고, 수창酬唱 또한 그렇다. 지금 뭉크러진 낡은 종이에 남아 있지만 직접 쓴 사람이 아니면 엇비슷하게나마 정자로 바로잡을 수 없을 것이니, 물이나 불에 던져 버렸어야 옳았다. 하지만 산의 소인배들이 보고는 차마 버리질 못했더구나. 그리고 그들의 생각을 가만히 살펴보았더니, 남들에게 비웃음과 꾸지람은 당하지 않을 성싶다. 왜냐하면 이는 뒷사람이 힘써야 할 일이기 때문이다. 그리고 장차 나를 후손에게 계책을 남긴 자[200]로 만들고 싶거든 자네의 언어로 수결하고, 직접 손에 잡고서 눈으로 살펴봐 주게. 그리고 아울러 훗날 법도에 따라 바로잡는 자가 되어 주게.

아, 적멸하지만 적멸하지 않는 그 가운데 다시 한 조각 허실虛實이 있구나. 그렇지 않은가, 겸謙아.

示門人喜謙

石眠【伽山一名】厌景。廢閒鉛槧。而有問以後門中諸賢及別交。知某心量處。闕答。而其間可報許不可不者二三處。雜著亦如是。酬唱又如是。方在爛紙中。非本手。不能彷彿楷正。投諸水火可也。而小山輩見。而不忍舍去。而竊觀其籌思。不被他笑罵。是務。而將欲使余貽厥則。師之言語手訣。目寓手撫。而兼後日繩墨者然。噫。寂滅不寂滅中。更有一段虛實也。否乎。謙。

월하 대화상 행장

　화상의 법휘는 계오戒悟, 자는 붕거鵬擧, 호는 월하月荷이시다. 속성은 권씨權氏, 본관은 안동安東이며, 비조鼻祖는 고려의 시중을 역임하셨다. 부친의 휘는 모현慕賢, 모친은 밀양 박씨이며, 선사先師는 영조英祖 계사년(1773)²⁰¹ 10월 7일에 경주 천태산天台山 아래에서 태어나셨다. 그분을 회임했을 때 박씨가 달이 품 안에 들어오는 꿈을 꾸었고, 그 외로운 달이 둥실 뜨던 날에는 산이 세 차례나 울었다. 또한 수리부엉이가 찾아와 지붕 위에서 울었으니, 그의 호와 자는 실로 달 꿈의 징조와 수리부엉이의 상서를 취한 것이다.【세속에서는 수리부엉이를 봉새라 부르기 때문이다.】 태어나자 미목眉目이 수려하고 타고난 성품이 총명하였기에 마을 어른들이 이렇게 말하였다. "옛날부터 전해 오기를, 천태산이 바로 동해의 거령巨靈이고 이 산이 울면 반드시 기이한 일이 생긴다고 하였다. 이것이 그 징조였구나!"

　일곱 살부터 글방에 다녔는데, 하루에 천여 자를 암송하고 재차 물어 선생님을 귀찮게 하는 법이 없었다. 젖니를 갈 무렵부터 시를 지었는데 걸핏하면 사람들을 깜짝 놀라게 하는 말들을 하였다. 열한 살에 부모님의 뜻에 따라 머리를 깎고 팔공산八公山 월암 수좌月庵首座에게 출가하였으며, 지봉 화상智峰和尙²⁰²의 법을 이어받았으니 화상은 바로 회암 화상晦庵和尙²⁰³의 법을 정통으로 전한 3세이시다. 침허 법사枕虛法師로부터 구족계를 받고 대덕들의 강석에 참여하여 공부하였으며, 식견과 이해가 출중하고 선지禪旨를 투철히 깨달아 스무 살 남짓에 이미 방패를 걸고 법을 연설하였다.

　출가한 후에도 머무는 가람 곁에 흙집을 지어 어머니를 모시고 살았는데, 기쁘고 즐거운 마음으로 정성을 다해 봉양하면서 잠시 떨어지는 것도 못 견뎌 하셨다. 어머니가 연로하여 눈이 멀었다가 나중에 홀연히 다시 밝아졌으니, 세상 사람들은 이를 두고 정성에 감응한 결과라 하였다. 또 남는 힘이 있으면 패엽貝葉을 읽는 틈틈이 제자백가를 두루 섭렵하셨다. 그분의 문장은 민첩하고 풍부하고 호방하고 화창했으며 나물과 죽순의 기미라고는 전혀 없었다. 시는 매우 고상하고 예스러웠으며 애써 꾸미고 다듬지 않았음에도 저절로 풍미가 있었다. 필법은 더욱 정밀하고 오묘했으니, 한 거리의 비석과 간판, 병풍 등이 거의 다 선사의 손에서 나온 것들이었다. 계율을 엄수하여 명예와 이익을 위해 길을 나서는 법이 없었음에도 진신 선생들이 모두 그와 함께 노래하고 화답하였으며, 훌륭함을 칭찬하며 스스로 방외의 인연에 의탁하였다.

예순이 넘어서자 시와 문장을 악업이요 마장이라 여겨 단칼에 잘라 버리고는 향을 사르고 면벽하면서 온 마음을 다해 염송하셨다. 그러다 헌종 기유년(1849) 2월 4일에 가지산伽智山 연등정사燃燈精舍에서 적멸을 보이셨으니, 세수는 77세요 법랍은 66년이셨다. 화장하던 날 저녁에는 무지개 같은 기운이 곧장 서쪽을 가리켰는데, 산 아래 여러 군에서도 이를 목격하고 이야기하는 자들이 있었다. 이에 시문 몇 권【유집 12권 가운데 10권은 간행하지 못하고 2권만 판각하였다.】을 수습하여 천을 바른 책 상자에 보관하고, 삼가 한평생의 삶을 대략 정리하여 당세의 입언군자立言君子를 기다릴 따름이다.

기유년(1849) 3월 일 문인 희겸喜謙이 눈물을 닦고 삼가 쓰다.

月荷大和尙行狀

和尙法諱戒悟。字鵬擧。號月荷。俗姓權氏。貫安東。鼻祖高麗侍中。幸考諱慕賢。妣密城朴氏。以正廟癸巳十月七日。擧先師于慶州之天台山下。其懷妊也。朴氏夢月入懷中。其懸孤也。山鳴者三。又有鵂鶹。來鳴屋上。其號與字。實取夢月之兆。鵂鶹之祥。【俗呼鵂鶹爲鵬故云。】生而眉目秀朗。姿性聰慧。父老曰。古傳云天台山乃海上巨靈。鳴必有異事。此其徵歟。七歲就塾。日誦千餘言。不煩教授。離齔爲詩。動輒有驚人語。十一歲以父母之意。祝剃于八公山月庵首座。傳法于智峰和尙。和尙乃晦庵和尙之三世的傳。受具戒於枕虛法師。叅學於大德講會。識解超絕。透悟禪旨。弱齡已掛牌演法。出家後築土室于所住伽藍之側。奉母氏以居。怡愉志養。不忍蹔離。母氏年老。眼盲後忽復明。世以爲誠感攸致。又有餘力。以貝葉之暇。蒐獵百家。其文敏贍豪暢。絕無蔬荀氣。詩甚高古。不事彫琢。而自有風致。筆法又精妙。一路之碑版屛障。殆盡出於先師之手。嚴守戒律。不肎爲名利行脚。而縉紳先生。皆與之唱酬。推奬自托於方外之契。旣踰六十。乃以詩文。爲惡業魔障。一刀斷除。焚香面壁。專心念誦。憲廟己酉二月初四日。示寂于伽智山燃燈精舍。壽七十七。臘六十六。闍維之夕。有氣如虹。直指西方。山下數郡人。有所見而言者。乃收拾詩文若干号。【遺集十二卷中。十卷未刊。二卷入梓。】藏諸巾衍。謹搆平生大略。用俟當世之立言君子云爾。

己酉三月日。門人喜謙。抆泣謹書。

월하 상인 유집 발

내가 젊은 시절에 산방에서 독서하다가 월하 선사에 관한 소문을 들었는데, 꼭 신선 같은 사람처럼 들렸다. 그러나 법계에 인연이 없어 지팡이를 날려 찾아갔지만 쫓지 못하고서 매번 서쪽 봉우리의 달빛과 작은 연못의 연꽃 향기만 마주해야 했다. 그럴 때마다 서글픈 감회만 일었었는데, 어느 날 희겸喜謙 스님이 한韓 사문 운성運聖[204]의 편지를 소매에 품고 계당溪堂으로 나를 찾아왔다. 그가 합장하고 나서 간직하고 있던 몇 권의 책을 내밀면서 크게 한숨을 쉬고 나에게 말하였다.

"우리 스님이시여, 우리 스님이시여! 전할 수 없는 분은 가시고, 홀로 그 말씀만 남았군요. 각공에게 맡기려 하니, 상상上庠[205]께서 끝머리에 한 말씀 써 주시기 바랍니다."

그래서 내가 글을 짓고 이렇게 말하였다.

"참 근면하시군요. 월하의 제자답습니다. 대사의 문장과 그분의 전기가 이미 충분한데, 제가 어찌 감히 이렇다 저렇다 할 수 있겠습니까? 그렇긴 하지만 대사께서는 오로지 불자일 뿐이셨으나 불교만 옳다 하진 않으셨습니다. 우리 성명性命과 인의仁義의 가르침을 사모함이 있으셨으니, 아마도 이른바 마음은 유자儒者인 분이셨을 겁니다. 저 일체 중생을 깨우치고 백 세대를 이어온 선종에서라면 문장이 어디 있을 수 있겠으며, 게다가 어찌 많을 수 있겠습니까! 고기 한 점이면 솥단지 전체의 맛을 알기 충분하지요."

흑서黑鼠(1852)[206] 초여름에 해창산인海蒼山人 남기항南基恒이 발문을 쓰다.

月荷上人遺集跋

余少時。讀書山房。耷月荷禪師。如聞神僊中人。而法界無緣。飛錫莫追。每遇西峯月色。小塘荷香。爲之黯然興懷。日僧喜謙。袖韓斯文運聖書。訪我於溪堂。叉手訖。出其裝若干弖。太息謂余曰。吾師乎。吾師乎。不可傳者逝已。獨其言在耳。將付剞劂氏。乞上庠一言以尾之。余作而曰。勤矣哉。而迺月荷之足耶。師之文章。其傳可已乎。余豈敢議爲。雖然。師固佛耳。不佛之專是也。以吾性命仁義之說有慕焉。殆所謂心儒者歟。若夫覺一切衆生。爲百世禪宗。則文於何有。又何多乎哉。一臠足以知金[1]鼎矣。

　黑鼠維夏。海蒼山人。南基恆跋。

---

1) ㉠ '金'은 '全'인 듯하다.

주

1 신흥사新興寺 : 현재 울산시 강동면 대안리에 소재한 사찰. 653년(신라 선덕여왕 4) 명랑明朗 법사가 창건하였다.
2 삼사三舍 : 우수한 학자들을 뜻한다. 송宋나라 때 태학太學에 상사上舍, 내사內舍, 외사外舍의 삼사三舍가 있었다.
3 화쟁 국사 원효元曉 : 원효와 의상이 동방의 성인인데도 불구하고 비석이나 시호가 없어 그 덕이 크게 드러나지 않음을 애석하게 여겨, 고려 숙종이 1101년 8월에 원효 대사에게는 대성 화쟁 국사大聖和諍國師, 의상 스님에게는 원교 국사圓敎國師라는 시호를 내리고 비를 세우게 하였다.
4 김생金生(711~?) : 통일신라 시대 서예가. 『三國史記』 권48 「金生傳」에 의하면, "김생은 부모가 한미寒微하여 가계를 알 수 없다. 어려서부터 글씨를 잘 썼는데 나이 80이 넘도록 글씨에 몰두하여 예서·행서·초서가 모두 입신入神의 경지였다. 고려 숙종 때 송나라에 사신으로 간 홍관洪灌이 한림대조翰林待詔 양구楊球와 이혁李革에게 김생의 행서와 초서 한 폭을 내보이자 왕희지王羲之의 글씨라며 놀라워하였다."라고 하였다. 대부분의 작품은 없어졌으나 그의 진면목을 살필 수 있는 필적으로 현재 경복궁에 있는 「太子寺朗空大師白月栖雲塔碑」가 있다.
5 홍유후 설 선생弘儒侯薛先生 : 설총薛聰(655~?)을 지칭한다. 신라 10현新羅十賢의 한 사람으로 자는 총지聰智이고, 원효 대사元曉大師와 요석 공주瑤石公主 사이에 태어난 아들이다. 구경九經을 우리말(方言)로 읽어 학생들에게 강론하여 유학 발전에 기여했으며, 중국 문자에 토를 다는 방법을 만들었다. 고려 헌종 13년(1022) 홍유후弘儒侯에 추봉되어 문묘에 배향되었다.
6 문창공 최 선생文昌公崔先生 : 최치원崔致遠(857~?)을 지칭한다. 자는 고운孤雲, 해운海雲. 당나라에 유학하여 874년 18세의 나이로 예부시랑禮部侍郎 배찬裵瓚이 주관한 빈공과賓貢科에 합격하였다. 879년 황소黃巢가 반란을 일으키자 제도행영병마도통諸道行營兵馬都統인 고변의 종사관從事官이 되어 서기의 책임을 맡았다. 고려 헌종 11년(1020) 문창후文昌候에 추시追諡되어 문묘에 배향되었다.
7 이익재李益齋 : 이제현李齊賢(1287~1367). 고려 후기 문신으로 본관은 경주慶州, 초명은 지공之公, 자는 중사仲思, 호는 익재益齋·역옹櫟翁. 어려서부터 남달리 성숙했고 문장에 비범하였다. 정치가로서 공민왕의 반원 운동에 협력하였고, 뛰어난 유학자로서 성리학의 수용과 발전에 크게 공헌하였다.
8 최예산崔猊山 : 최해崔瀣(1287~1340). 고려 후기 문신으로 본관은 경주慶州, 자는 언명보彦明父 또는 수옹壽翁, 호는 졸옹拙翁·예산猊山·농은農隱, 시호는 문정文正. 문

과에 급제하여 예문춘추검열藝文春秋檢閱이 되었다. 원나라의 과거에 응시하여 급제하고, 1321년 요양로개주판관遼陽路蓋州判官이 되었으나 5개월 만에 병을 핑계로 귀국하였다. 말년에 사자갑사獅子岬寺의 밭을 빌려 농사를 지으며 저술에 힘썼다. 평생 시주詩酒로 벗을 삼으며, 이제현李齊賢·민사평閔思平과 가까이 사귀었다. 성품이 강직하여 출세에 파란이 많았다.

9 이제정李霽亭 : 이달충李達衷(1309~1384). 고려 후기 문신으로 본관은 경주慶州, 자는 중권仲權, 호는 제정霽亭, 시호는 문정文靖. 1326년 문과에 급제하여 전리판서典理判書·감찰대부監察大夫·호부상서·밀직제학 등을 역임하였다. 공석에서 신돈의 비리를 직언하여 파면되었다가 신돈이 죽은 후 계림부윤鷄林府尹이 되었다.

10 김초옥金艸屋 : 김진양金震陽(?~1392). 고려 후기 문신으로 경주慶州 사람이며, 자는 자정子靜, 호는 초려草廬 또는 초옥자草屋子. 성품이 강개하고 출중하였으며, 공민왕 때 과거에 급제하여 예문검열藝文檢閱·서해도안렴사西海道按廉使·좌우사의左右司議 등을 역임하였다. 정몽주鄭夢周의 지시를 받아 이성계의 일파인 조준과 정도전 등을 탄핵하여 살해하고, 이성계를 제거하려 하였으나 정몽주의 피살로 실패하였다. 국문을 받아 먼 지방으로 유배되었다가 그곳에서 죽었다.

11 역易이란 고요하여~통하는 것이다 : 『周易』 「繫辭傳 上」에 "역은 생각도 없고 하는 것도 없다. 하지만 고요히 움직이지 않다가 일단 느끼게 되면 마침내 천하의 일을 통하게 된다. 천하의 지극히 신령스러운 자가 아니면 그 누가 여기에 참여할 수가 있겠는가?(易。无思也。无爲也。寂然不動。感而遂通天下之故。非天下之至神。其孰能與於此。)"라고 하였다.

12 옛날에 배~확인했던 것처럼 : 월주越州의 사문 담언曇彦이 허순許詢, 즉 허현도許玄度와 함께 두 개의 대탑을 조성하였는데, 도중에 허순이 죽어 공사가 중단되었다. 30년 뒤 악양왕岳陽王이 월주에 부임해 그 절을 방문하자 담언이 산문 밖까지 나가 기다리다가 "허현도가 왔구나." 하며 반겼다. 그리고 그의 손을 잡고 선정에 들어 그의 전생을 깨닫게 하였다. 악양왕은 전생에 자신이 허현도였음을 깨닫고 두 개의 탑을 완공하였다. 그 무렵 또 용흥사龍興寺의 대전大殿이 붕괴되자 대중이 담언 스님에게 중수해 줄 것을 청하였다. 그러자 담언 스님이 "빈도가 가진 인연의 힘으로 될 일이 아니다. 300년 후에 비의非衣 공덕주가 찾아와 이 대전을 다시 세우고 크게 불사를 일으킬 것이다."라고 하였다. 이에 대중이 이 말씀을 돌에 새겨 기록하였는데, 과연 약속한 시기에 배휴裵休가 월주 태수로 부임하여 용흥사 대전을 중수하였다. 『景德傳燈錄』 권12(T51, 293a).

13 일어나더라도 중심을~있게 된다(發得中節也) : 『中庸章句』에 "희로애락의 감정이 발동하기 이전 상태를 중이라고 하고, 발동했지만 모두 절도에 맞는 것을 화라 한다.(喜怒哀樂之未發。謂之中。發而皆中節。謂之和。)"라고 하였다.

14 석사자의 영골사리(釋獅子靈骨舍利) : 석가모니부처님의 유골을 뜻한다. '석사자釋獅子'는 석가모니를 백수의 왕인 사자에 비유한 표현이다. '영골靈骨'과 '사리舍利'는 Śarīra의 의역과 음역을 병칭한 것으로 뜻은 동일하다. 초기에는 주검을 사리라 하였으나, 후세에는 화장한 뒤 나오는 작은 구슬 모양의 유골을 사리라 하였다.

15 계파 능桂坡能 대사 : 조선 중기 승려로 법명은 성능性能, 호는 계파桂坡이다. 숙종의 도움으로 화엄사 장육전丈六殿, 즉 각황전覺皇殿을 중건하고, 팔도도총섭八道都總攝이 되어 북한산성을 축성하였다. 이후 화엄사에서 『華嚴經』판각 불사를 완수하고, 다시 통도사로 옮겨 금강계단을 증축하였다.

16 채 상국蔡相國의 비 : 1706년 양산 통도사에 세워진 '석가여래 영골사리 부도비'를 말한다. 채 상국은 채팽윤蔡彭胤(1669~1731)을 지칭한다. 비문은 수사간守司諫 채팽윤이 짓고, 글씨는 승정원 도승지 이진휴李震休가 썼으며, 뒷면에는 성능 대사性能大師가 짓고 보윤 대사普允大師가 쓴 석가모니의 행적과 각지의 시주 내용이 기록되어 있다. 채팽윤蔡彭胤의 자는 중기仲耆, 호는 희암希菴 또는 은와恩窩이다. 그의 문집인 『希菴集』 제24권에도 그가 쓴 「梁山通度寺釋迦浮圖碑」가 수록되어 있다.

17 유소씨有巢氏 : 상고 시대에 집 짓는 법을 처음으로 가르친 자이다.

18 하물며 두공의~마름 문양이랴(山節藻梲) : '절節'은 기둥 위의 지붕을 받치는 두공枓栱이고, '절梲'은 들보 위의 동자기둥이다. 곧 '산절山節'은 두공에 산 모양을 새겨 넣는 것이고, '조절藻梲'은 동자기둥에 마름 모양을 그려 넣는 것이다. 이는 화려한 장식을 뜻한다. 『論語』「公冶長」에 "장문중이 큰 거북의 등껍질을 보관하되, 그 방의 두공斗栱에 산 모양을 새기고 동자기둥에 수초水草 무늬를 그려 넣어 화려하게 꾸몄으니, 어찌 그를 지혜롭다 하겠는가?(臧文仲居蔡。山節藻梲。何如其知也。)"라는 공자의 비평이 나온다.

19 창힐蒼頡 : 황제黃帝의 사관史官으로 새의 발자국을 보고서 처음으로 문자를 만들었다는 전설상의 인물이다.

20 부절 : 돌, 대나무, 옥 따위로 만들어 신표로 삼는 물건.

21 태사씨太史氏 : 사관史官을 말한다.

22 성주星州 쌍계사雙溪寺 : 경상북도 김천시 증산면 평촌리 불영산佛靈山 자락에 있던 절이다. 현재 증산면사무소 자리가 옛 절터이다.

23 소양 무제蕭梁武帝가 칭했던 마귀 : 양나라 무제의 성이 소蕭씨이다. 양 무제가 보통普通 8년(527)에 9층의 부도가 있는 동태사同泰寺를 건립했는데, 중대동中大同 원년(546)에 화재로 소실되었다. 그러자 양 무제가 "이것은 마귀의 소행이다." 하고는, 조칙을 내려 "도가 높아지면 마귀도 성하고 선을 실천하면 장애가 생기는 법이다." 하며 다시 12층의 부도를 세웠다. 『佛祖統紀』 권37(T49, 350b).

24 장씨 문잠張氏文潛 : 송宋나라 회음淮陰 사람인 장뢰張耒를 지칭한다. 문잠文潛은 그

의 자. 그가 복약服藥에 빗대어 치국수신治國修身의 요법요법要法을 밝힌 「藥戒」가 『古文眞寶後集』에 실려 있다.

25 포봉공苞峰公 : 회암 정혜晦庵定慧의 5세손으로 법명은 일오日午이며, 화운 관진華雲觀眞의 스승이다.

26 갱장羹墻의 그리움 : 죽은 이에 대한 흠모의 정을 뜻한다. 요임금이 죽자 순임금이 그를 그리워한 나머지 앉아 있을 때는 요임금의 모습이 담장(墻)에 어른거리고 음식을 먹을 때는 국그릇(羹)에 어른거렸다는 고사가 있다. 『後漢書』 권63 「李固列傳」.

27 칠불선원七佛禪院 : 경상남도 하동군 화개면 범왕리 지리산 반야봉에 있는 절로서 쌍계사雙磎寺의 말사이다. 칠불암七佛庵, 칠불선원七佛禪院 또는 칠불사七佛寺라고도 한다.

28 상교像敎 : 상법 시대像法時代의 교敎란 뜻. 불보살의 형상과 사찰을 건립하는 등 외형에 치중하여 불법이 펼쳐지는 시대를 말한다. 석가모니부처님 입멸 후의 시대를 정법·상법·말법으로 구분한다.

29 잠시 나무꾼의~보고 나서(蹔倚蕘已) : 남의 이야기를 경청하며 신중에 신중을 더한다는 뜻이다. '추요蒭蕘'는 꼴꾼과 나무꾼, 즉 천한 사람을 뜻한다. 『詩經』 「大雅」 〈板〉에 "옛날 분들 말씀에 '추요에게도 물어보라' 하였다.(先民有言。詢于蒭蕘。)"라고 하였다.

30 대우씨大禹氏 : 우禹는 대규모 토목 공사를 통해 황하의 홍수를 다스리고 토지를 넓혔다. 이후 그 공덕을 인정받아 순임금의 뒤를 이어 황제의 자리에 올랐다.

31 낙수에서 글이 나와(洛出書) : 하夏 우왕禹王 때 낙수洛水에서 나온 거북이의 등에 1에서 9까지 나열된 반점이 있었는데, 우왕이 이를 보고 『書經』의 「洪範九疇」를 지었다고 한다.

32 희주姬周 : 주周나라의 별칭. 주나라 국왕의 성姓이 희씨姬氏였다.

33 단彖 : 『周易』의 괘卦를 풀이한 괘사卦辭를 말한다. 문왕文王이 지었다고 한다.

34 상象 : 『周易』의 괘사卦辭와 효사爻辭를 풀이한 것으로 주공周公이 지었다고 한다.

35 서序 : 시괘序卦를 말한다.

36 전전傳 : 『周易』에 대한 공자孔子의 주석을 뜻한다. 흔히 십익十翼이라 칭하니 「上象傳」, 「下象傳」, 「上象傳」, 「下象傳」, 「繫辭傳 上」, 「繫辭傳 下」, 「文言傳」, 「序卦傳」, 「說卦傳」, 「雜卦傳」을 말한다.

37 그는 죽은~탑에 봉안되었으니 : 하동 쌍계사에 다음과 같은 창건 설화가 전한다. 쌍계사는 723년(성덕왕 23)에 의상義湘의 제자 삼법三法이 창건하였는데, 삼법이 당나라에서 귀국하기 전 "육조 혜능六祖慧能의 정상頂相을 모셔다가 삼신산三神山의 눈 쌓인 계곡 위 꽃이 피는 곳에 봉안하라."라는 꿈을 꾸고, 육조의 머리를 훔쳐 귀국하였다. 그는 한라산·금강산 등지를 두루 다녔지만 눈이 있고 꽃이 피는 땅을 찾지 못

하다가, 지리산에 와서 호랑이의 안내로 지금의 쌍계사 금당金堂 자리를 찾게 되었다. 그곳이 꿈에 지시한 자리임을 깨닫고, 혜능의 머리를 평장한 뒤 절 이름을 옥천사玉泉寺라 하였다.

38 응천부凝川府 도호사都護使~되던 해 : 1812년을 말한다. '응천凝川'은 밀양密陽의 옛 이름이고, 홍 공洪公은 홍이간洪履簡이다. 그는 순조 10년(1810)에 밀양부사로 부임하였다.

39 양나라 황제는~부도를 만들고 : 양나라 황제는 무제武帝를 지칭한다. 그는 보통普通 2년(521)부터 대통大通 원년(527)까지 7년의 대역사를 시행해 동태사同泰寺라는 거대한 사찰을 건설하고, 그곳에 9층의 부도를 세웠다.『佛祖統紀』권37(T49, 350b).

40 위후魏后는 영녕사永寧寺에~승방을 건립했다 : 위후魏后는 북위北魏 효장 태후孝莊太后 호씨胡氏를 지창한다. 그녀는 북위 효명제孝明帝 희평熙平 원년(516)에 낙양洛陽에 영녕사永寧寺를 건립했는데, 그 불전佛殿이 왕궁인 태극전太極殿과 같았고, 법당에 순금으로 만든 1장 6척의 불상을 모셨다고 한다. 또한 9층의 불탑을 만들었는데 그 높이가 90장이었고, 꼭대기의 찰간만 10장이었다. 고요한 밤이면 요령과 목탁 소리가 10리까지 들렸다고 한다.『佛祖統紀』권38(T49, 355c).

41 적마赤馬 유화流火 : '적마赤馬'는 병오년丙午年을 뜻한다. 십간十干의 병정丙丁은 오행五行으로 화火에 해당하고, 화火는 색깔로는 적赤, 방위로는 남南이다. 오午는 말(馬)을 뜻한다. '유화流火'는 7월을 뜻한다.『詩經』에 "칠월유화七月流火"란 구절이 있는데, 하늘에 있는 대화심성大火心星이 7월이 되면 아래로 흐르므로 7월을 유화流火라 한다. 병오년은 1786년이다.

42 흑원黑猿 : 임신년(1812)을 뜻한다. 십간의 임계壬癸는 오행으로 수水에 해당하고, 수는 색깔로 흑黑에 해당한다. 신申은 원숭이(猿)이다.

43 홍이간洪履簡(1753~1827) : 조선 후기 문신으로 자는 원례元禮, 호는 남헌南軒이며, 훗날 월하 대사와 교류한 홍직필洪直弼의 부친이다. 1777년(정조 1) 진사시에 합격하고, 1789년 음사蔭仕로서 휘릉참봉徽陵參奉에 임명되었다. 이후 의금부도사·형조좌랑·임실현감·대구부판관·공조좌랑·안성군수·전주부판관·밀양부사·경주부윤 등을 역임하고 동지중추부사에 이르렀다. 청렴 강직하여 성예聲譽를 구하지 않았고, 외직에 있을 때는 이속들을 엄중히 단속하여 민폐를 끼치지 못하게 하였다. 저서로『南軒稿』가 있다.

44 염계濂溪와 낙양洛陽의 여러 철인들 : 송나라 때 성리학자性理學者들을 뜻한다. 호남성湖南省 도현道縣 염계濂溪에서 성리학을 창도한 주돈이周惇頤의 염계학파가 일어났고, 그의 문하門下에서 정호程顥·정이程頤 형제가 배출되었는데 이들은 낙양洛陽 출신이었다.

45 축융祝融의 사신에게 물어보라 : 축융祝融은 화덕火德 즉 불을 관장하는 신神이다.

화재로 기록들이 소실되어 자세히 고증할 수 없었다는 뜻이다.

46 상서庠序 : 주周나라에서는 학교를 상庠이라 하고, 은殷나라에서는 서序라 하였다.

47 밀주密州 표충사表忠祠 : 현재 자리로 이건하기 전 밀양시 무안면 중산리 웅동熊洞에 있던 표충사를 말한다.

48 도광道光 17년 : 원문은 '道光十六'이나 '道光十七'이라야 옳다. 도광 16년은 병신丙申이고, 도광 17년이 정유丁酉이다.

49 헌체獻替 : 시행해야 할 것을 건의하고 시행해선 안 될 것을 폐지시킨다는 '헌가체부獻可替否'의 준말이다. 곧 이전의 표충사를 폐하고 새로운 곳에 건립하자고 건의하는 것을 말한다.

50 영취산 : 양산 영취산이 아니라 밀양 영취산을 지칭한다.

51 화살을 쏘아 박살내고(矢破) : 단발의 화살로 과녁을 적중시키듯 시기를 놓치지 말고 힘을 집중해 일을 단번에 결행하라는 뜻이다.

52 월파月波 : 사명 대사의 8세손으로 법명은 천유天有.

53 「원주학기袁州學記」 : 송나라 이구李覯가 지은 글이다. 『古文眞寶後集』에 실려 있다. 인종 32년(1053)에 원주 지사袁州知事 조무택祖無擇과 통판通判 진신陣佺이 협소한 곳에 자리한 공자묘를 이건하여 개축하고 학교를 세워 널리 학문을 권장한 사실을 기록한 글이다.

54 범양范陽 조씨祖氏 : 조무택祖無擇을 지칭한다. 송나라 때 원주 지사로 있으면서 공자묘를 이전하고 학교를 개설하였다.

55 영천潁川 진씨陳氏 : 통판通判으로서 조무택을 도왔던 진신陣佺을 지칭한다.

56 우강盱江 이씨李氏 : 이구李覯를 말한다. 송나라 남성南城 사람으로 자는 태백泰伯이다. 언변과 문장에 뛰어났으며 학자들이 우강 선생盱江先生이라 칭하였다. 저서에 『平禮論』·『退居類稿』 등이 있다.

57 이윤伊尹 : 은殷나라 탕왕湯王을 보필한 현상賢相.

58 여상呂尙 : 주周나라 문왕을 보필한 현상, 즉 강태공姜太公.

59 주공周公 : 주 문왕의 아들로 이름은 단旦. 조카 성왕成王을 도와 훌륭한 정치를 구현하였다.

60 소공召公 : 주 문왕의 아들로 이름은 석奭. 주공과 함께 성왕의 치세를 도왔다.

61 중니仲尼 : 공자의 자.

62 맹가孟軻 : 맹자. 가軻는 맹자의 이름.

63 공명고公明高 : 증자曾子의 제자이다. 『孟子』「萬章 上」에 등장한다.

64 굴자屈子의 「이소離騷」 : 굴자는 전국시대 초楚의 굴원屈原을 지칭한다. 「離騷」는 양왕襄王 때 굴원이 모함으로 조정에서 쫓겨나 지은 작품이다. 임금이 간신의 유혹에 빠져 충신 군자를 몰라보는 것에 대한 원망과 아울러 임금이 잘못을 깨닫고 정도正道

로 돌아와 자기를 다시 불러 주기를 바라는 뜻을 서술하였다.
65 태사씨太史氏의『한서漢書』: 태사씨는 사관史官을 뜻한다. 『漢書』는 후한의 문장가 반고班固가 엮은 전한의 역사서이다. 흔히『史記』의 저자 사마천司馬遷을 '태사공太史公'이라 칭하고 그 문장 역시 천하 명문으로 손꼽히는 점으로 볼 때, '사기'를 '한서'로 오기한 것이 아닐까 싶다.
66 한 문공韓文公의「원도原道」: 한 문공은 한유韓愈(768~824)를 지칭한다. 한유는 호가 창려昌黎, 자가 퇴지退之이고, 문공은 시호이다. 「原道」는 유도儒道의 인의도덕仁義道德을 강조하고, 도가道家와 불가佛家를 이단으로 배척한 글이다.
67 이백·두보·유종원(李白杜柳): '두杜'는 두보, '유柳'는 유종원을 지칭한다. 모두 당송팔대가로 손꼽히는 문장가들이다.
68 비연秘演: 송나라 때 시승詩僧. 그의 시집에 구양수歐陽脩가「釋秘演詩集序」를 썼다.
69 문창文暢: 당나라 때 시승. 한유韓愈가 그와 교유하였다. 한유가 그를 전송하며「送浮屠文暢師序」를 써 주었다.
70 한창려韓昌黎나 구양자歐陽子: 한유韓愈와 구양수歐陽脩를 지칭한다. 창려는 한유의 호이다.
71 천신薦紳: 진신縉紳과 같은 말로 높은 벼슬아치나 지체 높은 유자를 뜻한다.
72 윤사국尹師國(1728~1809): 조선 후기 문신으로 자는 빈경賓卿, 호는 직암直庵이며, 대사성·강원도감찰사·형조판서·한성판윤·판돈녕부사 등을 역임하였다. 서예에 뛰어난 재주가 있어 조정의 금보金寶·옥책玉冊과 당시 사찰·누관樓觀의 편액扁額을 많이 썼다.
73 두 사씨謝氏의 풍류: 두 사씨는 남조 송宋나라의 사영운謝靈運과 제齊나라의 사조謝朓를 가리킨다. 두 사람 다 뛰어난 시인에다 산수 유람을 유독 즐겼다.
74 오월의 왕 전씨錢氏: 송나라에 귀순한 오월 국왕吳越國王 전유錢鏐를 지칭한다. 그를 기리는 비가 집안의 사당 앞에 있는데, 소식蘇軾이 지은 것이다.
75 장 익주공張益州公: 송나라 때 익주益州의 장관을 지낸 장방평張方平을 지칭한다. 낭야산瑯琊山을 유람하다가 우연히『楞伽經』을 보고 깨달아 불교에 귀의하였다. 소순蘇洵이「張益州畵像記」를 지었다.
76 최제안崔齊顔(?~1046): 고려 전기의 문신으로 태사 문하시중太師門下侍中을 역임하였다. 1040년 최제안崔齊顔이 경주의 폐사 수리사水利寺를 중창하고 천룡사로 개명하였다.
77 매월당 영당梅月堂影堂: 매월당 김시습의 진영을 모신 사당으로 1670년(현종 11) 경주시 강동면 왕신리에 건립되었으나 대원군의 서원 철폐령으로 훼철되었다.
78 노 고성盧高城: 안창현安昌縣 현관縣官이었던 노준盧俊, 또는 노춘盧椿을 지칭한다.

안창현은 고성의 옛 이름이다. 신라 때 노준이 53불을 모시고 금강산에 유점사를 창건하였다. 후대에 그의 공적을 기려 그의 화상을 모신 사당을 유점사 경내에 건립하였다.

79 노천老泉의 기록 : 소순蘇洵이 쓴 「張益州畫像記」를 말한다. 노천은 소순의 호이다. 소순의 자는 명윤明允이고, 호는 노천이며, 아들인 식軾·철轍과 함께 당송 팔대가의 한 사람이다.

80 미산眉山의 비 : 미산眉山은 송나라 문장가인 소식과 소철 형제를 지칭한다. 그들의 고향이 사천의 미산이다. 여기서는 소식을 가리키고, 미산의 비는 곧 「表忠觀碑」를 뜻한다.

81 소보巢父와 허유許由 : 요임금이 허유를 불러 구주九州의 장長으로 삼으려고 하자 허유가 이를 뿌리치고 기산箕山 아래에 숨어 버렸다. 그리고 더러운 말을 들었다며 영수潁水에서 귀를 씻는데, 소보가 소에게 물을 먹이려고 왔다가 허유를 보고 귀를 씻는 까닭을 물었다. 허유가 그 까닭을 밝히자, 소보가 소의 입을 더럽히겠다며 상류로 올라가 소에게 물을 먹였다고 한다.

82 기양箕陽 : 기산 남쪽 기슭이란 뜻이다.

83 이윤伊尹 : 상商나라의 현상賢相 이윤은 처음에 유신국有莘國의 들판에 은거하여 농사를 짓고 살았다. 그러다 탕왕이 세 차례에 걸쳐 사신을 보내 초빙한 후에야 조정에 나아가 탕왕을 보필하였다. 『孟子』「萬章 上」.

84 백이伯夷 : 상나라 때 고죽군孤竹君의 아들이다. 주 무왕이 상나라를 멸망시키자, 주나라의 곡식을 먹을 수 없다며 항거의 뜻으로 아우 숙제叔齊와 수양산首陽山에 은거하여 고사리만 캐먹다가 굶어죽었다고 한다.

85 도원桃源에서 살던 자들 : '도원'은 곧 무릉도원을 말한다. 도잠陶潛의 〈桃花源記〉에 의하면, 동진東晉 태원太元 연간에 무릉武陵의 한 어부가 복사꽃이 떠내려 오는 시내를 따라 한없이 올라갔다가 선경仙境을 만났는데, 그곳에 진秦나라의 난리를 피해 피신한 사람들이 살고 있었다고 한다.

86 엄광嚴光 : 자字는 자릉子陵. 그는 광무제光武帝와 동문수학한 사이였다. 광무제가 후한을 세우고 황제가 되어 간의대부諫議大夫에 제수하면서 그를 불렀다. 하지만 이를 사양하고 부춘산富春山에 은거해 동강에서 낚시질하면서 세상에 나오지 않았다. 『後漢書』 권83 「逸民列傳」.

87 이원李愿 : 당나라 임담臨潭 사람으로 반곡盤谷에 은거했다. 반곡은 태항산太行山 남쪽에 있는 지명이다. 이곳은 골짜기가 깊고 산세가 험준해서 은자가 살기에 알맞은 곳이라고 한다. 이원이 벼슬을 사직하고 이곳에 은거하자 한유韓愈가 「送李愿歸盤谷序」를 지어 그를 송별하였다.

88 적선謫仙의 금릉 나들이 : 적선은 이백李白을 지칭한다. 이백이 처음 장안長安에 들

어갔을 때 하지장賀知章이 그를 만나 문장을 보고는 "자네는 유배 온 신선(謫仙人)이다."라며 감탄하고, 현종玄宗에게 천거했던 데서 유래하였다. 그가 금릉의 봉황대에 올라 지은 시 〈登金陵鳳凰臺〉에 "세 산봉우리 반쯤은 푸른 하늘 밖으로 떨어지고, 두 줄기 강물을 가르는 백로들의 모래섬(三山半落靑天外。二水中分白鷺洲)"이란 구절이 있다.

89 자미子美의 동정호 노래 : 자미는 두보杜甫의 자. 그가 지은 〈登岳陽樓〉가 동정호를 노래한 시로 유명하다.

90 고야산姑射山 : 『莊子』「逍遙遊」에 나오는 전설의 산이다. "저 아득한 고야산姑射山에 신인神人이 살고 있는데, 피부가 빙설氷雪 같고 얌전하기가 처녀 같다."라고 하였다.

91 유신有莘에서처럼 농사를 짓거나 : 유신국有莘國의 들판에 은거해 농사를 짓고 살면서 탕왕의 요청을 두 번이나 거절하고 세 번째에서야 나아갔던 이윤伊尹의 고사를 인용한 것이다.

92 수양산首陽山에서처럼 굶어 죽는다면 : 주 무왕이 상나라를 멸망시키자, 항거의 뜻으로 수양산에 은거하여 고사리를 캐먹다가 굶어 죽은 백이와 숙제의 고사에 의거하였다.

93 대술大術 : 석가모니부처님의 어머니이신 Mahāmāyā의 의역이다. 대환大幻이라고도 한다.

94 이제二帝와 삼왕三王 : 이제二帝는 요堯·순舜, 삼왕三王은 우禹·탕湯·문왕文王과 무왕武王을 말한다.

95 오경五經과 육예六藝 : 오경五經은 『시경』·『서경』·『역경』·『예경』·『춘추』를 말하고, 육예六藝는 선비가 배워야 할 여섯 가지인 예禮·악樂·사射·어御·서書·수數를 말한다.

96 호치당胡致堂 : 송나라 사론가史論家인 호인胡寅을 말한다.

97 한나라 영평永平과 양나라 보통普統 : 후한 명제明帝 영평永平 10년(67)에 인도에서 가섭마등迦葉摩騰과 축법란竺法蘭이 흰 말을 타고 『四十二章經』을 가지고 중국으로 왔다. 이에 황제가 환대하며 낙양 근처에 백마사白馬寺를 건립해 거주하게 하였다. 양나라 무제는 보통普通 8년(527)에 동태사同泰寺라는 거대한 사찰을 건립하였다.

98 두 마리~노닌 못이요 : 청량산淸凉山 즉 오대산五臺山에서 부처님의 정골과 진신사리를 모시고 귀국한 자장 율사가 안장할 장소를 찾으면서 나무로 오리 두 마리를 깎아 날려 보냈다고 한다. 그러자 그 나무오리가 칡꽃을 물고 왔고, 그 오리를 따라갔더니 한겨울 눈밭인데 그곳에 칡꽃이 피어 있었다고 한다. 그곳을 택해 사리를 모신 것이 지금 통도사의 진신사리 부도라는 전설이 전한다.

99 아홉 마리 용의 집 : 통도사는 거대한 연못이었고, 그곳에 아홉 마리 용이 살고 있었는데, 자장 율사가 그 용들을 제도하고 연못을 메워 사찰을 건립했다는 전설이 전한다.

100 하얀 연꽃 우거진 동산이요(芬陀羅尼華園) : 불전에 '분다라니화芬陀羅尼華'라는 표현은 없다. 아마도 하얀 연꽃인 puṇḍarīka의 잘못된 음역인 듯하다. puṇḍarīka는 백련화白蓮華 등으로 의역하기도 하고, 분다리芬陀利·분다리가奔茶利迦로 음역하기도 하고, 꽃이라는 의미의 '華'를 병칭하여 분다리화芬陀利華·분다리가화奔茶利迦華로 번역하기도 한다.

101 낙읍洛邑 : 불지종찰 통도사를 주나라 도읍인 낙양洛陽에 비유한 표현이다.

102 복숭아 자두 높다란 마을(桃李高村) : 복숭아와 자두는 열매가 많이 달린다 하여 선대의 음덕을 받아 번성한 자손을 뜻한다. 당나라 때 적인걸狄仁傑이 요원숭姚元崇·환언범桓彦範 등 수십 명을 천거하여 그들이 모두 명신名臣이 되자 사람들이 "천하의 복숭아 자두가 모두 공의 문하에 모였다."라고 하였다. 『資治通鑑』「唐紀」.

103 갈고를 연주해~재촉한 것을(羯鼓催花) : 갈고羯鼓는 서방의 갈羯이라는 부족이 치던 북이다. 당나라 현종이 이원梨園의 화악루花萼樓 아래에서 갈고羯鼓를 연주하자 맺혔던 꽃봉오리가 이른 봄인데도 일제히 활짝 피었다. 그러자 현종이 "누가 나더러 하느님만 못하다고 하겠는가." 하며 좋아했다고 한다.

104 육위송六偉頌 : 육위는 동, 서, 남, 북, 상, 하의 여섯 방위를 말한다. 상량식上樑式을 할 때 대들보를 여섯 방위로 돌려가면서 부르는 소래이다. 상량송上樑頌이라고도 하고, 아랑송兒郞頌이라고도 하는데, '아랑兒郞'은 젊은 사람을 뜻하며 '아랑위兒郞偉'는 그 복수형으로 도목수都木手가 장인匠人들을 싸잡아 부를 때 상투적으로 쓰는 표현이다.

105 제비처럼 축하드리오니(燕賀) : 『淮南子』에 "큰 집이 낙성되면 제비·참새가 서로 치하한다.(厦成而燕雀相賀)"라고 하였다.

106 들보를 동쪽으로 던지세(拋梁東) : '포량拋梁'은 젊은 목수들이 마룻대를 들고 던지는 시늉을 하는 것이라는 해석도 있고, 떡을 던지는 것이라는 해석도 있다. 『文體明辯附錄』 권13 「上梁文」에 "집을 지을 때 반드시 길일吉日을 택하여 상량식을 하는데, 이때 친지들이 떡이나 기타 잡물雜物을 가져와 축하하면서 이것을 장인匠人들에게 먹인다. 그러면 장인외 우두머리가 떡을 대들보에 던지면서 상량문을 읽고 축복을 한다."라고 하였다.

107 부상扶桑 : 동해에 있다는 신목神木이다. 해가 뜰 때 이 나무 아래에서 솟아나 나무를 스치고 떠오른다고 한다. 곧 해가 뜨는 동쪽 또는 동해바다를 뜻한다.

108 옥함 속~용궁에서 나왔다네 : 용수보살이 용궁에 들어가 헤아릴 수 없이 많은 대승경전을 열람하였는데, 그 가운데서 일부를 암송해 유포한 것이 『華嚴經』이라 한다.

109 가비라(迦毘) : 석가모니부처님의 탄생지인 Kapila-vastu를 말한다. 가비라위迦毘羅衛·겁비라벌솔도劫比羅伐窣堵·가비라바소도迦毘羅婆蘇覩·가유라위迦維羅衛이라고도 하며, 줄여서 가비라迦毘羅·가이라迦夷羅·가유迦維라고도 한다. 황두거처黃頭居

110 선재善財 : 『華嚴經』「入法界品」에 등장하는 선재동자를 말한다. 완전한 깨달음을 찾아 남방南方으로 110성을 편력하며 53선지식을 탐방하였다.

111 구담瞿曇 : Gotama의 음역으로 석가족釋迦族의 성姓이다. 석가모니부처님을 지칭하는 말로 쓰인다.

112 대성大成 : 공자를 지칭하는 말이다. 공자는 다른 성인들의 여러 가지 특징을 한 몸에 다 갖추었다고 한다. 『孟子』「萬章 下」.

113 자장 율사의~신축년(1601)에 계승했나니 : 임진왜란 때 왜적이 통도사로 침입해 계단과 불전을 태우고 훼손하자 송운松雲 즉 사명 대사가 승병을 이끌고 그곳을 탈환하였다. 사명 대사는 재차 왜적이 분란을 일으킬까 염려해 불사리를 두 개의 함에 담아 금강산에 머물고 있던 서산 대사에게 보냈다. 이에 서산 대사가 하나는 돌려보내 통도사에 다시 안치하도록 명하고, 하나는 태백산太白山에 안치하였다고 한다.

114 당나라 정관貞觀 12년(638) : 『三國遺事』 등의 기록에 따르면 자장 율사는 선덕여왕 12년 즉 당나라 정관 17년(643)에 귀국해 통도사를 창건한 것으로 되어 있다. 월하 대사가 어떤 기록을 근거로 하였는지는 정확하지 않다.

115 명나라 만력萬曆 연간의 행적 : 임진왜란 때 사명 대사가 사리를 다시 통도사에 안치한 일을 말한다.

116 우운友雲 대사 : 조선 중기 승려로 법명은 진희眞熙. 임진왜란 때 불타고 훼손된 통도사 대웅전과 금강계단을 1645년(인조 23)에 중건하였다.

117 응암凝庵 노장 : 조선 후기 승려로 법명은 희유禧有. 설송 연초雪松演初(1676~1750)의 법을 이었다.

118 영인의 읍(郢邑) : 『莊子』「徐无鬼」의 고사를 인용한 표현이다. "영郢 지방 사람이 코끝에 백토를 파리 날개만큼 묻혀 놓고 장석匠石을 시켜 그것을 깎아 내게 하였다. 그러자 장석이 바람을 일으키며 도끼를 휘둘러 마음대로 깎아 내기 시작하였는데, 장석은 백토를 다 깎고도 코를 다치게 하지 않았고 영 지방 사람은 조금도 동요하지 않고 그대로 서 있었다."라고 하였다.

119 복희씨의 역(羲易) : 복희씨伏羲氏가 팔괘八卦를 그은 역이라는 말로, 『周易』의 별칭이다.

120 아홉 점의 연기요(烟九點) : 높은 곳에서 구주九州를 내려다보면 구주가 마치 아홉 점의 연기처럼 보인다는 데서 온 말이다.

121 네 가지(四事) : 의복·음식·와구臥具·탕약湯藥을 말한다.

122 김대성金大城 : 『三國遺事』에 따르면 김대성이 현세의 부모를 위해 751년(경덕왕 10)에 불국사 창건 공사를 시작하였고, 죽을 때까지 평생 불사에 매진하였다고 한다.

123 용면龍眠 : 송나라의 저명한 화가 이공린李公麟의 별호. 이공린이 벼슬을 그만두고

용면산에 들어가 지내며 용면거사라 자호하였다.

124 함지咸池 : 해가 목욕을 한다는 곳, 즉 서쪽을 뜻한다. 『淮南子』에 "해가 양곡에서 나와 함지에서 목욕한다.(日出於暘谷, 浴於咸池。)"라고 하였다.

125 금선金仙 : 부처님의 별칭이다.

126 '개는 불성이 없다'는 화두 : 어떤 납자가 조주 종심趙州從諗(778~897) 선사를 찾아와 "개에게도 불성이 있습니까?" 하고 묻자 "없다."라고 대답하였다.

127 적미赤眉 : 전한前漢 말에 번숭樊崇 등이 일으킨 농민 반란군. 눈썹을 붉게 물들여 왕망王莽의 군대와 구별하였으므로 이런 이름이 붙었다.

128 황건黃巾 : 후한後漢 말에 태평도太平道의 수령 장각張角 등이 거느린 농민 반란군. 모두 누런 두건을 썼으므로 이런 이름이 붙었다.

129 내원암內院庵 : 울산 신흥사新興寺에 부속된 산내 암자.

130 남훈전南薰殿 : 당나라 때에 있던 대궐의 이름으로, 순임금이 지은 시가詩歌의 '남풍지훈南風之薰'에서 따온 명칭이다.

131 오현금의 노래(五弦歌) : 순임금이 오현금五絃琴을 처음으로 만들어 〈南風歌〉를 지어 부르면서 "훈훈한 남쪽 바람이여, 우리 백성의 수심을 풀어 주기를. 제때에 부는 남풍이여, 우리 백성의 재산을 늘려 주기를.(南風之薰兮, 可以解吾民之慍兮. 南風之時兮. 可以阜吾民之財兮.)"이라고 했다는 고사가 전한다. 『禮記』.

132 설당雪堂 : 송나라 소식蘇軾을 지칭한다. 소식이 일찍이 황주黃州로 귀양을 갔을 때 임고정臨皐亭에 우거하면서 동파東坡에 설당雪堂을 세웠다고 한다.

133 옥루屋漏 : 집에서 가장 어두운 서북쪽 구석으로 신주神主를 모시는 곳이다. 또한 남들에겐 잘 드러나지 않는 자신의 깊은 속내를 뜻한다.

134 은장銀章 : 한나라 때 2천 석石 이상의 녹을 받는 관원이 찼던 은으로 만든 인장(銀印)이다.

135 비람풍(毘藍) : 비람람毘藍은 vairam의 음역으로 비람毘嵐·비람鞞嵐·비람바鞞藍婆·폐람바吠藍婆라고도 한다. 또한 신맹풍迅猛風으로 의역하기도 하며, 비람풍毘嵐風이라 칭하기도 한다. 철위산 밖에서 부는 폭풍인데 속력이 매우 빨라 지나가는 곳은 모두 파괴된다고 한다.

136 벽계碧雞 : 전설 속에 나오는 신물神物이다. 한 선제漢宣帝가 왕포王褒를 촉蜀에 보내 벽계碧鷄와 금마金馬의 신神을 모셔오게 했다고 한다.

137 비추苾蒭 : bhikṣu 또는 bhikkhu의 음역으로 비구比丘·필추苾芻 등으로 음역하고, 걸사乞士로 의역하기도 한다.

138 흑룡黑龍의 해 : 임진년壬辰年을 뜻한다. 십간의 임壬과 계癸는 오행五行에서 북방北方 수水, 색깔로는 흑黑에 해당한다. 십이지의 진辰은 용龍을 뜻한다.

139 이빨을 검게 칠한 도적떼 : 왜구倭寇를 말한다. 이빨에 검은 칠을 하는 것은 남방 야

만인들의 풍속이다.
140 청허당清虛堂(1520~1604) : 조선 중기 승려로 법명은 휴정休靜. 묘향산 즉 서산西山에 오래 주석하여 서산 대사西山大師라 칭한다. 지리산에서 숭인崇仁에게 출가하여 영관靈觀에게서 법을 얻었으며, 30세에 승과에 급제하고 이어 선교양종판사禪教兩宗判事의 지위에 올랐다. 임진왜란이 일어나자 73세의 노구에도 불구하고 8도 16종 도총섭八道十六宗都摠攝이 되어 승병을 모집, 왜적을 물리치는 데 큰 공적을 세웠다. 75세에 제자 사명 유정四溟惟政에게 병사兵事를 맡기고 묘향산 원적암圓寂庵에서 입적하였다. 저서로 『禪家龜鑑』·『禪教釋』·『三家龜鑑』·『淸虛集』등이 있다.
141 팔난八難 : 원래는 불법을 만나기 어려운 여덟 가지 장애를 뜻하는데, 여기에서는 혹독한 재난이란 뜻으로 쓰였다.
142 승제承制 : 임금의 허락하에 조정의 재가를 받지 않고 편의대로 적절히 권한을 행사하는 것을 말한다.
143 벽유碧油 : 푸른 휘장을 두른 막사로 대장군의 막사를 뜻한다. 벽유당碧油幢, 청유막青油幕이라고도 한다.
144 해약海若 : 북해 약北海若의 준말로, 약若은 바다 귀신의 이름이다. 해신海神을 지칭하는 말로 쓰인다. 『楚辭』「遠遊」, 『莊子』「秋收」.
145 기허당騎虛堂(?~1592) : 조선 중기 승려로 법명은 영규靈圭. 계룡산 갑사甲寺에서 출가하여 휴정休靜 문하에서 법을 깨우쳤다. 임진왜란이 일어나자 의승義僧 수백 명을 규합하여 관군과 함께 청주성 전투에 참가하였다. 전라도로 향하는 고바야가와(小早川隆景)의 일본군을 저지하기 위해 의병장 조헌趙憲과 함께 금산 전투에 참가하여 전몰하였다. 임진왜란이 일어난 뒤 승병이 일어난 것은 그가 최초였다. 금산의 종용사從容祠에 제향되었으며, 뒤에 법도法徒 대인大仁 등이 금산 남쪽 진락산進樂山 기슭에 그의 영정을 안치한 진영각眞影閣과 비를 세웠다.
146 통도사에 인연이~구담을 친견하셨다네 : 임진왜란 때 왜적이 통도사로 침입해 계단과 불전을 태우고 훼손하자 사명 대사가 승병을 이끌고 그곳을 탈환하였고, 재차 왜적이 분란을 일으킬까 염려해 불사리를 두 개의 함에 담아 금강산의 서산 대사에게 보냈다. 이에 서산 대사가 하나는 돌려보내 통도사에 다시 안치하도록 명하고, 하나는 태백산太白山에 안치하였다.
147 백양白楊 : 백양은 버드나무와 비슷한 교목喬木으로, 옛날 중국에서 무덤가에 이 나무를 많이 심었다. 무덤을 가리키는 말로 쓰인다.
148 갈까마귀(寒鴉) : 까마귀 새끼가 장성한 뒤에는 먹이를 물어다 늙은 어미를 먹여 준다(反哺)고 한다.
149 『論語』「里仁」의 내용이다.
150 반경盤庚은 경읍耿邑에서~아래쪽으로 천도하였습니다 : 반경盤庚은 은殷의 제19대

왕. 도읍이었던 반경을 버리고 하남河南의 박亳으로 천도하여 은나라를 중흥시켰다.

151 『論語』「公冶長」의 내용이다.

152 영취산 : 양산의 영취산이 아니라 사명 대사의 생가 터가 있는 밀양의 영취산을 지칭한다. 이곳에 있던 표충사를 재약산 영정사로 이건한 것이다.

153 노천 소老泉蘇 : 노천老泉은 소순蘇洵의 호이다. 그가 「張益州公畵像記」를 지었다. 여기에서는 월하 대사에 앞서 명인루明禋樓의 기문을 지은 사람을 지칭한 것으로 추측된다.

154 식객 모수毛遂도~성취한 것입니다 : 월하 대사의 앞선 명인루의 기문을 쓴 사람이 재주가 빼어나긴 하지만 실재 명인루를 건립한 사람들의 후광에 힘입은 것이라고 해학적으로 표현한 것이다. 모수毛遂는 전국시대에 조趙나라 평원군平原君의 식객食客이었는데, 빼어난 지혜와 용기로 초楚나라 왕과 동맹을 성사시켰다. 그 뒤 다른 문객들을 얕보면서 "그대들은 그저 녹록할 뿐이니, 이른바 남의 덕이나 보는 사람들이다.(公等碌碌。所謂因人成事者也)."라고 말했다는 고사가 있다. 『史記』 권76 「平原君列傳」.

155 대부 심후大夫沈侯 : 표충사 이건을 주도했던 밀양 부사 심의복沈宜復을 지칭한다.

156 왕일소王逸少 : 일소逸少는 왕희지王羲之의 자.

157 소자첨蘇子瞻 : 자첨子瞻은 소식蘇軾의 자字. 〈赤壁賦〉를 지었다.

158 여보게들(兒郎偉) : '아랑위兒郎偉'는 '아랑위兒郎威'로 표기하기도 한다. 젊은 사람을 뜻하는 아랑兒郎의 복수형으로 장인匠人들을 싸잡아 부를 때 상투적으로 쓰는 표현이라고도 하고, 대들보를 들 때 여러 사람들이 힘을 모아 '어영차' 하고 내는 소리의 의성어라고도 한다.

159 약사여래(藥師) : 약사藥師는 약사유리광여래藥師瑠璃光如來의 준말이다. 동방 정유리 세계淨瑠璃世界의 교주로 중생의 질병을 치료하고, 수명을 연장하며, 재화災禍를 소멸하고, 의복과 음식 등을 풍족하게 하며, 모든 중생이 부처가 되기를 서원한 부처님이시다. 대의왕불大醫王佛이라고도 한다.

160 세 분의 대현사(三大賢師)・청허淸虛, 사명四溟, 기허騎虛 3대사를 지칭한다. 표충사에 세 분의 영정과 위패를 모셨다.

161 영산 대흥사 : 경상남도 창녕군에 소재한 사찰.

162 뜨거운 것을~않았던 것 : 『詩經』「大雅」〈桑柔〉에 "뜨거운 물건을 손에 쥐었다면 얼른 가서 물에다 씻지 않을 사람이 누가 있으랴.(誰能執熱。逝不以濯)"라는 말이 나온다.

163 주공周公이 대신~했던 것 : 주공은 주周나라 문왕文王의 아들이고, 무왕武王의 아우이다. 무왕을 도와 은殷나라를 멸망시키고 천하를 통일하였는데, 무왕이 병들어 위독하자 주공이 자신이 무왕의 죽음을 대신하게 해 달라고 기도하고 그 축책祝冊을 상

장에 넣어 쇠사슬로 봉하였는데, 이튿날 무왕의 병이 나았다고 한다.
164 기신紀信이 초楚를 속였던 것 : 한 고조漢高祖가 형양滎陽에서 항우項羽에게 포위당해 사태가 급박해지자 장군 기신紀信이 고조의 수레를 타고 고조처럼 꾸며서 거짓으로 초楚의 항우에게 항복하는 척하였다. 그 틈에 고조는 탈출하였고, 기신은 항우에게 살해당하였다.
165 위후魏后는 요광사瑤光寺에~공사를 시작하였고 : 위후는 북위北魏 효장 태후孝莊太后 호씨胡氏를 지칭한다. 그가 희평熙平 원년(516)에 낙양洛陽에 영녕사永寧寺를 건립하고 9층탑을 세웠다. "요광사瑤光寺에 9층을 세웠다.(瑤光九級塔.)"라는 것은 착오이다. 이후 태후 호씨胡氏는 영안永安 원년(528)에 출가하여 비구니가 되고 요광사에 거주하였다. 『佛祖統紀』 권38(T49, 355b).
166 양 무제梁武帝는~몸을 보시하면서 : 양 무제는 대통大通 원년(527), 중대통中大通 원년(529), 중대동中大同 원년(546) 세 차례에 걸쳐 동태사에 몸을 보시하였고, 그때마다 신하들이 절에 1억만 전을 대가로 지불하고 궁으로 다시 모셔 왔다. 『佛祖統紀』 권37(T49, 351b).
167 이당李唐 : 당나라 임금의 성이 이李 씨이기 때문에 당나라를 이렇게 칭하였다.
168 주량朱梁 : 주전충朱全忠이 당나라를 멸하고 세운 양梁나라라는 뜻으로, 후량後梁을 가리킨다.
169 백태부白太傅 : 백거이白居易를 지칭한다. 태부太傅는 그가 역임한 벼슬이다.
170 현주縣主 : 왕세자의 서녀庶女에게 주던 정삼품의 봉작封爵.
171 패궁貝宮 : 용궁에 있다는 조개껍데기로 만든 궁궐이다. 흔히 대궐을 뜻하는 말로 쓰인다.
172 구품의 연지에는~잉태된 아이로다 : 서방의 극락정토에 아홉 종류의 연못이 있는데, 시방의 중생들이 각기 쌓은 공덕에 따라 그곳 연꽃 속에 화생化生한다고 한다.
173 인수의 영역(仁壽域) : 『論語』「雍也」에 "인을 좋아하는 사람은 장수한다.(仁者壽.)"라는 말에서 나온 것으로, 누구나 천수天壽를 누리며 편안하게 살 수 있는 태평성대를 뜻한다.
174 세 곳(三處) : 보살은 자신이 쌓은 모든 공덕을 실제實際·보리菩提·중생衆生 세 곳으로 회향한다.
175 삼륜三輪 : 보시라는 행위와 관련된 세 가지, 즉 주는 사람과 받는 사람과 주는 물건을 말한다.
176 구요九曜 : 북두칠성과 그것을 보좌하는 옆의 두 별을 합쳐서 구요九曜라 한다.
177 건상乾象 : 천체天體의 현상.
178 강후康侯 : 나라를 잘 다스리는 제후諸侯라는 뜻이다. 『周易』「晉卦」 괘사卦辭에 "진晉은 강후에게 말을 많이 하사하고 낮에 세 번씩 접견하는 상이다.(晉。康侯用錫馬蕃

庶。晝日三接。)"라고 한 데서 온 말로, 대신이 임금으로부터 각별한 은총을 받는 것을 의미한다.

179 **함영과 소호**(咸英韶濩) : '함영咸英'은 함지咸池와 오영五英을 말한다. 함지는 황제黃帝의 음악이고, 오영은 제곡帝嚳 고신씨高辛氏의 음악이다. '소韶'는 순임금의 음악이고, '호濩'는 은나라 탕왕의 음악이다.

180 **희황羲皇** : 중국 태고 시대의 임금인 복희씨伏羲氏와 황제皇帝를 가리킨다. 이때는 천하가 지극히 태평하였다고 한다.

181 **희이希夷** : 현묘한 우주를 가리킨다. 『道德經』에 "보려고 해도 보이지 않는 것을 희希라 하고, 들으려 해도 들리지 않는 것을 이夷라 한다." 하였다.

182 **아름다움 간직한**(含章) : 내면에 아름다운 자질을 간직한다는 뜻한다. 『周易』「坤卦」육삼六三에 "아름다움을 속에 품고 곧은 덕을 지킬 수 있다. 혹 나라의 일에 종사하여 이루어지지 않더라도 끝내는 좋아질 것이다.(含章可貞。或從王事。无成有終。)"라는 말이 나온다.

183 **나가고 물러남**(行藏) : '행장行藏'은 용행사장用行舍藏의 준말이다. 『論語』「述而」에 "써 주면 나의 도를 행하고 써 주지 않으면 숨는다.(用之則行。舍之則藏。)"라는 말에서 유래하였다.

184 **육도六度** : 육바라밀六波羅密.

185 **붕패朋貝** : 고대의 화폐.

186 **낭간琅玕** : 경옥硬玉의 일종으로 녹색과 청백색을 띠는 아름다운 구슬인데, 대나무를 비유하는 말로도 쓰인다.

187 **기러기발이 고정된 것**(膠柱) : '교주膠柱'는 교주조슬膠柱調瑟의 준말로 기러기발을 아교로 붙여 놓고 거문고를 탄다는 말이다. 하나만을 고집해 융통성이 전혀 없다는 뜻이다.

188 **단구丹丘** : 밤이고 낮이고 항상 밝다고 하는 신선 세계 이름이다.

189 **임금** : 헌종憲宗을 지칭한다.

190 **삼강三綱** : 군위신강君爲臣綱·부위자강父爲子綱·부위부강夫爲婦綱.

191 **오륜五倫** : 부자유친父子有親·군신유의君臣有義·부부유별夫婦有別·장유유서長幼有序·붕우유신朋友有信. 『孟子』「滕文公」.

192 **육행六行** : 여섯 가지 선행으로 부모에게 효도하고(孝), 형제간에 우애하고(友), 친지간에 화목하고(睦), 인척간에 정분이 도탑고(婣), 남을 위해 힘쓰고(任), 없는 자를 구휼(恤)하는 여섯 가지 행실. 『周禮』「大司徒」.

193 **언산 남쪽 읍**(彦山南斗邑) : 곧 언양彦陽이다. 산은 남쪽을 양陽이라 하고, 북쪽을 음陰이라 한다.

194 **임금이 현명하면~직언을 한다** : 위징魏徵은 간언諫言을 잘하였다. 당 태종이 조회를

받은 뒤에 내실로 들어와 "위징魏徵이 나의 뜻을 거스르니 없애 버리겠다."라며 분노하자, 장손 황후長孫皇后가 "임금이 밝으면 신하가 직언하는 법입니다.(主明臣直)" 하며 태종을 축하했다고 한다.

195 보좌하는 자를~아래까지 미친다 : 한 효문제漢孝文帝 6년(기원전 174)에 회남왕淮南王 유장劉長이 모반에 실패하며 촉으로 유폐되었다가 죽은 사건을 두고 태부 가의賈誼가 올린 상소에 나오는 문구이다. 『資治通鑑』 권14 「漢紀」 6.

196 획급劃給 : 돈이나 곡식 등의 일정 부분을 떼어 주는 것.

197 이남二南 : 호남과 영남.

198 왜 이리 늦었냐는 노래에다(何暮之謠) : 백성들이 어진 정사에 감복하여 부르는 송가頌歌를 뜻한다. 동한東漢의 염범廉范이 촉군태수蜀郡太守로 부임하여, 주민의 편의를 위해 옛 법규의 폐단을 개혁하자 백성들이 "염숙도여, 왜 이리 늦게 오셨나. 불을 금하지 않아, 백성들 편케 되었네. 평생 속옷도 없다가 지금은 바지만 다섯 벌.(廉叔度。來何暮。不禁火。民安作。平生無襦。今五袴。)"이라며 노래했다고 한다. 숙도叔度는 염범의 자字이다. 『後漢書』 권31 「廉范列傳」.

199 한 줄기에~가닥 이삭이로다(兩歧之實) : 후한後漢의 어양태수漁陽太守 장감張堪이 호노狐奴에서 전답을 개간해 민생을 안정시키자, 백성들이 "뽕나무에는 곁가지 없고, 보리에는 이삭 두 개. 장군께서 정사 행하자, 즐거움 감당키 힘드네.(桑無附枝。麥穗兩歧。張君爲政。樂不可支。)"라고 노래하며 찬미했던 고사가 전한다. 『後漢書』 권31 「張堪列傳」.

200 후손에게 계책을 남긴 자(貽厥) : '이궐貽厥'은 자손에게 좋은 계책을 물려주는 것을 말한다. 『詩經』 「大雅」 〈文王有聲〉에 "풍수 옆에 기라는 곡식이 자라니, 무왕이 어찌 이곳으로 천도하지 않으랴, 그 자손들에게 좋은 계책 물려줘, 그의 아들에게 편안함과 도움을 주려 함이니, 무왕은 참으로 임금답도다.(豐水有芑。武王豈不仕。貽厥孫謀。以燕翼子。武王烝哉。)"라는 말에서 유래하였다.

201 영조英祖 계사년(1773) : 원문은 '正廟癸巳'이다. 계사년은 영조 치세이므로 '英廟癸巳'라야 옳다. 행장을 지은 희겸喜謙의 착오로 추측된다.

202 지봉 화상智峰和尙 : 조선 스님. 법명은 거기巨機이고, 가지산 석남사石南寺에 부도가 있다.

203 회암 화상晦庵和尙(1685~1741) : 조선 스님. 법명은 정혜定慧이다. 9세에 범어사梵魚寺 자수自守를 찾아가 출가하자 자수는 그의 그릇이 뛰어남을 보고 충허冲虛에게 보냈으며, 충허는 그를 가야산 원민圓旻에게 데려가 참학參學시켰다. 이에 원민으로부터 구족계具足戒를 받고, 장경藏經을 배웠다. 이어 향산香山의 추붕秋鵬이 호남에서 강석을 열자 원민의 허락을 얻어 참석하였고, 일암一庵·환성喚醒 등 고승을 두루 참방하고 금강산에서 좌선하였다. 이후 사람들의 청으로 석왕사釋王寺·명봉사鳴鳳寺·

청암사青巖寺·벽송사碧松寺 등지에서 강석을 열었고, 만년에 청암사에 주석하다가 1741년(영조 17) 5월 20일에 입적하였다. 저서로 『華嚴經疏隱科』·『禪源集都序著柄』·『別行錄私記畵足』·『諸經論疏句絶』 등이 있다. 불령산佛靈山 쌍계사雙溪寺에 그의 비가 있다.

204 한韓 사문 운성運聖 : 한운성韓運聖(1802~1863)은 매산梅山 홍직필洪直弼(1776~1852)의 문인이다.

205 상상上庠 : 태학太學인 성균관成均館을 뜻한다. 성균관의 생원이나 진사를 일컫는 말로도 쓰인다.

206 흑서黑鼠 : 임자년壬子年을 뜻한다. 십간十干의 임壬과 계癸는 오행五行에서 북방北方 수水, 색깔로는 흑黑에 해당한다. 십이지十二支의 자子는 쥐(鼠)를 뜻한다.

찾아보기

가산伽山 / 151
강선루降仙樓 / 192
강회江淮 / 267
경우궁景祐宮 / 245
『경재잠敬齋箴』/ 304
경주 / 270
계림雞林 / 230
계파 능계坡能 / 347
고운사孤雲寺 / 214
관수루觀水樓 / 205
구룡九龍 / 287
『근사록近思錄』/ 304
금강산金剛山 / 84
금령역金嶺驛 / 198
기암奇巖 / 357
기허당騎虛堂 / 392
김생金生 / 130, 343
김시습金時習 / 367
김유헌金裕憲 / 177
김재철金在哲 / 188
김초옥金艸屋 / 344

낙서회樂西會 / 305
낙화암落花巖 / 154
남계료南溪寮 / 356

남기항南基恒 / 418
내원동內院洞 / 236
능파각凌波閣 / 211

단나檀那 / 247
단하丹霞 / 313
대흥사大興寺 / 399
도연명陶淵明 / 294
도오道吾 / 309
동림사 / 156
동명東溟 / 285
『동서명東西銘』/ 304

마하사摩訶寺 / 103
만폭동萬瀑洞 / 185
무계산武溪山 / 231
무장사鍪藏寺 / 184
문슬헌捫虱軒 / 384
문창공 최 선생文昌公崔先生 / 343
밀암密庵 / 286

박옹泊翁 / 195
박유행朴維行 / 201
반구대盤龜臺 / 187
반산盤山 / 313
백곡白谷 / 294
백련사白蓮舍 / 362
백련서사白蓮書社 / 208
백운산白雲山 / 221
백운암白雲庵 / 407
범영루泛影樓 / 150
보경사寶鏡寺 / 215
봉덕사 종 / 230
봉일암捧日庵 / 365
분황사芬篁寺 / 230
불국사佛國寺 / 230, 380
비야리성 / 234
빈바蘋婆 / 247

사리각舍利閣 / 376
사명당泗溟堂 / 391
사자암獅子巖 / 151
삼락당三樂堂 / 224
상단上壇 / 242
석골사石骨寺 / 349
석공石鞏 / 313
석남사石南寺 / 411
석담石潭 / 288
석면石眠 / 414
소은암小隱庵 / 369

수도사 / 232
수륙대회水陸大會 / 241
『수색집水色集』 / 119
수옥정漱玉亭 / 189
순종대왕純宗大王 / 242, 243
시림始林 / 230
신선루神仙樓 / 367
신중단神衆壇 / 245
신흥사新興寺 / 343
쌍계사雙溪寺 / 82, 351
쌍벽루雙碧樓 / 104

ㅇ

약야계若耶溪 / 109
양웅揚雄 / 193
양장羊腸 / 267
언양현彦陽縣 / 278
연등사燃燈社 / 226
연등암 / 59
연등정사燃燈精舍 / 416
연천淵泉 / 195
영남루嶺南樓 / 210
영산단 / 241
영지사靈芝寺 / 194
영취산靈鷲山 / 249
영파影波 / 216
영화루映花樓 / 86
옥루屋漏 / 386
왕량王良 / 312
용담사龍潭社 / 322
용연사龍淵寺 / 213
우운友雲 / 376

찾아보기 • 439

우통수于筒水 / 267
우화등선 / 180
운금헌雲錦軒 / 87
운문령雲門嶺 / 85
운부암雲浮庵 / 195, 216
운수암雲水菴 / 214
원효元曉 / 236, 343
월선정月先亭 / 204
월암月庵 / 415
월파月波 / 290, 360
월하月荷 / 34
육수정陸修靜 / 294
의상義湘 / 343
이성利城 / 207
이 승李丞 / 232
이의철李懿喆 / 183
이익재李益齋 / 344
이제정李霽亭 / 344
이학규李學逵 / 92, 98
인악仁岳 / 294
『인악유고仁岳遺稿』 / 213
임경대臨鏡臺 / 102
임호林虎 / 112

중장仲長 / 206
지둔支遁 / 223
지봉智峰 / 415
진남루鎭南樓 / 182
집청정集淸亭 / 132
징월澄月 / 195
『징월유고澄月遺稿』 / 220

천성산千聖山 / 236
청도淸道 / 233
청심루淸心樓 / 180
청암靑巖 / 218
청허당淸虛堂 / 391
촉석루矗石樓 / 217
최남복崔南復 / 316
최립崔岦 / 209, 318
최예산崔猊山 / 344
최옥崔瑩 / 322
취서산鷲栖山 / 323
칠불선원七佛禪院 / 353
칠성암七星庵 / 403
침허枕虛 / 289, 415

자장慈藏 / 247, 343
장천사障川寺 / 189
재약산載藥山 / 249
정원루靖遠樓 / 123
조양각朝陽閣 / 212
주굉袾宏 / 309
중단中壇 / 243

태화루太和樓 / 95
통도사通度寺 / 247

팔공산八公山 / 216
표충사表忠祠 / 179
표충서원表忠書院 / 249
피향당披香堂 / 153

학남루鶴南樓 / 137
함화암含花庵 / 349
향사享祀 / 247
향산사 / 177

향엄香嚴 / 309
허형許珩 / 177, 301
현종암懸鍾巖 / 114
현포玄圃 / 206
호계虎溪 / 68
호운灝雲 / 326
홍유후 설 선생弘儒侯薛先生 / 343
홍제당弘濟堂 / 219
홍직필洪直弼 / 291
화곡집花谷集 / 364
화장산華藏山 / 66
황벽黃蘗 / 313
『황정경黃庭經』 / 235
회산晦山 / 91

한글본 한국불교전서

조·선·출·간·본

조선 1 작법귀감
백파 긍선 | 김두재 옮김 | 신국판 | 336쪽 | 18,000원

조선 2 정토보서
백암 성총 | 김종진 옮김 | 4X6판 | 224쪽 | 12,000원

조선 3 백암정토찬
백암 성총 | 김종진 옮김 | 4X6판 | 156쪽 | 9,000원

조선 4 일본표해록
풍계 현정 | 김상현 옮김 | 4X6판 | 180쪽 | 10,000원

조선 5 기암집
기암 법견 | 이상현 옮김 | 신국판 | 320쪽 | 18,000원

조선 6 운봉선사심성론
운봉 대지 | 이종수 옮김 | 4X6판 | 200쪽 | 12,000원

조선 7 추파집·추파수간
추파 홍유 | 하혜정 옮김 | 신국판 | 340쪽 | 20,000원

조선 8 침굉집
침굉 현변 | 이상현 옮김 | 신국판 | 300쪽 | 17,000원

조선 9 염불보권문
명연 | 정우영·김종진 옮김 | 신국판 | 224쪽 | 13,000원

조선 10 천지명양수륙재의범음산보집
해동사문 지환 | 김두재 옮김 | 신국판 | 636쪽 | 28,000원

조선 11 삼봉집
화악 지탁 | 김재희 옮김 | 신국판 | 260쪽 | 15,000원

조선 12 선문수경
백파 긍선 | 신규탁 옮김 | 신국판 | 180쪽 | 12,000원

조선 13 선문사변만어
초의 의순 | 김영욱 옮김 | 4X6판 | 192쪽 | 11,000원

조선 14 부휴당대사집
부휴 선수 | 이상현 옮김 | 신국판 | 376쪽 | 22,000원

조선 15 무경집
무경 자수 | 김재희 옮김 | 신국판 | 516쪽 | 26,000원

조선 16 무경실중어록
무경 자수 | 성재헌 옮김 | 신국판 | 340쪽 | 20,000원

조선 17 불조진심선격초
무경 자수 | 성재헌 옮김 | 신국판 | 168쪽 | 11,000원

조선 18 선학입문
김대현 | 성재헌 옮김 | 신국판 | 240쪽 | 14,000원

조선 19 사명당대사집
사명 유정 | 이상현 옮김 | 신국판 | 508쪽 | 26,000원

조선 20 송운대사분충서난록
신유한 엮음 | 이상현 옮김 | 신국판 | 324쪽 | 20,000원

조선 21 의룡집
의룡 체훈 | 김석군 옮김 | 신국판 | 296쪽 | 17,000원

조선 22 응운공여대사유망록
응운 공여 | 이대형 옮김 | 신국판 | 350쪽 | 20,000원

조선 23 사경지험기
백암 성총 | 성재헌 옮김 | 신국판 | 248쪽 | 15,000원

조선 24 무용당유고
무용 수연 | 이상현 옮김 | 신국판 | 292쪽 | 17,000원

조선 25 설담집
설담 자우 | 윤찬호 옮김 | 신국판 | 200쪽 | 13,000원

조선 26 동사열전
범해 각안 | 김두재 옮김 | 신국판 | 652쪽 | 30,000원

조선 27 청허당집
청허 휴정 | 이상현 옮김 | 신국판 | 964쪽 | 47,000원

조선 28 대각등계집
백곡 처능 | 임재완 옮김 | 신국판 | 408쪽 | 23,000원

조선 29 반야바라밀다심경략소연주기회편
석실 명안 엮음 | 강찬국 옮김 | 신국판 | 296쪽 | 17,000원

| 조선 30 | 허정집
허정 법종 | 성재헌 옮김 | 신국판 | 488쪽 | 25,000원

| 조선 31 | 호은집
호은 유기 | 김종진 옮김 | 신국판 | 264쪽 | 16,000원

| 조선 32 | 월성집
월성 비은 | 이대형 옮김 | 4X6판 | 172쪽 | 11,000원

| 조선 33 | 아암유집
아암 혜장 | 김두재 옮김 | 신국판 | 208쪽 | 13,000원

| 조선 34 | 경허집
경허 성우 | 이상하 옮김 | 신국판 | 572쪽 | 28,000원

| 조선 35 | 송계대선사문집 · 상월대사시집
송계 나식 · 상월 새봉 | 김종진 · 박재금 옮김 | 신국판 | 440쪽 | 24,000원

| 조선 36 | 선문오종강요 · 환성시집
환성 지안 | 성재헌 옮김 | 신국판 | 296쪽 | 17,000원

| 조선 37 | 역산집
영허 선영 | 공근식 옮김 | 신국판 | 368쪽 | 22,000원

| 조선 38 | 함허당득통화상어록
득통 기화 | 박해당 옮김 | 신국판 | 300쪽 | 18,000원

| 신라 6 | 해심밀경소 제3 심의식상품 제4 일체법상품
원측 | 백진순 옮김 | 신국판 | 332쪽 | 20,000원

| 신라 12 | 무량수경연의술문찬
경흥 | 한명숙 옮김 | 신국판 | 800쪽 | 35,000원

| 신라 13 | 범망경보살계본사기 상권
원효 | 한명숙 옮김 | 신국판 | 272쪽 | 17,000원

| 신라 14 | 화엄일승성불묘의
견등 | 김천학 옮김 | 신국판 | 264쪽 | 15,000원

| 신라 15 | 범망경고적기
태현 | 한명숙 옮김 | 신국판 | 612쪽 | 28,000원

| 신라 17 | 대승기신론소기회본
원효 | 은정희 옮김 | 신국판 | 536쪽 | 27,000원

| 신라 18 | 미륵상생경종요 외
원효 | 성재헌 외 옮김 | 신국판 | 420쪽 | 22,000원

| 신라 19 | 대혜도경종요 외
원효 | 성재헌 외 옮김 | 신국판 | 256쪽 | 15,000원

| 신라 20 | 열반종요
원효 | 이평래 옮김 | 신국판 | 272쪽 | 16,000원

신·라·출·간·본

| 신라 1 | 인왕경소
원측 | 백진순 옮김 | 신국판 | 800쪽 | 35,000원

| 신라 2 | 범망경술기
승장 | 한명숙 옮김 | 신국판 | 620쪽 | 28,000원

| 신라 3 | 대승기신론내의약탐기
태현 | 박인석 옮김 | 신국판 | 248쪽 | 15,000원

| 신라 4 | 해심밀경소 제1 서품
원측 | 백진순 옮김 | 신국판 | 448쪽 | 24,000원

| 신라 5 | 해심밀경소 제2 승의제상품
원측 | 백진순 옮김 | 신국판 | 508쪽 | 26,000원

고·려·출·간·본

| 고려 1 | 일승법계도원통기
균여 | 최연식 옮김 | 신국판 | 216쪽 | 12,000원

| 고려 2 | 원감국사집
충지 | 이상현 옮김 | 신국판 | 480쪽 | 25,000원

| 고려 3 | 자비도량참법집해
조구 | 성재헌 옮김 | 신국판 | 696쪽 | 30,000원

| 고려 4 | 천태사교의
제관 | 최기표 옮김 | 4X6판 | 168쪽 | 10,000원

| 고려 5 | 대각국사집
의천 | 이상현 옮김 | 신국판 | 752쪽 | 32,000원

고려 6 법계도기총수록
저자 미상 | 해주 옮김 | 신국판 | 628쪽 | 30,000원

고려 7 보제존자삼종가
고봉 법장 | 하혜정 옮김 | 4X6판 | 216쪽 | 12,000원

고려 8 석가여래행적송·천태말학운묵화상경책
운묵 무기 | 김성옥·박인석 옮김 | 신국판 | 424쪽 | 24,000원

고려 9 법화영험전
요원 | 오지연 옮김 | 신국판 | 264쪽 | 17,000원

※ 한글본 한국불교전서는 계속 출간됩니다.

월하 계오月荷戒悟
(1773~1849)

조선 시대 스님이다. 속성은 안동安東 권씨, 자는 붕거鵬擧, 호는 월하月荷이다. 이 외에도 가산伽山 또는 석면노인石眠老人이라 자칭하였다. 가산은 가지산伽智山의 약칭이고, 석면石眠 또한 가지산의 이칭이다. 명문가 자제로 출생한 그는 어려서부터 매우 총명하여 7세 때 하루에 1,000여 자를 암기했으며, 시에도 능숙해 사람들을 놀라게 하였다. 11세에 어버이의 뜻에 따라 출가하여 팔공산에서 월암月庵의 제자가 되었으며, 그 뒤 침허枕虛에게서 구족계를 받고 지봉智峰의 법을 이었다. 식견과 이해가 출중하고 선지가 투철해 20세 남짓에 당堂을 열어 학인을 지도하였다. 그는 효심이 지극하여 출가한 후에도 절 근처에 따로 집을 마련해 어머니를 봉양했으며, 노모의 눈이 어두워지자 지극한 마음으로 기도하여 시력을 회복시키기도 하였다. 그는 불법을 수행하는 외에도 유교와 노장을 비롯한 제자백가의 서적을 두루 섭렵하였고, 유학자들과 널리 교유하며 영남 일대에서 문장과 글씨로 이름을 날렸다. 홍직필洪直弼·이학규李學逵·최남복崔南復·김유헌金裕憲·허형許珩 등이 그의 인품과 학문을 높이 평가해 오래 교류하였고, 특히 홍직필은 그에게 환속하여 출사할 것을 권유하기도 하였다. 필체가 빼어나 많은 비문과 편액 등을 남겼으며, 초서체로 쓴 '천자문 판각'이 현재 석남사에 보관되어 있다. 60세 이후로는 시문이 수행정진에 방해가 된다 하여 붓을 놓고 염불과 참선에만 전념하였다. 그러다 1849년(헌종 15) 2월 4일에 세수 77세, 법랍 66년으로 가지산 석남사 연등정사燃燈精舍에서 입적하였다. 그의 사후 문인 희겸喜謙이 유고를 편집하고 교정해 문집을 간행하였다.

옮긴이 성재헌

동국대학교 불교학과를 졸업하고 해군 군종법사를 역임하였으며, 동국역경원에서 근무하였다. 현재 한국불교전서 번역위원으로 활동하고 있다. 조계종 간행『부처님의 생애』·『청소년불교입문』의 집필위원으로 참여하였고, 저서로『커피와 달마』·『붓다를 만난 사람들』·『육바라밀』이 있으며, 역서로『자비도량참법집해』·『불조진심선격초』·『선학입문』·『사경지험기』등이 있다.

교감 및 증의
한상길(동국대학교 불교학술원 조교수)